주제 연구

주제 연구

위기와 전환 : 학술에세이 쓰기

경희대학교 후마니타스칼리지 필수 교과
글쓰기 교과 교재편찬위원회 지음

경희대학교 출판문화원
KYUNG HEE UNIVERSITY PRESS

머리말

학술적으로 사유하고 대중적으로 표현한다

'지속가능한 미래를 모색하는 융복합 사유의 플랫폼'. 후마니타스칼리지 필수 교과 『주제 연구 : 위기와 전환』(이하 『주제 연구』로 표기)의 교육 및 학습 목표를 압축한 슬로건이다. 『주제 연구』는 여러분이 1학년 때 이수한 기초 글쓰기 『성찰과 표현』을 기반으로, 더 논리적이고 비판적이며 다학제적인 학술 세계로 진입하는 심화 글쓰기다. 여러분의 선배가 공부한 『대학 글쓰기 : 세계와 나』의 개정증보판이기도 하다. 이번에 개편된 프로그램을 통해 여러분의 글쓰기가 성장 단계에서 성숙 단계로 올라설 수 있기를 기대한다. 자기를 성찰하고 표현하는 능력이 인류가 직면한 난제를 직시하고 더 나은 미래를 상상하는 '문명 전환'의 차원으로 확대되기를 바라는 것이다.

그런데 왜 '주제 연구'이고, 왜 '위기와 전환'이며, 또 왜 학술에세이 쓰기인가. 후마니타스칼리지는 설립 10주년(2021년)을 앞두고 그간의 성취와 한계를 거울삼아 재도약을 시도했다. '교육에서 학습으로!'를 기치로 내걸고 학생의 학습권을 강화하는 방향으로 교육과 학습 패러다임을 바꾸기로 했다. 이에 따라 중핵교과를 개편하고, 시민교육을 세계시민교육으로 확대했다. 후마니타스칼리지 필수 교과 중 하나인 글쓰기 역시 변화를 꾀했다. 『나를 위한 글쓰기』를 『성찰과 표현』으로, 『대학 글쓰기』를 『주제 연구』로 업그레이드했다. 배경과 이유는 분명하다. 급변하는 문명사적 흐름을 예의 주시하면서 자기 삶은 물론 미래 사회를 설계하는 능력을 배가시키기로 한 것이다.

"미래는 인류의 합의에 달려 있다"

문명사적 격변은 이미 시작되었다. 우리의 내면에서부터 사회구조, 국가와 시장, 나아가 지구 생태계가 뿌리째 흔들리고 있다. 개인은 갈수록 작아지고 있으며 '위험사회'의 증거가 곳곳에서 드러난다. 천지자연은 다양한 방식으로 인류에게 역습을 가하고 있다. 하지만 국가(들)는 지구 차원의 복합위기에 대처하는 데 한계를 보이고 있다. 글로벌 시장경제 또한 '인류의 미래'를 크게 염려하는 것 같지 않다. 눈앞의 권력 쟁취에 몰두하는 현실 정치, 생산력 제일주의에 골몰하는 신자유주의 경제체제가 역시너지 효과를 일으키고 있다. 악순환이다. 위기는 거대하고 복잡해져 가는데도 개인과 사회, 국가와 국제사회는 사태의 심각성을 제대로 인식하지 않고 있다. 아니, 인식하면서도 선뜻 행동에 나서지 않는다.

재레드 다이아몬드가 지적했듯이 우리는 네 가지 지구적 난제와 마주하고 있다. 기후변화, 자원 고갈, 인구 폭증, 불평등. 인류가 시급히 해결해야 할 과제는 더 있다. 급격한 도시화, 부의 양극화, 인종 및 종교 갈등, 식량 무기화, 신종 감염병… 이들이 서로 영향을 주고받으며 복합위기를 가중하고 있다. 이 가운데 어느 하나라도 해결하지 못하면 인류의 미래는 크게 위축된다. 이 중에서도 가장 장기적이고 포괄적이며 심층적인 문제가 기후위기다. 설령 자원 고갈을 해결하더라도, 불평등을 해소하더라도 지구 온도의 급격한 상승을 막지 못한다면 모든 노력이 허사가 되고 만다. "기후가 모든 것을 바꾼다."는 나오미 클라인의 경고를 인류 전체가 공유하고 실천에 나서야 할 때다.

낙관론이 없는 것은 아니다. 첨단 과학기술, 즉 인공지능(AI)과 로봇, 생명공학, 정보통신기술, 나노기술, 지구공학 등이 모든 문제를 해결할 것이라는 전망이 있다. 하지만 우리가 신종 감염병(코로나-19) 사태에서 목격했듯이 과학기술의 대처에는 한계가 있다. 특히 예측을 뛰어넘는 기상이변과 빈발하는 자연재해 앞에서 인류문명은 속수무책이다. 그렇다고 길이 없는 것은 아니다. 미래학자들은 말한다. "미래는 인류의 합의에 달려 있다." 우리는 어떤 미래를 원하는가. 우리가 이 질문에 답을 구할 수 있다면, 그 답이 모여 집단 지성과 집단 실천을 이뤄 낸다면 미래는 얼마든지 가능하다. 기후위기에 대처하는 것은 본질적으로, 또 궁극적으로 지속가능한 미래 사회를 건설하는 것이라는 사실을 공유한다면 우리에게 미래는 있다.

'위기'를 다각도에서 분석, '전환'을 모색한다

심화 글쓰기 『주제 연구』는 위와 같은 대전환기를 배경으로 설계됐다. 거듭 강조하지만 인류와 관련된 안팎의 모든 환경과 생태가 위기에 처해 있다. 그런데 '위기(危機)'라는 단어에는 '기회(機會)'란 의미가 내포되어 있다. 위기를 직시하고 그 성격과 향방을 읽어 낼 수 있다면 위기를 기회로 전환할 수 있다. 우리가 학술에세이의 대주제를 '위기와 전환'으로 설정한 까닭이 여기에 있다. 게세코 폰 뤼프케는 '오늘을 분석하고 내일을 진단하는 세계적 석학들의 패러다임 시프트'를 한데 모은 자신의 저서 『두려움 없는 미래』에서 이렇게 단언한다. "진정한 미래는 위기의 한복판에서 태어난다."

우리는 위기의 한복판에서 지속가능한 미래를 모색하기 위해 '위기와 전환'이란 대주제를 인간, 세계, 지구라는 세 가지 중주제로 나누었다. 중주제 안에서 하나의 소주제를 선택하되, 적어도 세 가지 이상의 분과학문에서 접근하기를 권장한다. 예컨대 인간의 감정 중에서 '혐오'를 탐구한다면 심리학, 인류학, 경제학, 정치학, 역사학 등 다양한 관점에서 분석하고 대안을 제시하라는 것이다. 왜냐하면 하나의 관점으로는 결코 대상을 파악할 수 없기 때문이다. 사과 한 개를 관찰할 때도 위아래, 양옆으로 관점을 이동해야 한다. 감정노동이나 신자유주의, 크게는 기후위기와 같은 복잡하고 큰 이슈를 다룰 때는 융복합(다학제)적으로 접근하지 않고서는 실체적 진실에 다가갈 수 없다. 위기를 전환의 모멘텀으로 삼기 위해서는 인문학, 사회과학, 자연과학, 예술 등이 어우러지는 입체적이고 전방위적인 접근이 필수적이다.

주제는 두 가지 방식으로 선정한다. 하나는 학습자 스스로 주제를 정하고 교수자의 감수를 받는 방식이다. 학습자 단독으로 연구를 수행할 수 있고 공동으로 연구를 진행할 수도 있다. 다른 하나는 교수자가 특정 주제를 제시하는 방식이다. 둘 중 어느 방식을 택하든 교수자와 학습자, 학습자와 동료 학습자 사이에 긴밀하고도 지속적인 상호작용이 일어나야 한다. 이때 반드시 유념해야 할 사항이 있다. 중주제(인간, 세계, 지구)에서 자유롭게 주제를 선정하되, 대주제인 '위기와 전환'에서 벗어나지 않아야 한다. 예컨대 '고려 후기 불교 미술에 나타난 유토피아 사상 연구'는 그 자체로 훌륭한 테마가 될 수 있지만 결론이 '위기와 전환'과 무관하다면 우리 강의실에서는 채택될 수 없다. 한편 '동남아 지역 물 부족 문제를 해결하기 위한 적정기술'을 주제로 삼았다면, 설령 그 기술적 수준이 높지 않더라도 실제로 위기를 해결한다는 측면에서 좋은 학술에세이가 될 수 있다.

그런데 학술에세이란 무엇인가. (소)논문이 구조와 형식, 문체에서 엄격함을 요구한다면 학술에세이는 상대적으로 자유롭다. 논문이 필요로 하는 기본 요소를 갖추되, 주관성과 문체의 개성이 어느 정도 허용된다. 한마디로 학술에세이는 '학술적으로 사유하고 대중적으로 표현'하는 글이다. 학술에세이는 학술논문과 대중매체의 칼럼 사이에 위치한다고 이해해도 무방하다. 학자나 전문가가 쓴 교양서도 학술에세이에 포함할 수 있다. 우리가 소논문 쓰기에서 학술에세이 쓰기로 '전환'한 까닭은 우리가 맞닥뜨린 문명사적 위기의 다급함 때문이다. 상아탑에 안주하는 사유와 글쓰기, 즉 학술을 위한 학술은 더는 의미를 갖기 힘들다. 모든 진정한 학술은 대중적 글쓰기를 통해 시대와 만나야 하고 그 만남의 과정과 결과가 '문명 전환'에 기여할 수 있어야 한다. 더 나은 미래 건설과 무관한 연구는 우리의 관심사가 아니다.

『주제 연구 : 위기와 전환』의 구성

『주제 연구』는 모두 4장으로 구성된다. 1장에서는 학술에세이가 왜 필요하고, 학술에세이란 무엇인지, 비판적이고 창의적인 사고력을 키우기 위한 방법은 무엇인지에 관해 상세하게 안내한다. 이어 학술에세이를 쓰기 위한 최소원칙이 소개되는데, 여러분이 1학년 때 『성찰과 표현』에서 습득한 '5단락 글쓰기'를 활용해 주제를 논리화하고 주제에 초점을 부여하는 방법을 익힌다. 2장에서는 학술에세이를 쓰기 위한 전략과 기술이 전개된다. 대상의 본질을 파악하는 '정의', 생각의 깊이를 확장하는

‘요약’, 지식과 정보를 묶고 나누며 사유에 무게를 더하는 ‘분류’, 그리고 독자를 논리적으로 설득하는 ‘논증’을 공부한다.

3장에서는 본격적으로 학술에세이 쓰기 절차와 만난다. 우리가 『성찰과 표현』에서 누누이 경험했듯이 모든 글쓰기는 세 단계, 즉 계획하기(생각하기), 집필하기(쓰기), 검토 및 수정하기(고치기)를 반드시 거쳐야 한다. 이 가운데 하나라도 소홀히 하면 글의 완성도가 높아질 수 없다. 이 장에서는 학술 자료를 활용하는 법도 함께 배운다. 4장에서 우리는 다양한 문제의식을 제시하는 예문을 읽으며 사유의 깊이와 폭을 키운다. 인간을 주제로 한 학술에세이 예문은 ‘감정’을 다양한 각도에서 탐사하고, 세계를 주제로 한 지면에서는 ‘자본주의’를 여러 관점에서 살펴본다. 마지막 지구를 주제로 한 예문은 ‘기후위기’에 관한 학술적 탐구이다. 4장은 말 그대로 예시이다. 하나의 주제에 얼마나 많은 학문 분야(관점, 문제의식)가 동원되는지 확인하고 이를 자신의 학술에세이 쓰기에 활용하라는 의도에서 마련한 것이다. 각 예문 뒤에 달린 글쓰기 연습과 생각하기, 토론하기를 충실하게 수행하다 보면 주제를 바라보는 시야가 크게 확대될 것이다.

후마니타스칼리지는 글쓰기를 강조한다. 대다수 대학에서 글쓰기 교과는 교양 3학점이지만, 우리는 기초와 심화 글쓰기를 합해 총 6학점을 필수적으로 이수해야 한다. 우리는 ‘후마니타스는 글 쓰는 사람’이라고 자신 있게 말한다. 글 쓰는 사람이 곧 생각하는 사람이기 때문이다. 후마니타스가 스스로를 발명하고 더 나은 문명 건설에 기여하는 지구적 실천인이라고 할 때, 글쓰기는 후마니타스가 갖춰야 할 기본 역량이다. '사유하는 인간'이 더 나은 미래를 상상하고, 그 미래를 구현하기 위해 실천에 나서기 때문이다. 글쓰기는 사유와 실천을 매개하는 창조적 행위다. 글쓰기는 독자를 전제한다는 의미에서 타자와 적극 소통하는 행위다. 학술에세이는 말할 나위도 없다. 전공이 무엇이든, 어떤 가치를 추구하든 우리는 학술에세이를 통해 시대와 문명과 만난다. 학술에세이가 나와 타자, 인간과 인간, 인류와 천지자연 사이에 새로운 접점을 만들어 내면서 지속가능한 미래를 지향하도록 할 것이다.

학술적으로 사유하면서 시대와 호흡하는 글을 쓰는 것이 공부하는 사람의 참모습이다. 학술에세이를 통해 '더 나은 나'를 추구하고, 동시에 인류와 지구의 '더 나은 미래'를 설계하자. 우리의 학술에세이가 인류의 미래를 위한 합의를 도출하는 데 이바지할 수 있도록 하자. 이것이 우리 후마니타스에게 주어진 신성한 의무이자 권리일 것이다. 잊지 말자. 후마니타스는 생각하는 사람, 글 쓰는 사람이다.

2020년 8월

후마니타스칼리지 글쓰기 교과 교재편찬위원회

차례

3장 학술에세이 쓰기의 절차

4장 위기와 전환 미래는 어디에 있는가

1장

학술에세이의 필요성과 최소원칙

학술에세이는 왜 필요한가

변화하는 시대에 필요한 글쓰기

학술에세이는 '학술'과 '에세이'를 결합한 글쓰기를 말한다. 일반적으로 논문이 요구하는 논리적 구조와 더불어 독창성, 정확성, 객관성, 타당성, 신뢰성 등의 최소원칙을 지키되, 필자의 주관적 사유와 개성적 스타일이 드러나는 학문적 글쓰기로서, 전문성과 대중성이 균형을 이루어야 한다. 학술에세이는 학문적 엄정성과 에세이적 개성을 결합한 글쓰기 형식을 활용하여 더 나은 인간과 세계의 미래를 모색하는 창의적 글쓰기에 해당한다. 대표적인 사례로 대중매체 기고문과 교양서적 내용을 들 수 있다.

그렇다면 우리에게 학술에세이는 왜 필요한가? 21세기 4차 산업혁명 시대는 인간에게 변화된 세계에 걸맞은 새로운 인식과 융합의 지평을 요구하고 있다. '지금 여기'의 문제의식을 외면하지 않고, 더 나은 인간과 세계와 지구의 미래를 위해 합리적 해결방안을 모색하기 위해 학술에세이가 필요한 것이다. 학술에세이는 구체적으로 다음의 세 가지를 위하여 필요하다. '첫째 합리적 의사소통과 공감대의 확장을 위하여, 둘째 존재의 증명과 인식의 성장을 위하여, 셋째 부조리한 세상을 바꾸기 위하여'가 그것이다. 그리고 학술에세이는 타자의 관점을 수렴하고 자신의 관점과 비교하여 더 나은 방법을 모색하는 변증법적 사유로 확장된다.

인간은 말과 글로 상대와 소통하는 대화적 존재이다. 사회적 동물로서 일상생활을 이어갈 때 주체는 자신과 다른 타자의 세계를 마주하게 된다. 경험이 다르니 생각이 다르고, 시각과 관점의 조정이 필요하다. 사회적 존재로서 인간은 끊임없이 자신의 의견과 판단을 타인을 통해 조정하며 살아간다. '자기성찰적 에세이를 쓰는 인간으로서 후마니타스'는 이제 한 단계 성장하여, 학술에세이를 통해 세계와 소통한다. 더 나은 인간과 미래의 삶을 발견하고 발명하기 위해 더 나은 해결방안을 모색하면서 합리적으로 의사소통하고 공감대를 확장하기 위하여 우리는 학술에세이를 쓰고자 한다.

합리적 의사소통과 공감대의 확장을 위하여

인간은 '자신의 관점(觀點, point of view)'으로 세상을 바라보고 해석하고 판단한다. 현실 사회에서는 상이한 관점이 서로 충돌하는 다양한 언쟁이 발생한다. 예를 들어 국가 간의 정치·경제 협상, 종교 논쟁, 지역 간의 문화 차이, 여·야의 공방전, TV 토론의 격론, 회사의 회의, 인터넷 댓글 설전, 연인의 말다툼 등은 불협화음이 되는 경우가 많다. 서로 관점이 다른 탓이다. 누구나 자신이 더 타당하다고 믿고 있으며, 자신의 관점을 바꿀 필요성을 별로 느끼지 못한다. 설령 굳게 마음먹는다고 해도 관점을 근본적으로 바꾸기란 쉬운 일이 아니다. 특별한 계기나 학습, 연습을 거쳐야만 한다. 한 사람의 관점은 삶 속에서 오랜 시간에 걸쳐 형성된 것이기 때문이다.

'인간은 하나의 관점이다.'

이 진술은 인간의 한계를 뜻하는 것이지만, 의미상으로는 가치중립적이다. 전지전능한 신이 '모든' 관점을 꿰뚫는 것과 달리, 불완전한 인간은 필연적으로 '어떤' 하나의 관점에 설 수밖에 없다. 인간이 창조하는 산물도 같은 운명에 있다. 글은 쓰는 자의 관점을, 그림은 그리는 자의 관점을, 철학은 철학 하는 자의 관점을, 정책과 제도는 만드는 자의 관점을 수렴하거나 반영한다. 다양한 관점은 삶의 가능성을 열고 세계를 풍성하게 하는 원천이지만, 반대로 불화와 분열의 씨앗이 되기도 한다. 그렇다면 현실 세계에서 끊임없이 발생하는 많은 관점 사이의 갈등과 모순을 어떻게 해결할 수 있을까?

타자의 관점을 이해하다

'하늘 아래 새로운 것은 없다.'

성경의 한 구절이다. 실제로도 그렇다. 어떤 것이든 나 이전에 이미 나와 유사한 방식이나 내용의 고민을 전개한 사람이 분명히 존재한다. 그러므로 독창성과 창의성으로 새로운 무언가를 제작하려는 사람은 반드시 타인의 결과물을 먼저 살펴야 한다. 학술에세이를 읽는 것은 타자와 세계의 관점을 이해하는 방편이다. 세계를 이해한다는 것은 타자의 생각을 면밀하게 분석하고 종합하며, 합리적으로 공감하거나 반대하며, 종합적이고 주체적으로 받아들인다는 뜻이다. 현대사회에서 우리는 수많은 타자에게 둘러싸여 계속 영향을 주고받으며 살아간다. 그 영향 속에서 합리적으로 더 나은 의견을 수용하고 받아들여 더 나은 해결책을 모색하기 위해 타인의 관점 이해가 필요하다.

합리적으로 의사소통한다는 것은 깨어 있는 의식과 열린 시선으로 타자를 응대한다는 말이다. 타자를 지향하면서도 주체적으로 생각해야 한다. 타자와 차이를 계속 조율하면서 더 나은 관점을 만들고, 더 많이 소통하기 위해 노력해야 한다는 뜻이다. 그러기 위해서는 먼저 타자의 자리로 가서 그의 입장에서 생각해 보아야 한다. 역지사지가 필요하다. 타자는 '나'의 눈앞에 있지만, 계속해서 새롭게 발견되어야 할 존재이다. '나' 역시 타자에게 아직 제대로 발견되지 못했다. 타자와 '나'는 여전히 서로 충분히 이해받지 못하거나, 오해받는 중이다. 타자를 이해하고 타자에게 이해받는 것은 매우 중요하고도 어려운 삶의 과제이다. 타자와 얼마나 이해하고 교감하며 살아가는가는 '나'의 정체성과 가치관, 지적·사회적 능력, 삶의 행복에도 크나큰 영향을 미친다.

나의 시각과 조율하다

'나는 나다.'

나는 백지가 아니다. 지난 오랜 시간 동안 경험한 구체적인 체험과 학습, 의식과 무의식, 감각과 인식을 통해 무수히 많은 관점이 이미 나를 형성하고 있다. 그러므로 타자의 의견을 받아들이기만 하다가는 '줏대 없는 인간'으로 평가절하될 수도 있다. 나의 입장을 세우고 타자의 관점을 경청해야 한다. 그래야 서로 다른 생각을 견

줄 수 있으며, 더 나은 합리적 대안으로서 '새로운 입장'을 가질 수 있다. 타자의 관점을 비판 없이 수용만 하려다가는 자신도 모르게 타자의 생각을 따라가기 쉬우며, 타자의 생각을 '나'의 생각인 양 착각하며 살기 쉽다. 비판의식과 논리력을 갖추지 않으면, 자칫 타자의 추종자나 부하가 되어 타자가 요구하는 대로 생각하고 판단하게 된다. '나'는 누구인지, 무엇을 원하는지, 무엇을 해야 하는지 알 수 없게 된다.

문제는 여기서 끝나지 않는다. '나'는 타자가 무슨 생각을 하는지, 무엇을 욕망하는지, 나에게 어떤 영향을 끼치는지, 심지어 어떤 존재인지 또한 알지 못한다. 가령, 입시 지옥을 통과해 남들이 선망하는 대학이나 인기 학과에 입학하면 행복할 줄 알았는데, 그렇지가 않다. 강의 시간에 인터넷과 참고문헌을 열심히 찾아가서 발표를 했더니, 돌아온 반응은 "다른 사람 얘기 말고, 네 의견은 뭐지?"라는 당혹스러운 질문이다. 남들처럼 취업용 스펙 쌓기에 열을 올리는 중인데, 신문과 방송에서 요즘 기업은 스펙이 아닌 인품과 소통능력을 갖춘 인재를 원한다고 한다. 나는 이렇게 다양한 고민 속에 타인과 다른 나의 시각을 조율하면서 타자를 이해하게 된다.

더 나은 방안을 모색하다

'너는 나다.'

내가 읽은 타자와 세계가 나를 규정한다. 그러므로 더 나은 나를 발명하기 위해 다양한 관점의 '너'를 읽어야 한다. 학술에세이는 타인의 생각을 먼저 읽고, 나의 의견을 견주어 더 나은 해결방안을 모색한다. 이때 진지한 숙고(熟考), 성찰, 반성, 문제의식, 균형감각, 합리성, 열린 생각, 문제해결능력, 발전적 지향 등을 골자로 하는 비판적·논리적 사고는 타자와 행복하게 공존하는 데 꼭 필요한 생각의 기술이다. 비판적·논리적 사고는 이성적이고 냉철한 사유를 특징으로 하지만, 냉혹하거나 비인간적인 것이 아니라 성숙하고 고차원적인 사유방식이다. 타자의 입장이 되어 본 후에, 타자에게 애정을 갖고 행하는 비판은 타자와 '나'를 동시에 성장하게 한다. 비판은, 하는 사람도 받는 사람도 열린 자세로 생각할 것을 전제하며, 말의 차원을 넘어 '의식의 변화'와 '실천'을 요구한다.

'당신은 나를 일으켜 나보다 더 큰 내가 되게 한다.(You raise me up, to more than I can be)'라는 〈You raise me up〉이라고 잘 알려진 팝송의 가사는 타자가 '나'에게 갖는 의미와 역할을 적확하게 표현한 것으로, 비판에 관한 메타포로도 읽을 수 있다. 타인과의 관계를 새로이 구축하면서 '나'는 '더 큰 나'로 '정신의 몸피'를 넓힐 수 있다. 비판이 정당성과 힘을 발휘하고, 의미 있는 변화를 촉발하기 위해서는 상대를 설득할 수 있는 정교한 논리를 갖추어야 한다. 비판적 사고는 논리적인 검증 과정을 통해 전개되어야 하며, 논리적 사고는 비판 과정을 거치면서 더 발전할 수 있다. 학술에세이는 비판적 사고와 논리적 표현을 통해 더 나은 관점을 모색한다.

글쓰기 연습

- 친구나 선후배, 가족이나 선생님 등 타인과 의견 조율을 통해 더 나은 해결방안을 모색해 본 경험을 이야기해 보자.

존재의 증명과 인식의 성장을 위하여

나의 결과물이 나를 증명한다. 지금 나의 현재 수준을 증명하기 위해 나는 더 나은 결과물을 생산하는 노력을 기울여야 한다. 그리고 그 과정에서 자신과 세계에 대한 인식이 성장하며, 자기 존재를 증명하는 생산물로서 '피그말리온'의 조각상이 탄생한다. 학술에세이 한 편은 단순히 글이 아니고 나의 학술적 노력과 탐구가 빚어낸 애장품이자 예술품이며 나의 거울이다. 그러므로 더 나은 존재의 증명과 인식의 성장을 위한 학술에세이를 집필하면서 우리는 물어야 한다. 지금 내가 믿고 있는 것은 진실일까? 내가 지닌 가치관은 바람직하며 올바른 것일까? 21세기 한국 사회의 구성원인 나는 인류 역사와 지구 사회의 전체 차원에서 볼 때 매우 특수한 시대와 사회에 살고 있으며, 그에 따른 매우 특이한 사고방식을 가진 것은 아닐까? 비판하고 성찰하는 '나'가 절대적으로 옳거나 전지적이거나 투명하지 않다면, '나'의 비판과 성찰은 얼마나 정당하고 타당할 수 있을까? 타자를 비판하는 '나' 역시, 그와 큰 차이 없는 오류와 문제점이 있는 것은 아닐까?

학술에세이를 쓰기 위해 타자와 세계를 향해 비판적 사고를 하기 시작하면 기존의 지식과 신념에 균열이 일어난다. 비판적 사고의 대상은 인간의 본질, 사고방식,

가치관, 통념, 감각, 미의식, 정치·사회문제, 문화 현상, 역사, 학설, 이론, 과학적 사실 등 인간과 세계를 비롯하여 인간이 만든 모든 것이다. 여기서 반드시 유념해야 할 것이 하나 있다. 비판의 대상에서 '나' 역시 예외일 수 없으며, 예외이어서도 안 된다는 점이다. 타자를 비판하는 일에는 반성적이고 열성적이면서, 자신에게 별 자의식 없이 관대하다면 그 비판은 정당성을 띠기 어렵다. 타자를 비판할 때는 이성적이고 합리적이면서, 내가 비판받을 때는 감정적이고 충동적으로 된다면 그 비판 역시 설득력을 얻기 어렵다. '나'와 관련된 일에는 작은 문제에도 분개하면서, 직접적인 상관이 없다고 생각하는 국가 사안이나 중대한 사회문제를 외면한다면 '나'는 비판 정신과 판단력을 재정비해야 할 필요가 있다.

자신을 성찰하다

학술에세이를 쓰기 위해서는 먼저 자신의 과거와 현재와 미래를 들여다보아야 한다. 그래야 세계와 자신 사이의 불편함을 감지할 수 있다. 그 불편함은 인식의 성장을 위한 맹아적 출발에 해당하며, 자기 존재를 증명하기 위한 도구적 불씨에 해당한다. 비판적 사고의 출발점은 자기비판과 자기성찰이다. 비판적 사고를 통해 '나'는 자신을 더 객관적이고 총체적으로 바라볼 수 있다. 이때 '나'는 비판받는 나(경험적인 나)와, 그로부터 거리를 두고 객관적으로 비판하는 나(성찰하는 나)로 이원화하여 두 개의 자아로 분리된다. '나'는 '나' 자신을 바로잡고 독려하는 교사이자 멘토가 될 수 있다. '나' 자신에 대한 거리감각은 편견, 선입견, 아집 등에 빠지지 않고 타자와 세계를 바라보려는 균형감각의 발판이 된다.

동서고금의 철학자와 작가들은 '나'에 대한 거리감각과 균형감각을 갖추어야 할 필요성을 누누이 이야기해 왔다. "너 자신을 알라."고 고대 그리스의 철학자 소크라테스는 일찍이 경종을 울린 바 있다. 공자의 제자인 증자 역시 "나는 하루에 세 번 나 자신을 반성한다(吾日三省吾身)."고 하면서, 삶의 자세와 학문의 자세가 '반성'으로 일관되어야 함을 설파했다. 근대의 패러다임을 제시한 데카르트는 "나는 생각한다. 그러므로 나는 존재한다."는 근대적 주체의 선언을 통해 '생각하는 나' 자신을 먼저 성찰해야 함을 피력했다. "죽는 날까지 하늘을 우러러/한 점 부끄럼이 없기를/잎새에 이는 바람에도 나는 괴로워했다."(〈서시〉)라는 고백을 통해 윤동주는 치욕의 역사에 저항하는 '나'의 자의식이 어떤 것이어야 하는지를 가르쳐 주었다. 김수영은 "나는 왜 조그마한 일에만 분개하는가/ … //한 번 정정당당하게/붙잡혀 간 소설가를 위해서/언론의 자유를 요구하고 월남 파병에 반대하는/자유를 이행하지 못하고// … //모래야 나는 얼마큼 적으냐"(〈어느 날 고궁을 나오면서〉)라는 치열한 반성을 통해 불합리한 현실에 앞서 '나' 자신을 먼저 반성해야 할 필요성을 뚜렷이 보여 주었다.

학술에세이를 쓰기 위해 전개하는 비판적 사고는 '나' 자신의 생각과 가치관, 삶의 자세 등을 먼저 검증한다는 점에서 윤리의식과 직결되어 있다. 비판적 사고는 이성적으로 생각하는 일인 동시에 윤리적으로 생각하는 일이다. 비판적 사고와 자기비판적 성찰은 선순환 관계를 이룬다. '나'는 나의 관점, 주장, 논리, 가치관, 판단력 등을 균형감각을 갖고 성찰함으로써 타자를 정당하게 비판할 수 있는 자격과 능력을 획득할 수 있다. 나아가 세계의 모순과 갖가지 문제에 진취적으로 개입하고 발언하는 자격과 능력을 획득할 수 있다. 이런 과정을 통해 '나'가 궁극적으로 성취할 수 있는 좋은 결실의 첫 번째는 바로 '나' 자신의 성장과 재탄생이다.

문제를 제기하다

문제는 나에게도 있지만, 외부 세계에도 분명히 존재한다. 아니 오히려 외부 세계 탓에 내 문제가 발생했을 가능성이 크다. 기성세대가 만들어 놓은 질서가 젊은 세대의 앞을 가로막고 있는 현실을 감지해야 한다. 거리감각과 균형감각을 갖고 비판적으로 성찰하면, 지금까지 문제가 아닌 줄 알았던 일이 '문제'임을 알게 된다. 세상이 새롭게 '발견'되고, 문제를 해결할 방안을 찾게 된다. 문제의식은 '질문'의 동의어이며, '문제해결능력'의 유의어이다. 문제가 문제인 줄 모르는 것, 문제가 무엇인지, 어떤 뜻을 내포하고 있는지, 어떤 결과를 초래할지 알지 못하는 것, 문제를 알고 있음에도 외면하거나 덮어 두는 것. 즉 질문할 줄 모르거나, 질문하지 않는 것. 문제 자체보다 더 심각한 문제는 이런 사태이다. 깨어 있는 의식과 살아 있는 정신을 소유하지 못하면 누구든 이런 상황에 빠질 수 있다.

답은 줄줄 말할 줄 아는데 질문은 할 줄 모른다면, 그는 하나만 알고 둘은 모르는 사람이다. 그가 처한 질문할 줄 모르는 상태, 문제의식의 부재 상태는 비판적인 사고능력의 결여에 따른 것이다. 이는 의외로 모든 사람이 봉착할 가능성이 있는 보편적인 문제이다. 많은 문학과 예술작품이 '질문 모름이나 없음'에서 '질문하기'로 나아가는 과정을 다루는 것은 이와 관련된다. 소설 『동물농장』(조지 오웰)의 동물들, 희곡 『인형의 집』(헨리 입센)의 노라, 빈부 격차를 다룬 영화 〈기생충〉(2019), 세월호 참사를 다룬 다큐멘터리 〈부재의 기억〉(2018) 등이 겨냥하는 동시대의 사람이 바로 그 질문의 주인공이다.

문제를 알고 있음에도 충분하지 않거나, 잘못 판단하는 경우도 자주 발생한다. 대체로 시야가 좁거나 정보와 지식, 인식이 불충분해서 생기는 결과다. 문제가 문제임을 알고 문제의 본질을 정확히 파악하기 위해서는 전후좌우, 앞뒤 문맥을 꼼꼼히 살펴보아야 한다. 비판적·논리적 사고는 문제가 되는 대상의 맥락과 배후를 세밀하면서도 전체적으로 통찰하는 일을 바탕으로 한다. 이때 시야를 깊고 넓게 가지려는 노력이 중요한데, 좁고 얕은 시야는 생각 자체를 제한하기 때문이다. 좁은 틀에서 나온 비판이나 논리는 크고 작은 오류와 한계를 지니며, 설혹 타당성이 있더라도 제한적이다.

더 나은 방법을 추구하다

존재를 증명하고 인식의 성장을 가져오기 위해서는 끊임없이 문제를 발견하고 더 나은 방법을 추구해야 한다. 한 가지 예를 들어 보자. 미국의 어느 상원의원이 집과 의료보험 없이 경제 사각지대에 놓인 사람들을 논하는 자리에서 다음 같이 발언했다. "가난한 사람은 그가 열심히 일하고 노력하지 않았기 때문에 가난한 것이다. 자유를 보장하는 자본주의사회에서 모든 책임은 개인에게 있으므로 국가가 관여할 바 아니다." 이 의견은 올바른가, 올바르지 않은가? 아니면, 부분적으로는 올바른가? 이 발언을 비판적으로 사고하기 위해서는 미국의 최근 현실, 자본주의의 속성, 가난과 복지의 관계 등 정치·경제·역사적 맥락을 종합적으로 헤아려 보아야 한다. 나아가 해당 발언을 조목조목 비판하는 데 머무르지 말고, 가난과 복지의 문제가 현재 한국 사회에서도 중대한 사안이 되고 있다는 점, 이를 어떻게 해결할 것인가 하는 점 등으로 시야를 확장해 생산적인 사고를 펼쳐야 한다. '비판'과 '논리'는 창조와 생산을 목적으로 한다.

비판적·논리적 사고는 이 세계에서 살아가는 '나'가 마땅히 가져야 할 나 자신과 타자, 세계에 관한 문제의식을 일깨워 준다. 문제를 문제로 인식하는 능력을 길러 주고, 전체적으로 통찰하는 시야를 갖게 해 주며, 문제를 보는 새롭고 더 나은 관점을 창출할 수 있도록 돕는다. 학술에세이는 더 나은 인간과 세계를 만들기 위해 자신을 성찰하고 문제를 발견하며, 해결 방법을 추구하는 도구이다. 그러므로 존재의 증명과 인식의 성장을 위해 한 편의 에세이를 준비하자.

글쓰기 연습

- 지금껏 글을 쓰면서 자신의 존재를 증명하고 인식의 변화나 성장을 가져온 경험이 있다면, 그 경험을 구체적으로 이야기해 보자.

부조리한 세상을 바꾸기 위하여

학술에세이를 쓰는 사람은 세계의 모순을 그냥 놓아두려고 하지 않는다. 부조리한 세계를 개선하기 위해 수동적 인간이 아니라 능동적인 주체가 되려고 노력한다. 찰리 채플린은 인생이 가까이서 보면 비극이고 멀리서 보면 희극이라고 했지만, 원근감을 차치하고라도 세상은 부조리하다. 우리의 기대를 저버린 가짜뉴스 같은 현실이 존재하는 경우가 많기 때문이다. 세계 속에서 숱한 타자와 더불어 살고 있지만, 이 세계가 항상 기대만큼 긍정적인 모습을 보여 주는 것은 아니다. 오히려 불편하고 부당하고 불만족스러운 정치·경제적 모순과 사회문화적 문제가 즐비한 것이 현실이다.

우리는 대체로 많은 경우 수동적인 위치에서 타자와 세계의 영향을 받으며 살아간다. 지나온 유년기와 청소년기에는 거의 그러했다. 그러나 성인이 된 지금, '나'는 한 사람의 독립된 주체로서 세계에 개입하고 발언하며 세상을 더 좋은 곳으로 바꾸기 위한 능동적인 존재로 거듭나야 한다. 이 능동적인 역할과 주체적인 위상은 다른 사람이 부여해 주는 것이 아니라, 나 스스로 만들고 보존해야 한다. 그러니까 세상을 바꿀 수 있는 힘은, 문제의식을 갖고 해결 방법과 능력을 끊임없이 개발하는 사람의 주체적인 '생각'에 있다. 이를 위해서는 먼저 우리가 살고 있는 오늘의 세계에서 무엇이 문제인지 부지런히 찾아보고, 그에 관한 정보, 다양한 의견, 파생될 문제점 등을 탐구하는 일이 필요하다. 학술에세이의 주요 목표는 부조리한 세계를 개선하는 데 기여하는 것이다.

왜냐고 질문하다

좋은 글쓰기의 요건은 자기 목소리로 자기 이야기를 하는 것이다. '자기 목소리'는 성찰적 글쓰기든 논리적 글쓰기든 어떤 종류의 글쓰기에서든 추구해야 하는 글쓰기의 궁극 요체이다. 자기 목소리는 자신과 타자를 성찰하고 더 나은 나와 세계를 만들기 위해 문제를 설정하고 해결하는 주체적 힘에서 길러진다. 삶과 세계를 바꾸는 '혁신'과 '혁명'은 다음과 같이 비판하고 성찰하는 질문에서 시작된다.

- 전자 시스템상의 선착순 클릭은 수강 신청의 가장 이상적인 방법인가?
- 봉사활동을 점수로 환산하는 것은 봉사 정신을 기르는 데 도움이 되는가?
- 대학에 다니는 것은 좋은 직장, 높은 연봉, 능력 있는 배우자를 얻기 위한 방편인가?
- 열심히 일하는데, 왜 삶이 나아지지 않는가?
- 에탄올 연료를 추출하기 위해 땅을 새로 개간해 작물을 재배하는 것은 생태적 해결방안인가?
- 첨단기술 개발은 궁극적으로 인간의 건강과 행복에 보탬이 되는가?
- 권력자와 재벌은 법에 대해 특권적 지위를 누려도 괜찮은가?
- 같은 인간인데 왜 빈부에 따라, 인종에 따라, 성별에 따라 차별받아야 하는가?

이러한 여러 질문에 대답하는 과정에서 또 다른 질문이 생겨나고, 질문과 대답의 연쇄 작용을 통해 더 바람직한 해결방안을 마련할 수 있다.

문제점을 파악하다

자기 목소리를 내기 위해서는 무엇보다도 비판적으로 생각해야 한다. 비판적 사고는 단순히 생각하는 기술이라기보다 모든 사안을 비판적으로 대하겠다는 태도나 의지에 가깝다. 학술에세이를 쓰기 위한 비판적 사고의 핵심은 '왜'라는 질문을 끊임없이 던지는 것이다. 이유나 근거 없이 어떤 주장이나 결론을 쉽게 받아들이지 않는 태도이자, 집단적 판단이나 상식에 '맞장구'치는 것을 거부하는 것이다. 예민한 감각과 분석을 통해 문제의 본질을 주체적으로 간파하려는 의지가 있을 때 비판력이 싹튼다. 비판적 사고는 모든 '이미 만들어진 것', '이미 주어진 것'을 거부하겠다는 대결의식과 저항의식에서 길러진다. 비판적 사고와 논리적 글쓰기는 기존의 주장, 기존의 방법, 기존의 해석, 기존의 증거(논거)와 정설을 문제시하고 거부하는 데에서 출발한다.

이 세상은 완전하지 않다. 우리가 쌓아 올린 지성도 불완전하다. 세계의 불완전성이야말로 인간이 글쓰기를 포기할 수 없는 이유다. 그러므로 이 불완전한 세계에 의문을 제기하고 차이를 만들며, 집단적 판단과 행동 뒤에 숨거나 은폐된 또 다른 진실을 추구하는 것이 비판적인 사고이자 논리적인 글쓰기이다. 학술에세이는 비판적 사고로 넓어진 인식의 지평을 논리적 표현으로 메꾸어 가는 지혜의 죽비가 될 것이다.

더 나은 변화를 강구하다

세상에는 수많은 문제가 있다. 개인과 조직, 사회, 국가, 지구에 매일 매 순간 새로운 문제가 생겨난다. 우리가 살고 있는 세계는 문제투성이라고 해도 지나친 말이 아니다. 세상의 많은 문제를 해결하기 위해서는 비판적이고 논리적인 검증과 성찰이 요구된다. 문제를 이해하고 접근하는 다양한 관점들이 존재하기 때문이다. 관점의 충돌이 때로 비극적인 사회문제를 일으키고, 인류사회에 재앙을 가져온다는 점을 생각할 때, 기존의 다양한 관점 사이의 공통점과 차이를 충분히 인지하고 파악하는 일은 매우 중요하다. 다양한 관점을 검토하다 보면, 내가 미처 생각하지 못했던 부분을 알게 되며 그 과정에서 다양한 지식과 지혜를 얻을 수 있다. 이를 토대로 문제를 더 본질적이고 전체적으로 보는 시야를 확보하고, 더 나은 관점을 구축하며, 더 좋은 해결방안을 찾아낼 수 있다.

이를테면 2003년 발생한 사스(중증급성호흡기증후군, SARS)와 2015년 발생한 메르스(중동호흡기증후군, MERS)에 이어 2019년 12월 '우한 폐렴'으로 시작된 '코로나바이러스감염증-19(코비드-19, COVID-19)'는 감염력이 매우 높은 '호흡기 질환'이라는 점에서 공통점을 내포한다. 2020년 현재 전 세계적으로 지역사회에 유증상자와 확진자를 중심으로 감염에 대한 막연한 공포와 전염 확산에 대한 불안이 가중되고 있다. 그렇다면 이러한 신종바이러스 문제를 해결하기 위해서는 어떤 노력을 기울여야 할까? 마스크를 쓰고 손을 씻고 사람들이 많이 모이는 곳을 피하는 생활 방역과 '사회적 거리두기'만으로 감염병을 퇴치할 수 있을까? 의학적 관점과 더불어 심리학적 관점과 사회학적 관점, 인문학적 관점이 포개져야 '감염 공포'에서 벗어나 더 나은 해결방안을 모색할 수 있다. 막연한 공포와 불안, 혐오와 배제를 낳는 인종, 국가, 계급, 지역 차별의 논리를 이겨내기 위해서라도 다양한 관점에서 '코로나19 사태'를 입체적으로 조망할 필요가 있다.

글쓰기 연습

- 사스와 메르스 사태의 자료를 찾아보고, '코로나바이러스감염증-19'를 이겨내려면 어떤 관점으로 접근해야 하는지, 동원 가능한 관점은 무엇이 있는지 의견을 나누어 보자.

학술에세이란 무엇인가

학술적으로 생각하고 대중적으로 쓴다

앞서 이야기했듯 학술에세이는 '학술'과 '에세이'의 결합이다. '학술'은 사전적인 의미로 '학문과 기술을 아울러 이르는 말'이자 '학문의 방법이나 이론'을 말한다는 점에서 '배움과 익힘'이라는 절차탁마가 필요한 전문성의 영역을 가리킨다. 반면 '에세이'는 '개인의 상념을 자유롭게 표현하는 비허구적 산문'의 하나로 '일기, 편지, 감상문, 기행문, 소평론' 등 광범위한 산문 양식을 포괄한다. 플라톤의 『대화』나 마르쿠스 아우렐리우스의 『명상록』, 몽테뉴의 『수상록』에서 드러나듯 철학적 사색이 담긴 개성적인 글을 일컫기도 한다. 결국 '학술'과 '에세이'의 결합으로서 '학술에세이'는 인간이 타인과 더불어 살아가는 세계에서 더 나은 삶을 지향하면서, 배우고 질문하는 과정에서 탄생한 다양한 호기심을 비판적이고 논리적인 표현으로 구조화하는 지적인 글을 말한다.

후마니타스칼리지가 지향하는 '학술에세이'는 서평, 시사칼럼, 보고서, 논문 등을 포괄하는 개념이다. 대표적인 학술에세이로는 대중매체 기고문(도정일, 김종철 칼럼 참조)과 교양서적 원고 내용(정재승, 전중환 원고 참조)을 사례로 확인할 수 있다. 전공의 문제의식과 교양의 폭과 깊이를 아우르면서 글쓰기의 전문성과 대중성을 겸비하는 것을 지향한다. 학술에세이는 『성찰과 표현』에서 확인한 '자기성찰 에세이'와 '5단락 글쓰기'를 체화하고 확장하면서, 『주제 연구』에서 더 나은 인간과 세계를 위해 생산한 지식의 결과물을 말한다. 부조리를 용인하지 않고 더 나은 세계를 모색하기 위해 우리는 끊임없이 문제를 제기해야 한다. 학술에세이의 근본 목표는 인문학, 사회과학, 자연과학 등 다양한 관점을 수용해 새로운 지식을 창출하는 것이다. 갈릴레이 갈릴레오가 무게가 다른 두 물체의 낙하 속도가 동일하다는 과학적 사실을 세상에 보고한 것, 아이작 뉴턴이 만유인력의 법칙을 발견해 보고한 것, 지그문트 프로이트가 꿈에 나타나는 일화를 분석해서 무의식의 존재를 세상에 보고한 것 모두 학술에세이를 통해서였다. 때로는 신문 기사도 학술적인 방식으로 쓴다. 현장에서 확인한 객관적인 사실의 전달만으로도 신뢰할 만한 새로운 지식이 얼마든지 생산되기 때문이다.

문학교육이 최고의 인성교육

부자는 왜 가난한 자들에게 동정의 감정을 발동하지 못하는가? 가난한 자는 종종 부자에게 연민은커녕 경멸의 대상이 된다. 권력자들의 경우도 마찬가지다. 권력을 가진 자들에게 약자는 안중에 없다. 그들에게 약자는 연민, 동정, 공감의 대상이 아니라 깔아뭉개고 내리눌러도 되는 사회적 무존재다. 부와 권력을 가진 자들의 이런 행동방식은 어디서 나오는 것일까? 가진 자들의 '오만'(요즘 우리 사회의 유행어로는 '갑질')을 정당화할 도덕적 근거가 있는가? 부와 권력을 가졌다는 사실 자체가 무슨 정당성의 근거일까? 이런 문제를 곰곰이 성찰했던 근대인의 하나가 계몽 시대 철학자 장 자크 루소다.

루소에 따르면 인간은 원천적으로 '약한 존재'다. 인간은 유한하고 이 유한함이 인간을 약한 존재이게 하는 이유다. 그런데 유한한 인간은 자신의 약함 때문에 서로 이해하고 동정하며, 약자의 처지가 바로 나의 처지인 듯 그에 대한 연민과 공감의 정서를 발동할 줄 안다. 사람들이 자기보다 못한 환경의 타인을 동정하고 곤경에 처한 자들에게 연민의 정을 갖는 것은 인간이 모두 약한 존재이기 때문이다. 약함은 인간의 공통 운명이다. 이 공통의 조건으로부터 연민과 동정의 정서가 솟아난다고 루소는 말한다. 내가 지금은 햇살 속에 있다 해도 내일은 비바람 속으로 내몰릴지 모른다. 자신도 불행한 조건에 놓일 수 있다는 것을 알기 때문에 사람들은 자기보다 못한 처지의 타인들을 이해하고 동정한다.

그런데 이런 이해와 동정의 능력을 마비당한 사람들이 있다. 부자와 권력자가 바로 그런 사람들이라고 루소는 주저 없이 말한다. 부자는 자기가 빈털터리 가난뱅이가 될 수 있다는 가능성을 상상하지 않고 상상하지 못한다. 권력자는 자신이 약자의 처지로 굴러떨어질 수 있다는 가능성을 상상하지 않고 상상하지 못한다. 그들의 상상력은 막혀 있고 마비되어 있다. 상상력의 이런 마비 때문에 대부분의 부자와 권력자들은 가난한 자들과 약자에 대한 이해나 동정의 능력을 발휘할 수가 없다. 그런 마비를 막자면 인간을 어떻게 키워야 할까? 이해, 동정, 연민의 감정적 능력이 풍부한 사람으로 키워야 한다는 것이 루소의 답이다. 『에밀』이라는 책에서 루소는 가상의 청년 에밀을 등장시켜 그 청년이 어떻게 사람 같은 사람으로 자랄 수 있게 도울 것인지에 대한 자신의 교육 비전을 제시한다. 인류의 대다수는 행운아가 아니다. 그러므로 에밀이 권력과 부에만 익숙한 인간으로 자라게 한다면 이는 인간을 이해하지 못하는 마비 상태 속으로 그를 밀어 넣는 거나 마찬가지라고 루소는 생각한다.

개인적 삶에서이건 공영적 활동에서이건 간에 인간 감정능력의 발휘가 매우 중요하다는 것을 강조한 또 한 사람의 근대인이 잘 알려진 것처럼 『국부론』의 저자 애덤 스미스다. 그가 『국부론』보다 훨씬 먼저 써낸 책이 감정의 중요성을 강조한 『도덕감정론』이다. 그가 감정에 주목한 것은 인간의 이성적 합리적 판단에서 감정이 수행하는 역할과 비중이 아주 크다는 관찰에 도달했기 때문이다. 감정은 흔히 공적 판단에서 배제되고 있지만, 사실 감정은 도덕적 판단을 자극하고 유도함으로써 그 판단 행위에 깊게 개입한다. 이것이 '도덕감정'이다. 경제활동을 개인들의 자유로운 선택, 판단, 결정에 맡겼을 때에만 경제는 가장 자연스럽게, 가장 잘 발전한다는 것이 후일 스미스가 『국부론』에서 전개한 자유시장경제론의 핵심 주장이다. 그러나 자유시장경제의 부패 가능성을 일찌감치 경고한 것도 스미스다. 자유로운 경제활동이 탐욕, 독점, 오만 같은 부도덕한 이익 추구에 몰입할 때 시장경제는 타락한다는 것이 그의 경고 내용이다. 자유로운 이익 추구와 탐욕은 서로 다른 것이다.

스미스의 『도덕감정론』은 그의 시장경제론보다는 훨씬 깊은 인간학과 문명론을 담고 있다. 스미스에 따르면 인간사에는 '사물의 자연적 진행'과 '인간의 자연적 감정'이라는 서로 다른 두 차원의 자연이 개입한다. 사물의 자연적 진행은 사물들 사이의 인과관계를 알고 이 지식을 (스미스의 '지식'은 요즘 말로 '과학적 지식'에 가깝다) 합리적으로 운영하는 이성, 근면, 분별, 신중함 같은 능력이 발휘되는 차원이다. 또 하나의 다른 자연의 차원은 진실, 정의로움, 공경, 인간애처럼 인간이 선천적으로 지니고 있는 '자연적 감정'의 차원이다. 스미스는 이 자연적 감정을 동정 또는 동감(sympathy)이라 불렀는데, 그의 동감론은 요즘 말로 표현하면 공감능력 또는 감정이입능력인 '엠퍼시'(empathy)와 가깝다. 자연적 감정은 인간의 '선'을 지향하고 신뢰하고 지지한다. 자연적 감정은 어떤 사람이 존경할 만한 '선한 인간'이고 어떤 사람이 '악한 인간'인가를 직관적으로 판별할 수 있게 한다. 자연적 감정은 불의와 불손, 오만과 무자비함을 지지하지 않는다.

그런데 문제는 사물의 자연적 진행과 인간의 자연적 감정이 반드시 사이좋은 동행 관계에 있지 않다는 것이다. 양자는 같이 가지 않는다. 사물의 자연적 진행은 그 진행에 순응하는 개인은 보상하고 그렇지 못한 개인은 처벌하려고 한다. 반면 인간의 자연적 감정은 사물의 진행 방식에 관계없이 진실, 정의, 인간다움을 발휘하는 개인들을 지지하고 존경하며 신뢰한다. 사물의 원리와 도덕적 선의 원리는 자주 충돌한다. 그러나 사회를 지탱하자면 서로 문법이 달라 보이는 그 두 가지 원리의 상호 참조가 필요하다. 좀 투박하게 말하면 그 상호 참조란 이성적인 것과 감정적인 것 사이의 코드 조율과 조화다. 이 조율의 사회적 필요성을 강조한 것도 스미스의 공로다. "사물의 자연적 진행이 인간의 자연적 감정에 충격을 주는 결과들을 산출하고 영리한 계산 행위를 도덕적 행위보다 (일방적) 우위에 두려고 할 때 인간의 자연스런 감정은 거기 개입해서 사태를 교정하려 한다." "동감에 바탕을 둔 도덕적 행위는 훨씬 더 풍요로운 부를 창출할 수 있는 사회적 환경을 제공한다." 말하자면 스미스는 시장경제가 시장원리에만 집착하는 경제중심주의를 넘어 인간의 자연스런 도덕적 감정이 존중되는 사회 환경의 조성에 기여해야 한다는 것에 큰 방점을 찍고 있다.

루소의 연민의 정서나 스미스의 동감의 능력은 사실은 '타자를 이해하는 상상력'에 의해 자극되고 안내될 때에만 가장 잘 발휘된다. 이 상상력이 소통과 공감의 상상력이다. 그 상상력은 나를 타자의 위치에 설 수 있게 하고 개인 한 사람 한 사람의 삶에 주목하면서 삶과 경험의 복잡성을 바탕에 깐 인간 이해의 능력을 확장한다. 이런 상상력을 키우고 훈련하는 데 가장 효과적인 것은 서사와 시를 포함한 광의의 문학교육, 그리고 여러 분야의 창조적 표현을 이해할 수 있게 하는 예술교육이다. 특히 문학교육, 꼭 교육이 아니어도 문학 읽기와 즐기기의 경험은 너무도 중요하다. 연민이나 동감 같은 도덕적 감정을 자극하고 공감의 능력을 심화시키는 일은 도덕 교과서나 소위 '인성교육'의 매뉴얼 같은 것으로 가능한 일이 아니다. 인성교육은 가슴의 교육이다. 이 교육은 감정교육으로부터 출발한다. 머리로 아는 것과 가슴으로 느끼는 것은 전혀 다르다. 문학교육은 그 자체로 최고의 인성교육이다. 초·중등교육과 고등교육의 전 과정을 통해 문학교육이 중요한 이유다. 우리는 이 사실을 잊고 있고 문학의 사회적 중요성을 철저히 무시하려 든다. 시급한 교정이 필요하다. – 도정일, 〈문학교육이 최고의 인성교육〉, 《한겨레신문》, 2014. 12. 18.

글쓰기 연습

- 윗글을 정독한 뒤 각 단락의 핵심문장(소주제문장)을 찾아보자.
- 윗글의 제목과 단락별 소제목을 먼저 '사실적 제목'으로 작성해 보고, 이후 '비유적 제목'으로 수정한 뒤, 두 제목에 대해 조별로 의견을 나누어 보자.
- 윗글에서 저자가 참조한 참고문헌을 찾아 각주를 다는 연습을 해 보자.

학술에세이의 기본 요건

학술에세이를 쓰는 사람이 한 사람 늘어난다는 것은 '더 나은 세계'를 고민하는 사람이 한 사람 늘어난다는 것이다. 학술에세이는 비판적 사고와 논리적 표현으로 새로운 지식의 생산을 목표로 쓴 글이다. 새로운 지식의 생산이라고 해서 머나먼 우주의 새로운 별을 발견해야 하는 것은 아니다. 전문학자의 연구서나 대중서를 읽고 서평을 쓰더라도 새로운 지식을 생산할 수 있다. 그 책의 내용을 분석하면서 구체적으로 논증하고 해석하는 것도 지식의 새로운 생산에 해당하기 때문이다. 가령 한반도의 비핵화나 남북한의 평화 체제에 관한 자료를 섭렵하면서 자신의 생각을 구조화하여 체계적으로 정리해서 썼다면 그것 역시 새로운 지식의 생산일 수 있다. 학술에세이는 기존에 존재하는 다양한 지식을 섭렵해서 타자와 세계를 이해하고 변화를 모색할 새로운 시각을 알려 주기 때문이다.

예를 들어 어떤 두 사람이 가상의 소설 〈박길동전〉을 읽고 독후감을 다음과 같이 썼다고 가정해 보자.

A : 난 그 녀석이 망했다고 생각해.

B : 순간적인 충동으로 박길동이 내린 잘못된 결정은 그가 사랑하는 아내와 아이들, 친구, 재산을 모두 잃어버리도록 한 끔찍한 결과를 초래했다.

우리는 A 문장과 B 문장의 차이를 금방 알 수 있다. A 문장은 '난'이라는 일인칭 화법을 쓰고, '그 녀석'이라는 비어를 사용하면서 "망했다고 생각해."라는 일상 화법으로 자신의 의견을 간단히 피력하고 있다. 여기서 '그'가 누군지 우리는 알 수 없다. 만약 이 문장이 어떤 단락의 중간에 사용되었다면 '그'가 누군지 알 수 있었을 것이다. 하지만 A 문장 그 자체로는 정확한 정보를 전달하지 않는다. 따라서 저자의 의견은 대다수 독자에게는 그다지 의미가 없는 진술에 불과하다.

이에 반해 B 문장은 과제로 낼 보고서에 사용해도 아무런 문제가 없다. 우선 삼인칭의 문장을 사용해서 '아내와 아이들, 친구, 재산'을 잃어버렸다는 객관적인 사실을 보고하면서 '순간적인 충동에 의한 잘못된 결정'이라는 저자 자신의 판단을 보여 주고 있다. B 문장의 독자는 객관적 정보를 전달받고 동시에 저자의 관점을 알게 된다. 만일 저자의 관점에 동의하지 않는 독자라면 비판적인 입장에서 새로운 관점의 글을 쓸 수도 있다.

학술에세이의 매력은 군더더기 없는 논리적 구성과 정치한 표현에서 산출된다. 형식적으로 정돈된 구성, 다양하고 적절한 참고 자료의 활용, 개성적이고 명확한 문체, 주제에 대한 집중과 입체적인 조망, 정확한 어휘력 구사 등이 요구된다. 그러므로 최근에는 일인칭 화법을 배제하지 않는다. 모든 글은 기본적으로 자신의 목소리로 사유를 전개하는 것이기 때문이다. 학술에세이에서는 될 수 있으면 속어나 비어, 일상적인 약어를 쓰지 않는 것이 좋다. 정보의 정확하고 효율적인 전달을 위해서 그렇다. 다만 부득이하게 필요한 경우에는 주의를 요한다는 의미에서 작은따옴표(' ')를 사용해 간접 인용으로 처리하는 것이 효과적이다. 학술에세이는 더 나은 인간과 세계를 위해 지금 여기의 문제를 외면하지 않고 직시한다. 현실 세계의 모순을 향한 발언과 행동을 통해 더 나은 미래를 견인할 수 있다고 믿기 때문이다. 우리가 만들어 낸 학술에세이는 비판적 사고와 논리적 표현을 거치면서 더 단단하고 투명하게 이 세계의 긍정적인 변화를 선도하게 될 것이다.

코로나 환란, 기로에 선 문명

인류가 소위 문명 생활을 시작한 이래, 역병은 인간 사회를 끊임없이 괴롭혀왔다. 세계의 역사는 어떤 점에서 전염병의 역사라고 해도 좋을지 모른다. 때로는 국지적으로, 때로는 대륙 전체에 걸친 역병의 창궐과 그 후유증으로 세계사의 큰 흐름이 바뀌는 경우도 없지 않았다. 어떻게 보면, 인간의 삶을 뿌리째 흔들어놓고 세계사의 물줄기를 변화시킨 결정적인 요인은 생산력의 발전이나 계급투쟁 혹은 전쟁이 아니라, 감염력이 강하고 치사율이 높은 전염병이었는지도 모른다.

아마도 대표적인 예는 중세 말기 유럽 전역을 휩쓸었던 페스트일 것이다. 당시 중국 쪽에서 시작된 페스트균이 실크로드를 타고 유럽으로 이동·확산함으로써 유럽 인구의 태반이 희생되었다는 것은 잘 알려진 사실이다. 그런데 중요한 것은, 그 대규모 인명 소실로 유럽 중세 질서가 결정적으로 붕괴하기 시작했다는 점이다. 특히 큰 피해를 입은 농노와 하층민의 인구가 대폭 줄어들자 중세 질서의 하부구조, 즉 농노제의 지속적인 유지는 크나큰 난제가 되었다. 그리하여 '대항해 시대'가 열리고, 불같은 열정으로 신대륙을 탐사하려는 움직임이 시작되지만, 이는 기본적으로 꽉 막힌 폐색 상황을 타개하려는 유럽인들의 필사적인 기도에서 비롯된 기획들이었다.

역병의 역사에서 빠트릴 수 없는 또 하나의 중요한 이야기는 고대 아테네의 비극적 재난이다. 기원전 430년, 스파르타를 상대로 벌인 펠로폰네소스전쟁 2년째, 아테네는 돌연히 전염병의 창궐에 휩싸였고, 그 때문에 결국 전 인구의 거의 3분의 1이 희생되는 참사를 겪었다. 이 정체불명의 괴질 앞에서는 건강한 젊은 병사들도 속수무책이었다. 뿐만 아니라 아테네의 영웅적인 지도자 페리클레스와 그 아들들도 괴질의 희생자가 되고 말았다. 그리하여 전쟁 중에 지도자를 잃고, 대규모의 병력을 잃은 아테네 군대는 기진맥진한 상태에서 전쟁을 치를 수밖에 없었다. 단지 대규모의 병력 손실만이 문제가 아니었다. 괴질이 창궐하여 가족, 친지, 수많은 동료 시민들이 느닷없이 죽임을 당하는 일이 계속되자, 아테네인들의 인생관과 윤리관에 큰 동요가 일어난 것이다. 그리하여 그들은 자기절제의 기율을 팽개쳐버리고, 법을 우습게 여기고, 더 이상 신을 섬기지도 않고, 찰나적인 향락에 빠져 버리기 시작했다고, 당대의 역사가 투키디데스는 『펠로폰네소스 전쟁사』에서 기록하고 있다.

당연한 일이지만, 아테네인들 사이의 이러한 풍속의 변화는 아테네 민주주의의 질을 떨어뜨리는 결과로 이어졌다. 튼튼한 민주주의가 성립하려면 무엇보다 자기절제라는 시민적 덕성이 살아 있어야 한다고 역설한 이는 그리스 출신의 20세기 철학자 코르넬리우스 카스토리아디스였다. 인간이 전지전능한 존재일 수 없다는 것을 자각하고, 겸허한 마음으로 분수를 지키려는 자세야말로 민주주의의 불가결한 성립 요건이라는 그의 통찰은 고대 아테네 민주주의에 대한 독창적인 탐구의 성과였다. 그런데 바로 자기절제라는 민주주의의 정신적 기초가 무너짐으로써 아테네 민주주의는 불가피하게 쇠락하지 않을 수 없었고, 그로 인한 정치적·사회적 혼란 끝에 마침내 마케도니아라는 외부 세력의 침략을 받고 속절없이 무너지고 말았던 것이다.

지금 코로나바이러스로 세계 전체가 '환란'이라고 표현할 수밖에 없는 비상 상황에 처해 있다. 아직 백신도 치료제도 없는 탓에 오직 '사회적 거리두기'만이 그나마 유용한 대응책일 수밖에 없으므로, 기존의 익숙한 사회생활이 거의 전면적으로 작동 정지 상태가 되었다. 이에 따른 개인적·사회적 피해는 측량할 수 없을 만큼 막대한 것이 되어가고 있다. '제2차 세계대전 이래 최대의 위기'라는 메르켈 독일 총리의 말은 전혀 과장된 말이 아니라고 할 수 있다.

그러나 위에서 보았듯이, 코로나 사태는 인간의 역사에서 전혀 낯선 종류의 경험이 아니다. 고대, 중세의 역병과 다른 게 있다면 감염 속도가 대단히 빠르고, 그 범위가 전 지구적이라는 점이다. 말할 것도 없이, 이는 자본주의의 폭주, 과잉 산업 발전과 소비주의의 소산이다. 오로지 이윤과 성장을 추구하는 데 혈안이 되어 무절제한 탐욕의 정신이 온 세상을 압도하는 바람에 야생생물들의 서식지를 포함한 생태계는 대대적으로 파괴되었고, 거기에 자본, 물자, 사람의 대량 이동을 끊임없이 부추기는 신자유주의적 자유무역 논리까지 합세하여 지금과 같은 파국적 상황이 전개된 것이다.

역사가 가르쳐주는 것은, 역병의 창궐이라는 상황에서 사람들이 어떻게 반응하느냐에 따라 문명의 흥망이 결정된다는 사실이다. 그러므로 중요한 것은, 이 상황의 본질과 성격을 먼저 정확히 이해하고 평가하는 것이라고 할 수 있다.

지금 많은 사람들은 정상적인 생활로의 복귀를 고대하며, 백신이나 치료제의 조기 개발이 급선무라고 생각하는 것으로 보인다. 하지만 종래의 생활이 과연 '정상적'인 생활이었는지 우리는 물어볼 필요가 있다. 뉴스에 의하면, 지금 세계 곳곳에서 소비와 산업 활동이 일시적이나마 정지 내지는 둔화되자, 대기가 청명해지고, 소음이 잦아들고, 자연 만물이 모처럼 생기를 되찾았다. 이는 종래의 생활이 결코 정상적인 것이 아니었음을 알려주는 확연한 증표가 아닌가. 그렇다면 길은 하나, 더 이상 생태계에 폭력을 가하지 않고 인간다운 생존·생활이 가능한 시스템을 구축하는 길밖에 없다고 할 수 있다. 그러니까 아직도 우리들 대다수가 미련을 버리지 못하고 붙들려 있는 신화, 즉 새로운 과학기술의 개발을 통한 끊임없는 성장(혹은 진보)의 추구라는 관념과 깨끗이 결별하는 게 진짜 급선무인 것이다.

온갖 징조로 봐서, 앞으로 코로나바이러스와 유사한 역병은 빈발할 것임이 틀림없다(존스홉킨스 대학의 보건연구팀에 의하면, 오늘날 신종 바이러스는 연간 200종이 넘게 출현하고, 그 대부분은 잠재적으로 '팬데믹'을 유발할 수 있는 바이러스들이다). 현실이 이런데도 역병이 창궐할 때마다 백신과 치료제를 찾느라고 허둥댈 것인가.

물론 당장은 기술적 해법을 찾아야 하겠지만, 보다 근본적인 대책은 우리 모두의 정신적·육체적 면역력을 증강하는 방향이라야 한다. 따라서 우리는 더 이상의 생태계 훼손을 막고, 맑은 대기와 물, 건강한 먹을거리를 위한 토양의 보존과 생태적 농법, 그리고 무엇보다 단순·소박한 삶을 적극 껴안지 않으면 안 된다. 우리를 구제하는 것은 사회적 거리두기도 마스크도 손씻기도 아니다. 또, 장기적인 고립 생활이 면역력의 약화를 초래한다는 것도 기억할 필요가 있다. 이 세상에서 가장 무서운 것은, 공생의 윤리를 부정하는, 그리하여 우리 모두의 면역력을 체계적으로 파괴하는 탐욕이라는 바이러스다. - 김종철, 〈코로나 환란, 기로에 선 문명〉, 《한겨레신문》, 2020. 4. 17.

글쓰기 연습

- 윗글을 정독한 뒤 각 단락의 핵심문장(소주제문장)을 찾아보자.
- 윗글의 제목과 단락별 소제목을 먼저 '사실적'으로 작성해 보고, 이후 '비유적'으로 수정한 뒤 두 제목에 대해 조별로 의견을 나누어 보자.
- 윗글에 나오는 학문 분야는 무엇인지 확인해 보자.
- 윗글에서 저자가 참조한 참고문헌을 찾아 각주를 다는 연습을 해 보자.

학술에세이와 논문의 차이

앞에서 읽었듯이 학술에세이는 각주가 없이 해당 분야 권위자의 저서를 참고하고 있지만, 논문의 경우에는 반드시 참고문헌의 정확한 출처를 각주나 미주로 명기해야 한다. 논문은 '표지 - 논문 제목 - 목차 - 본문(서론 - 본론 - 결론) - 참고문헌'으로 형식적 구성을 준수해야 하지만, 학술에세이는 '비유적 제목(또는 사실적 제목)과 본문(서론 - 본론 - 결론)'으로 구성될 수 있다. 다음은 논문 목차의 사례이다.

18세기 노 · 주 분쟁의 한 사례 연구 – 조선 후기 변화된 사회상과 관련하여	신자유주의 경제 정책과 노동자의 삶의 질 변화 – 한국의 사례	생활 속의 산 – 염기 적정도
Ⅰ. 서론 Ⅱ. 자료의 소개 Ⅲ. 소송의 전말 1. 사건의 발단 2. 소송의 전개 3. 조사 과정 4. 판결 Ⅳ. 소송의 배경과 원인 Ⅴ. 결론	Ⅰ. 문제제기 및 목적 Ⅱ. 경제 위기와 신자유주의 경제 정책 도입 Ⅲ. 연구 내용 및 방법 Ⅳ. 자료 분석 및 논의 Ⅴ. 요약 및 결론	1. 서론 2. 실험 목적 3. 실험 이론 4. 실험 장치 및 방법 5. 실험 결과 6. 고찰 7. 결론

오른쪽은 학생이 제출한 소논문이다. 학생의 소논문을 앞에서 읽은 도정일, 김종철의 신문 칼럼과 비교하고 뒤에 이어지는 학술에세이 예문과도 비교해 보자.

인류와 인공지능(AI)의 상생 가능성 논의

최우정(생체의공학과, 2019학번)

목차

1. 서론 : 경쟁이 아닌 상생 대상으로서의 인공지능

인공지능(AI)은 인류의 경쟁 대상이 아닌 상생 대상이다. 일각에서는 "인공지능 연구는 악마를 소환하는 것이나 다름없는 현존하는 가장 큰 위협 요소", "결국에는 인간 멸종이 일어날 것이며, AI 기술은 여기에 일익을 담당하게 될 것"이라고 테슬라 CEO 엘론 머스크와 딥마인드 공동 창업자 셰인 레그는 경고한다. 이렇듯 인공지능에 공포를 느끼기 충분한 현실이다. 하지만 영화 〈터미네이터〉 연작에 나오는 설정은 영화적 상상에서나 가능한 미래일 뿐이다. 인간을 완벽하게 모방하면서 오히려 인류를 위협하는 강인공지능은 아직까지는 SF 수준의 미래에 불과하다.

'더 나은 삶'을 추구하는 인간이 자신의 자리를 빼앗을 수도 있는 강인공지능을 개발할 가능성은 매우 적다. 실제로 이를 예방하기 위해 인공지능과 관련된 국제적 차원의 합의가 이루어지고 있다. 2019년 5월 경제협력개발기구(OECD)에서는 인공지능이 추구해야 할 가치를 담은「인공지능 활용 원칙 권고안」을 채택한 바 있다.[1] 주요 내용에는 인간 가치와 투명성, 강인성, 그리고 안전성 등이 포함된다. 우리나라에서는 방송통신위원회가「이용자 중심의 지능정보사회를 위한 원칙」을 발표했다.[2] 공정하고 책임 있는 AI 알고리즘의 중요성이 커져감에 따라 사람 중심의 윤리 원칙을 제정한 것이다.

물론 인공지능은 다른 어떤 기술보다도 두려운 존재일지도 모른다. 그러나 인간이 발전하여 더 편리한 삶을 영위하기 위해서는 받아들여야 한다. 우리의 삶은 이미 인공지능을 통해 무수히 많은 변화를 겪고 있다. 그 변화 속도는 단순히 일차 함수의 그래프를 나타내지 않는다. 이 그래프는 단기간에 우리의 상상 이상의 기울기 변화를 그리며, 앞으로도 기하급수적으로 발전할 것임이 틀림없다. 가까운 미래에 인류에 엄청난 영향을 미칠 수 있는 일을 생각해 보면 인공지능이 결코 빠질 수 없다. 환상적이고 경이로운 미래를 구축할 수 있는 기회다. 이러한 상황에서 우리는 무작정 인공지능을 두려워하거나 AI를 포함한 기계와 경쟁할 것이 아니라, 이들과의 협력, 공존, 그리고 공생을 논의해야 한다.

2. 본론 (1) : 인공지능의 보조적 활용을 통한 협력

인공지능은 인공지능일 뿐이다. 아니 인공지능은 인간의 보조적 도구로 활용될 여지가 높다. 즉 인공지능이 인간의 잠재력을 확장해 줄 수 있는 셈이다. 인간의 강점은 타자에게 공감하거나 가치를 판단하는 일을 맡을 때 두드러지게 드러난다. 반면에 기계는 데이터에 기초한 예측과 반복 업무의 정확성과 일을 처리하는 속도에서 강점을 가진다. 인간이 기계의 강점을 활용하기 위한 연결고리로 탄생한 것이 바

---

1) 이경탁, 〈OECD 인공지능 이사회 권고안, 회원국 만장일치 채택〉, 《조선비즈》, 2019. 05. 23.

2) 강윤진, 〈방통위, 「이용자 중심의 지능정보사회를 위한 원칙」 발표〉, 방송통신위원회 홈페이지 보도자료, 2019. 11. 11.

로 AI다. 인간의 지능을 토대로 한 사고와 학습을 컴퓨터가 보다 효율적으로 할 수 있도록 개발한 것이다.

1) 로보어드바이저 - 경영 관련 최적의 해법 제시 AI

실제로 경영에 관한 최적의 해법을 제시해주는 AI가 있다.[3] 로봇(robot)과 투자전문가(advisor)의 합성어인 '로보어드바이저(robo-advisor)'이다. 금융 부문에서 투자자문을 담당하며, SNS, 뉴스, 블로그 등 구조화하기 힘든 빅데이터를 분석하여 인간의 힘만으로 식별할 수 없던 투자 흐름을 패턴화해 준다. 고도의 알고리즘을 활용하여 감지하기 어려운 차트의 흐름과 변화를 자동으로 판단한다. 많은 시간을 절약해 주고 더 많은 기회를 포착할 수 있게 해 주는 것이다. 그러나 AI가 직접 거래를 주도하도록 내버려 두면 안 된다. 투자자의 판단이 결합하지 않은 채 AI가 독단적으로 판단을 내릴 경우 금융손실의 위험이 있다. 최종적인 투자 결정은 인간이 한다. 이런 식으로 협력이 이루어지는 것이다.

2) 액센츄어 - AI 활용 사람 구조 방식 변화 기술

미국의 다국적 경영 컨설팅 기업인 '액센츄어(Accenture)'가 AI를 활용해 사람을 구조하는 방식까지 바꾸고 있다.[4] 병원, 의료 현장 등에서 최대한 많은 양의 정보를 수집하고 데이터를 가시화한 인공지능이 환자를 수용할 수 있는 병원까지 찾아낼 수 있다. 이를 통해 최대한 신속하게 환자를 이송한 결과 병원을 찾느라 허비하는 시간을 40% 줄이고 이송 시간을 평균 1.3분 단축했다고 한다. 사람의 목숨을 살릴 가능성이 늘어나는 것은 더 많은 투자 기회를 얻거나 상품 판매량을 증가시키는 것과는 또 다른 의미를 지닌다. 인공지능과의 협력은 결국 인간을 살리는 길로 이어질 수도 있다.

이외에도 이미 산업계에서는 AI의 보조적 활용이 많이 진행되고 있다. 과거의 다양한 판례와 소송 사건을 빅데이터로 활용해 업무 효율 및 승소율을 높여가는 로펌, 인공지능에게 소설의 전체적인 줄거리를 맡기고 자신은 디테일한 스토리를 써 내

---

3) 고윤승, 「우리나라 로보어드바이저 도입을 위한 활성화 방안 탐색」, 『한국과학예술포럼』 25권, (사)한국전시산업융합연구원, 2016.

4) 일본경제신문사, 『AI 2045 인공지능 미래보고서』, 반니, 2019.

려가는 소설가 등 흥미로운 사례가 가득하다. 누군가는 AI가 영역을 확장하여 인간의 일자리를 대체한다고 말할 것이다. 그러나 이를 역으로 이용하자. 인공지능을 보조적 도구로 활용하고 인간의 강점인 창조성, 행동력 등을 극대화하자는 것이다. 인공지능과의 협력은 인간의 잠재력을 키워 주어 긍정적인 효과를 이끌어 낼 수 있다.

3. 본론 (2) : 인간과 인공지능의 교감을 통한 공존

1) 아마존 AI 음성인식 비서 '알렉사'

인공지능과 인간이 온전히 감정을 나눌 수 있는 시대가 머지않았다. 어쩌면 이미 다가온 것일지도 모른다. 실제로 감정이 실린 목소리를 낼 수 있는 아마존 AI 음성인식 비서 '알렉사(Alexa)' 디바이스의 판매량이 1억 대를 돌파했다고 한다.[5] 아마존 에코는 알렉사가 탑재된 스마트 스피커로, 음성인식 시스템과 연결되어 음악을 연주하거나 뉴스, 스포츠, 날씨 등 필요한 정보를 제공하는 기능을 한다. 아마존 인공지능 플랫폼이 음성인식을 넘어 이제는 감정까지 읽을 수 있는 단계로 발전하고 있다. 아마존 대표 제프 베조스는 인간의 감정을 인식할 수 있는 음성인식 웨어러블 기기를 개발하고 있다고 밝혔다.[6] 아마존의 감정 탐지 소프트웨어 특허 내용에 따르면, 사용자의 달라진 목소리를 통해 스트레스, 분노, 슬픔 등의 정서적인 면을 교감하여 심리치료까지 병행할 수 있다. 심지어 감기와 같은 질병 감염 가능성을 먼저 예상하고 약을 추천할 수도 있다고 한다.

2) KT 기가지니 AI 음성합성 기술

TV를 종종 보는 사람들이면 최근 가슴 뭉클해지는 광고를 접한 적이 있을 것이다. 선천성 청각 장애인인 김소희 씨의 사연을 담은 뭉클한 광고가 올해 초 방송되었다.[7] 태어났을 때부터 목소리를 갖지 못했던 그의 소원은 본인의 목소리로 세상과 소통하는 것이었다. KT가 인공지능 기술을 활용하여 소원을 이루어주었다. 먼저 가족들의 목소리를 녹음하고 동년배 사람들의 목소리를 분석한 뒤, 그의 구강구조를 파악해 목소리를 추론했다. 마지막으로 기가지니 AI 음성합성 기술로 목소리를 완

5) 이지윤, 〈아마존 AI 음성인식 비서 '알렉사' 전자기기 판매량 1억대 돌파〉, 《서울경제》, 2019. 01. 05.
6) 김광회, 〈아마존 AI 알렉사, 이제는 인간의 감정까지 교감한다?〉, 《넥스트데일리》, 2019. 05. 24.

성했다. 김소희 씨는 이렇게 찾게 된 자신의 목소리로 가족들에게 편지를 썼다. 처음으로 본인만의 목소리로 다른 이들에게 마음을 전한 것이다. 광고 공개 이후 유튜브 댓글에는 이 감동적인 사연에 눈물을 흘렸다는 소감이 연달아 이어졌다. 나 역시 광고를 볼 때마다 눈시울이 붉어지는 것을 참을 수 없었다. 인공지능 하면 그저 딱딱한 느낌이 들던 이전과는 달라졌다. 인공지능 기술은 이미 충분히 따뜻하게 담아낼 수 있다. 마음이 담긴 AI 기술을 통해 교감할 수 있다는 것이다.

이처럼 이미 우리는 인공지능과 교감하며 공생하고 있다. AI는 인간의 필요에 의해, 인간을 돕기 위해 만들어진 것이니 어찌 보면 당연한 일이다. 다만 우리가 걱정해야 하는 것은 그들이 불필요한 호기심을 갖는 것, 인간의 통제를 벗어나는 것이다. 그렇지 않도록 인간의 안전을 최우선으로 하는 아이작 아시모프의 로봇 3원칙[8]과 같은 적절한 규칙만 지킨다면 AI와 인간의 공생은 충분히 이루어질 수 있다. 아이작 아시모프의 로봇 3원칙은 다음과 같다.

---

7) KT 광고, 〈제 이름은 김소희 입니다 [마음을 담다 KT] (풀스토리)〉 2020. 03. 26. https://www.youtube.com/watch?v=A2YSy-9LOmA&feature=share

8) 로봇은 인간에게 해를 끼치지 않아야 하고 인간의 명령에 복종해야 하며 로봇 자신의 존재를 보호해야 한다는 로봇 안전 준칙. 1985년에 아시모프는 위 3대 원칙에 인류 집단 안전을 위해 0번째 법칙을 추가하였다(아이작 아시모프, 김옥수 옮김, 『아이, 로봇』, 우리교육, 2008 참조).

법칙 0. 로봇은 인류에게 해를 가하거나, 해를 끼치는 행동을 하지 않음으로써 인류에게 해를 끼치지 않는다.

법칙 1. 로봇은 인간을 다치게 해서는 안 되며, 행동하지 않음으로써 인간이 다치도록 방관해서도 안 된다.

법칙 2. 법칙 1에 위배되지 않는 한 로봇은 인간의 명령에 복종해야만 한다.

법칙 3. 법칙 1, 2에 위배되지 않는 한 로봇은 스스로를 보호해야만 한다.

4. 본론 (3) : 인공지능과의 공생 가능성

1) 인간과 AI의 융합, 뇌-기계 인터페이스

인공지능과 인간의 완전한 공생체가 만들어질 수 있다. 엘론 머스크는 인간의 뇌 기능 향상을 위해 AI와 인간을 융합하는, AI와 인간이 공생하는 공생체로 이어지는 구상을 언급했다.[9] 실제로 그는 2016년 1억 달러를 투자하여 두뇌 연구 스타트업 뉴럴링크(Neuralink)를 설립했다. 인간의 뇌에 AI 칩을 이식하고, 인간의 뇌신경과 컴퓨터 칩을 연결하는 것을 목표로 한다. 뇌에 이식한 초소형 AI 칩을 통해 생각을 업로드하거나 다운로드할 수 있다. 뇌에서 일어나는 일을 뉴런으로부터 읽어 내는 것뿐 아니라 두뇌로 신호를 보낼 수도 있다는 것이다. 이를 이용하면 촉각이나 시각 등의 감각을 회복할 수 있어 뇌와 관련된 질병을 치료할 수 있다. 뉴럴링크의 장기적인 목표는 사람과 인공지능을 연결하고, 인간과 인공지능이 공생할 수 있는 완전한 뇌-기계 인터페이스(BMI, Brain-Machine Interface)를 구축하는 것이다.

4차 산업혁명의 핵심 기술인 인공지능 기술은 인간의 뇌를 닮아가는 방향으로 발

---

9) Mae Anderson, 〈엘론 머스크의 뇌-컴퓨터 인터페이스(Elon Musk's Latest Target: Brain-Computer Interfaces)〉, 《U.S. News》, 2017. 03. 28.

전하고 있다. 이에 따라 AI가 구현하는 인공신경망과 인간의 뇌의 자연신경망의 간극은 점차 좁아질 것이다. 결국 이 둘을 서로 연결하는 것이 가능할 것이다. 현재의 뇌와 기계를 연결하는 BMI 기술은 뇌-인공지능 인터페이스(BAI, Brain-AI Interface)로 나아갈 것이다. 아직은 'BAI'라는 말을 사용하지는 않지만, 일상처럼 사용하게 될 날이 머지않았다고 생각한다. 이러한 인터페이스가 구현되면 뇌와 AI가 직접 정보를 교환할 수 있다. 인간과 AI의 완전한 공생체가 만들어지는 것이다.

2) 포스트휴먼 시대의 인간상

인간과 인공지능의 연결을 통한 공생으로 인해 인간이 막대한 정보를 다루게 됨으로써 인류 발전을 앞당길 수 있다. 이처럼 인류는 소위 '포스트휴먼(posthuman)'으로 명명되는 시대에 이르렀다. '포스트휴먼'이란 현인류의 생물학적 능력을 뛰어넘는 능력을 갖추어 현재 기준으로는 인간으로 분류될 수 없는 인간 이후의 존재를 뜻한다. 기술을 통해서 인간의 한계를 뛰어넘는 미래 인간상인 것이다. 이제 우리는 인간과 기계 사이의 경계와 인간의 존재론에 대한 근본적 혼란에 직면하게 되었다. 인공지능을 탑재한 포스트휴먼으로서의 그 어떤 존재와 인간 사이의 구분이 모호해지는 미래가 머지않았다. 우리는 인간과 기계의 관계가 불분명한 경계를 지닌 사회로 나아가고 있다.

인류는 유발 하라리가 말한 인간 업그레이드 '호모 데우스(HOMO DEUS)'[10]처럼 신이 되고자 하는 길로 들어선 것으로 보인다. 호모 데우스의 '호모(HOMO)'는 사람 속을 뜻하는 학명이며, '데우스(DEUS)'는 '신(god)'이라는 뜻이다. 즉, '신이 된 인간'으로 번역할 수 있다. 피조물에 불과했던 인간은 과연 스스로 신이 되고 싶어 만들어 낸 창조물과 양립하는 공존의 길을 걸을 수 있을까? 기계는 인간을 대체하는, 경계해야 할 존재로 여기던 인류에겐 다양한 고민거리가 생겼다. 인공지능과의 공존은 가 보지 않은 길을 걷는다는 것이기 때문이다. 이를 위해서는 국제사회에서 충분한 논의를 통해 합의해야 할 문제들이 존재한다.

10) 유발 하라리, 김명주 옮김, 『호모 데우스 : 미래의 역사』, 김영사, 2017.

5. 결론 : 인공지능과의 상생을 위해 필요한 노력

과학기술은 놀라운 속도로 발전하고 있다. 우리는 디지털 기술에 힘입어 경이로운 발전을 거듭하는 시대에 살고 있다. 인공지능 기술이 일으키는 변화가 단순히 새로운 시대로 진입하는 것에 불과한 것이 아니다. 훨씬 더 나은 삶으로 이어질 것이다. 인공지능은 시대의 흐름에 따라 자연스럽게 발달하고 있으며, 앞으로 우리의 생각을 뛰어넘을 정도로 나아갈지도 모른다. AI와 협력하고 공생 및 공존하기 위해 전 세계와 우리 사회, 각 개인이 충분히 고민해야 한다. 그리고 혼란이 더욱 가속화될 앞으로의 미래에 그 고민을 토대로 행동해야 한다. 어떤 기술을 얼마만큼 사용하는 것이 인간이 인간으로서 존재할 수 있는 것인지는 여전히 누구도 쉽게 대답할 수 없다.

기술이 가치중립적인지 아닌지를 논하기보다는, 기술의 가치는 그것을 최종적으로 이용하는 자, 즉 인간에게 있음을 기억해야 한다. 기술이 우리 삶의 대부분을 차지하고 결정한다는 점을 부인할 수 없다. 그러나 기술을 어떻게 활용할 것인지, 그에 따른 부작용은 어떻게 최소화할 것인지는 결국 우리 인간의 몫이다. AI 시대는 바로 우리 눈앞에 다가왔다. 우리 삶에 알게 모르게 개입하게 될 인공지능은 무수히 많을 것이다. 인공지능이 초래할 미래는 불투명하지만, 인공지능 기술은 앞으로도 계속 발전해 나갈 것이다. 이런 상황 속에서 우리는 인공지능 기술을 새로운 사회로 나아가는 동력으로써 활용해야 한다. 두려워하며 AI를 피할 때가 아니다. AI를 성장의 발판으로 삼는 지혜가 필요하다.

인공지능은 결국 인간이 만들어 내는 것이다. 윤리적인 인공지능이 탄생할 수 있도록 우리 인간 자체의 인성과 도덕심을 고양해 나가는 것 또한 매우 중요한 과제이다. AI 시대에 중요해질 능력으로 주체성이나 기획 및 행동력, 창조성, 의사소통능력 등이 꼽힌다. 즉, 중요한 것은 인간만이 가질 수 있는 강점을 갈고닦아야 AI와 상생할 수 있다는 것이다. 인간과 기술 간의 협업뿐 아니라, 국가와 시민, 개인과 기업, 기업과 기업이 모두 손을 잡고 공동의 노력을 펼쳐야 한다. 인간은 결국 이러한 시각을 바탕으로 AI와 긍정적으로 함께할 방법을 모색해나갈 것이다. – 최우정, 「인류와 인공지능(AI)의 상생 가능성 논의」, 2020.

참고문헌

- 고윤승, 「우리나라 로보어드바이저 도입을 위한 활성화 방안 탐색」, 『한국과학예술포럼』 25권, (사)한국전시산업융합연구원, 2016.
- 강윤진, 〈방통위, 「이용자 중심의 지능정보사회를 위한 원칙」 발표〉, 방송통신위원회 홈페이지 보도자료, 2019. 11. 11.
- 김광회, 〈아마존 AI 알렉사, 이제는 인간의 감정까지 교감한다?〉, 《넥스트데일리》, 2019. 05. 24.
- 김건우, 「포스트휴먼의 개념적, 규범학적 의의」, 『포스트휴먼 시대의 휴먼』, 서울: 아카넷, 2016.
- 아이작 아시모프, 김옥수 옮김, 『아이, 로봇』, 우리교육, 2008.
- 유발 하라리, 김명주 옮김, 『호모 데우스 : 미래의 역사』, 김영사, 2017. 05. 19.
- 이경탁, 〈OECD 인공지능 이사회 권고안, 회원국 만장일치 채택〉, 《조선비즈》, 2019. 05. 23.
- 이지윤, 〈아마존 AI 음성인식 비서 '알렉사' 전자기기 판매량 1억대 돌파〉, 《서울경제》, 2019. 01. 05.
- 일본경제신문사, 『AI 2045 인공지능 미래보고서』, 반니, 2019.
- KT 광고, 〈제 이름은 김소희 입니다 [마음을 담다 KT] (풀스토리)〉 2020. 03. 26.
  https://www.youtube.com/watch?v=A2YSy-9LOmA&feature=share
- Mae Anderson, 〈엘론 머스크의 뇌-컴퓨터 인터페이스(Elon Musk's Latest Target: Brain-Computer Interfaces〉, 《U.S. News》, 2017. 03. 28.

인간에게 놀이란 무엇인가

> 인간과 동물에게 동시에 적용되면서 생각하기와 만들어 내기처럼 중요한 제3의 기능이 있으니, 곧 놀이하기이다. 그리하여 나는 호모 파베르 바로 옆에, 그리고 호모 사피엔스와 같은 수준으로, 호모 루덴스(Homo Ludens, 놀이하는 인간)를 인류 지칭 용어의 리스트에 등재시키고자 한다. – 요한 하위징아, 『호모 루덴스』, 연암서가, 2018.

질문은 우리를 성장시킵니다. 좋은 질문은 그 자체로 커다란 대답이기도 합니다. 아인슈타인이 말했죠. 가장 중요한 것은 질문을 멈추지 않는 것이다! 오늘도 저는 이 자리에서 위대한 질문을 던지고 그 질문에 스스로 답을 하려 합니다. 제가 오늘 여러분에게 던지고 싶은 질문은 '인간에게 놀이란 무엇인가?'입니다. 물론 저는 이 질문에 대해서 정답을 말할 수는 없을 겁니다. 그럼에도 불구하고 제가 이 자리에 선 이유는 두 가지입니다.

우리는 어린 시절부터 "너는 커서 뭐가 될래?", "어떤 직업을 가질래?", "뭘 하면서 먹고살래?" 같은 질문들을 무수히 받습니다. 어떤 일을 하며 살 것인가에 대한 질문은 많이 받지만, "넌 뭘 하면서 놀래?", "혼자 있는 시간에는 뭘 할 거야?", "여유로운 시간이 생기면 어떻게 놀아야 제대로 노는 걸까?" 같은 질문은 하지 않습니다. "너는 어떻게 노는 어른이 될래?"는 별로 받아본 적이 없는 질문일 거예요. 하지만 인간은 일하는 시간만큼이나 많은 시간을 노는 데 사용합니다. 어떻게 노느냐가 그 사람을 규정합니다. 그 사람을 행복하게 만드는 시간도 바로 노는 시간이지요. 놀이하는 동물, 호모 루덴스인 인간에게 놀이는 삶의 화두여야 합니다. 이것이 첫 번째 이유입니다.

또 다른 이유가 있는데요. 제 아이들은 커서 절대로 과학자가 되지 않겠다고 날마다 결심합니다.(웃음) 제가 볼 때는 과학자가 될 가능성도 매우 적어 보입니다만.(웃음) 가족여행을 가서도 컴퓨터를 붙잡고 논문을 쓰고 있는 저를 보면서 아이들은 '과학자는 저렇게 살아야 하는구나, 못 노는 삶이구나.'라고 생각했나 봐요. 저희 집

아이들도 커서 어른이 되면 알게 될 겁니다. 어떤 직업을 갖더라도 대부분의 사람들이 맘 편히 놀지 못하며 산다는 것을 말이지요. 어른들도 아이들만큼 놀이를 좋아합니다. 놀 때 매우 행복하죠. 하지만 해야 할 것과 하고 싶은 것 사이에서 늘 해야 할 것을 지워 나가는 삶을 사는 것이 바로 우리 어른들입니다. 이래선 안 됩니다. 일과 삶의 균형, 이른바 워라밸이 중요합니다. 일만큼이나 놀이가 중요합니다.

위대한 질문의 매력은 '답하긴 어렵지만 그 질문 자체가 가진 울림이 크다.'는 거겠죠. 오늘 저는 여러분과 놀이에 대해 매우 진지하게 생각해 보고 싶습니다.

놀이하는 인간

'놀이'란 무엇일까요? 놀이는 다양한 말로 정의될 수 있을 겁니다. 놀이를 정의한다는 건 농담을 정의한다는 것과 같아서 매우 부질없다는 글도 본 적 있는데요. 저라면 놀이를 '생산적인 결과물이 아닌 즐거움을 추구하는 행위'로 간단히 정의해 보겠습니다. 옥스퍼드 사전을 살펴보니, '특별한 생산적인 목적 없이 우리가 시간을 즐기기 위해 하는 행동'이라고 정의돼 있더군요.

놀이는 매우 보편적인 행동입니다. 수백 년 전 사람들의 일상을 담은 그림에도 노는 모습이 담겨 있죠. 사람뿐 아니라 개나 고양이도 잘 놀고요, 종을 뛰어넘어 같이 놀기도 합니다. 심지어 개미들조차도 특별한 목적 없이 자기들끼리 혹은 혼자서 놀고 있는 것처럼 보이는 행동들이 목격되곤 해요. 그런 점에서, 놀이는 종을 넘어선 보편적인 행동처럼 보입니다.

이런 놀이는 일과 다른 여러 특징들이 있지요. 누가 시켜서 하는 게 아니라 내가 좋아서 자발적으로 하는 행위이고요, 어떻게 놀아야 한다는 규칙이 없으며, 어떤 결과를 만들어 내야 한다는 목표도 없습니다. 더 잘 놀기 위해 경쟁하지 않으며, 혼자 놀아도 재미있고 같이 놀아도 재미있습니다. 매우 집중이 잘 되고 즐거운 과정이며, 끝나면 다시 하고 싶어지는 행위이지요.

요한 하위징아(Johan Huizinga)는 1938년에 출간한 『호모 루덴스』에서 놀이는 문화의 한 요소가 아니라 문화 그 자체라고 역설한 바 있습니다. 그는 합리주의와 낙관론을 숭상했던 18세기에 우리는 우리 종족을 '생각하는 인간(Homo Sapiens)'이라고 칭했지만 그것은 이성을 숭배하던 시절의 정의라고 못 박고, 인간을 다른 동물들과 확연히 구별할 수 있는 특징은 '놀이하는 것' 그리고 그것을 예술과 문화로 승화시킨 능력이라고 설명했습니다. 하위징아는 놀이 전통이 우리 삶을 너무나 중요하게 관통하고 있어서, 문화 곳곳에 그 흔적이 스며 있다고 주장했습니다. 예를 들어, 인간은 몸을 회전하면 굉장히 즐겁거든요. 이런 생물학적 본성 때문에 서커스가 만들어지고 그것을 예술의 수준으로 승화시켰다는 거죠. 춤과 음악을 좋아하는 인간은 수많은 도박을 만들었고 가무를 즐기는 축제를 만들었습니다.

미국 놀이연구소 소장 스튜어트 브라운(Stuart Brown)에 따르면, 놀이는 인간의 창의성을 높여 주는 가장 창조적인 행위라고 합니다. 그는 도널드 헵(Donald O. Hebb)의 아주 오래된 이론인 '가소성 이론'을 빌려서 '인간은 놀이를 통해서 정상적인 어른으로 성장할 수 있다.'고 주장합니다.

헵은 미국의 행동주의 심리학자입니다. 그는 자극이 많은 환경에 놓인 쥐들의 뇌에서 신경세포들이 더 많은 수상돌기와 축색돌기를 뻗고, 그들 사이의 시냅스 연결도 증가한다는 것을 보여 주었습니다. 쥐가 살고 있는 상자에 놀이기구를 많이 들여놓았더니 시냅스 연결이 현저히 늘어난 반면, 아무것도 넣어 주지 않은 상자에서 자란 쥐들은 신경세포들이 제대로 발달하지 못했다는 사실을 관찰한 거죠. 신경세포들 간의 연결도 많이 진행되지 않았고요. 이를 바탕으로, 브라운은 아이들이 놀이를 통해서 생존에 필요한 다양한 삶의 지혜를 배우고 의사결정 과정을 제대로 익힌다고 주장합니다. 특히나 인간은 그 어떤 동물보다도 유년기가 길기 때문에 그 시절 놀이를 통해서 다양한 행동양식을 학습하고 성장하는 거죠.

사람이 놀지 않고 일만 하면 바보가 된다고 하죠? 과학자들은 이 오래된 통념이 진실에 가깝다는 사실을 연구를 통해 꾸준히 증명하고 있습니다. 그렇다고 해서 여러분에게 "아이에게 장난감을 많이 사주세요."라는 말씀을 드리고 싶지는 않아요. 과거를 떠올려 보면, 저만 해도 어렸을 때 레고 같은 근사한 걸 가지고 놀았던 기억이 없거든요. 골목에서 야구를 하거나, 치기 장난, 숨바꼭질 등을 하며 열심히 뛰어놀았죠. 썰매 같은 걸 나무로 만들어 타고 놀았던 기억이 있습니다. 사실 아이들을 더욱 창의적으로 만드는 건 장난감 없이 자기네들끼리 놀면서 스스로 장난감을 만들 때입니다. 바로 그 순간 아이들의 뇌가 훨씬 더 발달합니다.

예를 들어, 우리는 어렸을 때 그림도 그리고 춤도 추고 친구들과 같이 놀면서 사회성을 체득합니다. 사회성을 배우는 시기에 놀이의 역할은 너무나도 강력합니다. 그 시기에 제대로 놀지 못하면 범죄를 저지를 확률이 5배 이상 증가하며, 심지어 살인을 저지를 위험성은 17배나 높아진다고 알려져 있어요. 〈샤이닝〉이라는 영화의 주인공이 그랬듯이, 놀지 않고 일만 하는 건 사람을 바보로, 살인자로 만듭니다. 이제 "나, 왕년에 좀 놀았어!"가 자랑이 아니라 필수가 되어야 한다는 겁니다.

놀이의 매력은 자발성

놀이는 계속하고 싶은 속성이 있죠. 중독의 위험성 말입니다. 실제로 도파민을 많이 방출시키는 놀이는 중독을 불러일으킬 만한 위험성이 있습니다. 다른 사람을 괴롭히면서 노는 것도 영장류에서 굉장히 자주 목격되는 현상입니다. 다르게 말하면, 누군가를 괴롭히는 행위 자체가 인간에게 즐거움을 준다는 거예요. 그게 좋은 놀이라고 할 순 없겠죠. 왕따 가해자인 아이들에게 "왜 친구를 괴롭혔니?"라고 물어보면, 그냥 노는 거예요, 장난이에요, 재미있어서요라고 하죠. 이것은 놀이가 가지고 있는 어두운 측면입니다. 그렇기 때문에 세상의 모든 놀이가 고무되어야 한다는 건 아닙니다. 우리는 놀이를 통해 다른 인간을 어떻게 대해야 할지를 배웁니다.

우리 사회는 아이들의 놀이에 대해서는 굉장히 관대하고 당연하게 생각하며, 이의를 달지 않고 열심히 놀게 해 줍니다. 심지어 키즈 클럽에 데려다주며 창의적으로 놀라고 기회를 주죠. 하지만 중학교쯤 올라가면 상황이 서서히 바뀌기 시작해요.(웃음) 놀이는 어느덧 죄책감을 동반한 무엇이 되지요. 중간고사나 기말고사가 끝난 다음 주 정도에만 허용되는 일시적 일탈로 바뀝니다. 어른이 되어서도 논다고 하면 죄책감은 더 심해지죠. "너 뭐 하니?"라고 물었을 때 "지금 놀고 있습니다."라고 당당히 말할 수 있는 어른은 드물어요.

놀이는 인간의 내재적 본능이며 심지어 뇌의 여러 영역을 발달시켜 주는 창조적인 행위인데, 왜 우리 사회는 놀고 있는 사람들을 못마땅하게 바라보는 걸까요? 왜 어른이 되면 덜 놀아야 한다고 기대하는 건가요? 오히려 어른들이 제대로 놀 수 있도록 놀이문화에 대해 생각해 볼 기회를 제공하는 것이 더욱 중요합니다. 어른들의 놀이가 터부시되어서는 안 됩니다.

학교에 대한 청소년들의 열정과 애정을 조사한 연구가 있습니다. 어릴 때에는 어린이들이 학교에 가는 걸 그다지 싫어하지 않습니다. 학교에 가서도 굉장히 재미있는 것들을 많이 배우고, 노래나 춤도 배우고, 야외학습도 많고, 선생님과의 유대도 강해서 유치원이나 초등학교에 대한 아이들의 애정과 열정은 매우 높습니다. 점차 학년이 올라가면서 그 열정이 식기 시작하죠. 중학교 3학년 때 가장 낮습니다. 거의 죽을 맛으로 학교를 다니는 거죠.(웃음) 저는 학교를 얼마나 즐겁게 다니느냐는 자기 스스로 결정하고 선택할 수 있는 것들이 얼마나 되느냐에 달려 있다고 생각합니다. 오로지 대학 입시만 바라보는 중학교나 고등학교에서 행복한 청소년들이 적은 건 너무나도 당연합니다. 대학교에 입학하면 다소 높아지는데, 아무래도 자기 선택권이 조금 높아지기 때문이죠.

예전에 신임교수 워크숍에 갔는데, 거기서 '교수는 언제 가장 즐거운가?'라는 설문조사에 대한 답변을 본 적이 있어요. KAIST 교수들은 실험에 성공하거나 좋은 저널에 논문이 실려 학생들과 맥주 한잔을 할 때 가장 즐겁다고 대답했습니다. 좌절했던 학생이 좋은 성취를 이루고 졸업할 때 기쁘다는 답변도 많았습니다.

동시에 KAIST 학생들이 만든 '학교에서 가장 즐거울 때' 리스트도 공개했습니다. '동아리방에서 밤새 술 먹었을 때'가 1위였고요, 선배들이 술 사줬을 때, 후배들이랑 술 먹었을 때, 엠티에서 술 먹었을 때, 졸업식에서 술 먹었을 때가 뒤를 이었습니다.(웃음) 교수는 어디에도 없었습니다. 자신을 통제하는 대상과 같이 있을 때 즐거운 인간은 없습니다. 학생들은 교수와 놀지 않습니다.(웃음)

혁신의 열쇠

실리콘밸리에는 '진지한 놀이(serious play)'라는 개념이 있습니다. 인간은 놀이를 하는 동안 완전한 몰입을 경험하며, 이때 창의적인 아이디어가 나오고 혁신의 실마리를 얻을 수 있다는 겁니다. 현대사회에서 혁신과 창의가 놀이를 통해서 나올 수 있다는 사실은 기업들에게 매우 매력적으로 들렸을 겁니다. 그래서 업무 공간 안에 놀이를 끌어들이려는 일련의 노력들이 시작됐지요. 술자리에서는 진지한 얘기를 해도 즐겁고, 업무 얘기도 술술 잘 나옵니다. 브레인스토밍을 술자리처럼 진행하면 어떨까요? 업무 공간을 놀이터처럼 만들어주고 그들이 자유롭게 생활하도록 해 주면 어떨까요? 실리콘 밸리는 점점 구글플렉스(Googleplex, 구글의 업무 공간)처럼 바뀌어

가고 있습니다.

브레인스토밍에 대해 좀 더 얘기해 볼까요? 회사에서는 갑자기 터진 문제에 대해 대책을 마련하거나 제품에 대한 아이디어를 모을 때 이렇게 합니다. “자, 우리가 OO 제품을 하나 기획해야 하는데, 어떻게 하면 좋을까요? OOO 과장은 생각이 좀 있나? 아니면 돌아가면서 한마디씩 해 볼까?” 직원들은 열심히 받아 적으면서 자기 차례가 올 때까지 조마조마해합니다. 그러다 중간에 다른 사람이 내가 말하려고 준비했던 걸 먼저 이야기하면 ‘망했다’ 하고 탄식하죠. (웃음) 다른 직원의 아이디어에 대해서 어떻게 생각하는지 물어보면 대개 “좋은 아이디어인 것 같습니다.” 같은 의미 없는 말들을 주고받습니다.

한두 시간 정도 회의를 하고 나면, 리더는 15분 정도 커피 타임을 갖고 다음 주제에 대해서 얘기해 보자고 제안합니다. 그러면 그 15분 동안 놀라운 일이 벌어져요. 커피 머신 주변에 둘러선 직원들은 동료들과 이런 얘기를 주고받습니다. “야, 저 사람 진짜 말도 안 되는 얘기 하는 거 아니야? 무슨 저런 걸 아이디어라고. 저걸 하려면 이런 문제를 해결했어야지.” 같은 열띤 대화가 오가는 겁니다. 정말 중요한 아이디어는 이처럼 커피 타임 때, 담배를 나눠 피는 흡연실에서, 업무 후 술자리에서 나온다는 겁니다.

실제로 이런 광경을 목격한 조직문화 이론가 해리스 오언(Harris Owen)은 진짜 의미 있는 아이디어와 정보는 회의가 아니라 커피 타임 때 나온다는 사실을 응용해, 커피 타임과 유사한 형식으로 회의하는 법을 고안했습니다. 이른바 ‘오픈 스페이스 테크놀로지(Open Space Technology)’라는 기법인데요, 직원들이 커피를 손에 든 채로 서서 동료들과 이런저런 이야기를 나누면, 이를 녹음해서 정리한 후에 15분 동안 공유하는 방식의 회의입니다.

이런 형태의 워크숍이 실리콘밸리에서는 큰 인기를 끌고 있습니다. 직원들에게는 일터가 놀이터가 된 거죠. 일을 놀이처럼 즐기니까요. 사람들은 놀이를 통해 창의와 혁신이 우연처럼 만들어질 수 있다는 사실을 깨달았습니다. 히피 정신을 강조한 실리콘밸리에서 놀이 문화를 중요시하는 건 놀라운 현상이 아닙니다. 모든 사람이 수평적이라 믿고, 자발적인 행동을 통해 동지애로 협업하며, 이 우주를 깜짝 놀라게 만들겠다는 그들에게 놀이는 가장 중요한 의식인 것입니다.

문제는 우리나라 기업들입니다. 실리콘밸리의 이런 철학을 공유하지 못한 채 놀이가 창의와 혁신에 도움이 된다는 사실만 가져와서 "저는 여러분이 일을 놀이라고 생각하면서 즐겁게 했으면 좋겠습니다. 우리도 실리콘밸리처럼 놀이를 일에 접목해 봅시다. 다만 정말 놀기만 하면 안 됩니다. 혁신을 만들어 내세요!"라고 말하는데, 정말로 혁신이 일어날까요?

자발적으로 참여할 수 없는 일은 힘듭니다. 고된 일을 놀이라고 생각하는 사람은 변태입니다.(웃음) 지금 우리가 살고 있는 사회는 자유가 우리 손에 있는 사회가 아니라, 시스템이 자유를 움켜쥐고 우리를 대하는 사회이지요. 우리는 이런 사회를 신자유주의라고 부릅니다. 인간에게는 자유가 별로 없지요. 우리는 열심히 일하고 성취하면 칭찬받지만, 열심히 일하지 못하는 순간 냉정하게 내쳐지는 사회에 살고 있습니다. 모두가 열심히 일하는 사람들로 항상 가득 차 있는 시스템, 그들을 언제든지 내칠 수 있는 사회가 바로 신자유주의 사회입니다. 진정한 자유가 없는 곳에는 놀이도, 창의도, 혁신도 없습니다.

나는 어떻게 놀 때 가장 행복한가

이제 강연을 마무리하려 합니다. 교수는 답을 주는 사람이 아니라 질문을 던지는 사람입니다. 그런 의미에서 제가 오늘 여러분에게 '인간에게 놀이란 무엇인가?'라는 질문에 '놀이란 이런 겁니다.'라고 답을 드릴 능력과 재간은 없습니다. 그런데도 제가 이 질문을 여러분께 던진 이유는 '나에게 놀이란 무엇인가'라는 질문이 '나는 어떤 존재인가? 나는 도대체 누구인가?'라는 질문과 맞닿아 있어서입니다.

'당신은 인생에서 가장 행복했던 순간이 언제였나요?'라는 질문에 대한 가장 많은 답변 중 하나가 '어린 시절 해변에서 모래성을 쌓을 때'였습니다. 고개를 돌려 뒤를 보면 부모님이 흐뭇한 눈으로 나를 바라보고 있어서 안전함을 느끼고, 자연과 함께 있으며, 고개를 들면 바다가 보이는 상황 말이죠. 놀이터의 놀이기구들과 달리, 모래는 내게 어떻게 가지고 놀아야 한다고 강요하지 않습니다. 타인의 모래성과 비교하지도 않고, 혼자 쌓아도 재미있고 친구와 같이 쌓아도 즐겁지요. 완성하지 못해도 즐겁고, 결국 근사한 모래성이 완성되면 부모님에게 보여 주며 즐거워합니다. 과정 그 자체를 즐기며 결과에 연연하지 않습니다. 내일 다시 쌓는다면 다른 모래성이

나오겠지요. 놀이의 본질을 모두 담고 있는 행위입니다. 노는 동안, 놀이에 몰두하는 동안 우리는 행복합니다. 창의와 혁신, 행복은 서로 맞물려 있는 듯 보입니다.

내 마음대로 할 수 있는 시간이 주어졌을 때 나는 어떤 행동을 하는가를 살펴보면 내가 어떤 인간인지를 알 수 있습니다. 혼자 노는 사람인가, 아니면 같이 노는 사람인가? 나를 가장 즐겁게 하는 것은 무엇인가? 이런 질문은 내가 어떻게 일할 때 가장 행복한가에 대한 실마리를 제공합니다. 혼자 노는 게 즐거운지 함께 노는 게 즐거운지, 현실에서 놀 때 즐거운지 온라인상에서 놀 때 즐거운지, 나는 몸을 움직이면서 노는 사람인지 두뇌의 유희를 즐기는 사람인지, 이성적인지 감성적인지 말이지요. '나는 무엇에서 즐거움을 얻는 사람인가?'라는 질문은 내가 무엇을 지향하는 사람인지를 알려 줍니다. '나는 무슨 일을 하며 살아야 할까.'라는 질문에 대답하려면, 내 즐거움의 원천인 놀이 시간을 들여다보아야 합니다.

나는 어디에서 누구와 무슨 일을 하며 살 것인가? 이 질문에 정말로 답하고 싶다면, 일만 들여다보지 말고 놀이에서 해답을 찾아보세요. 일과 놀이를 함께 성찰할 때, 우리는 더 나은 대답을 찾을 수 있습니다. 그 안에서 나를 발견할 수 있습니다.

– 정재승, 『열두 발자국』, 어크로스, 2018, 111~124쪽.

글쓰기 연습

- 윗글의 논지를 한 단락으로 요약해 보자.
- '놀이하는 인간'에 대해 한 단락 정도로 재정의해 보자.
- 윗글에서 학술적인 부분과 대중적인 부분이 어디인지 찾아보고 서로 어떤 효과를 내는지 의견을 나눠 보자.

병원체를 피하라!

우리는 기생체가 먹는 음식이다

이름만 보면 보잘것없는 조무래기일 것 같다. 기생체(寄生體, parasite) 말이다. 다른 생물에게 빌붙어서 양분을 빼앗아 먹는 생물이라는 뜻이다. 바이러스, 세균, 원생생물, 장내기생충, 이, 진드기, 쇠파리 등을 포함한다. 기생체라는 단어는 '음식(sitos)의 곁(para)'을 의미하는 그리스어 파라지토스(parasitos)에서 유래했다. 원래 이 단어는 고대 그리스에서 '사제를 돕는 임무를 수행하고, 함께 만찬에 초대받는 제관'을 지칭했다. 음식을 너무 많이 먹어서 주인에게 폐를 끼칠까 봐 각별히 조심하는 저녁 식사 손님이 바로 파라지토스였다.

허술한 이름에 속지 마시라. 우리는 기생체가 먹는 음식이다. 기생체를 맞는 주인이 아니다. 인류의 진화 역사를 통틀어 전염병은 전쟁, 살인, 자연재해, 비전염성 질병 등 그 어떤 원인보다 조상들의 목숨을 더 앗아간 원흉이었다. 일례로 14세기 중세 유럽을 휩쓴 흑사병은 유럽 전체 인구의 3분의 1을 죽였다. 오늘날에도 전염병은 우리를 음산하게 위협한다. 모기가 옮기는 전염병인 말라리아는 2016년에만 전 세계에서 약 45만 명을 죽였다. 후천성면역결핍증(AIDS)은 약 100만 명을 죽였다. 반면에 같은 해에 지구상에서 전쟁, 내전 등으로 죽은 군인과 민간인 사망자는 10만 명 남짓이었다.

기생체와 인간이 수백만 년에 걸쳐 생과 사를 건 전쟁을 벌여 왔음을 고려하면, 자연선택이 전염병을 효과적으로 막는 정교한 방어 체계를 우리의 몸과 마음에 장착시켰으리라 예상할 수 있다. 기생체 가운데 질병을 일으키는 것들, 즉 병원체를 무력화시키고자 숙주인 인간은 다양한 조치를 취한다. 첫째, 애초에 병원체에 노출되지 않도록 철저하게 예방한다. 둘째, 몸 안으로 침투한 병원체를 재채기, 열, 설사, 면역반응 등으로 죽이거나 밖으로 몰아낸다. 셋째, 병원체가 파괴한 조직을 재생시켜 피해를 복구한다.

이 중 최선의 방책은 예방이다. 자고로 삼십육계 중에서도 줄행랑이 으뜸이라 했다. 다소 성가시고 귀찮더라도, 위험하면 일단 피하고 보는 것이 최선이다. 병원체가 이미 우리 몸 안에 들어온 다음에 활성화되는 다른 조치들은 큰 비용을 치러야 한다. 예를 들어, 병원체에 감염되면 우리 몸은 병원체를 '태워' 죽이고자 체온을 높인다. 이렇게 몸에 열이 나면 저장된 영양분이 더 빨리 소모된다. 남성은 일시적으로 생식능력도 잃게 된다. 병석에 드러누워 안정을 취하느라 데이트, 출근, 자녀 돌보기 등 다른 중요한 일도 포기해야 한다. 처음부터 병원체와 엮이지 않는 편이 가장 깔끔하다.

주변 환경에서 병원체를 옮길 만한 사람 혹은 사물을 탐지하여 이를 미리 피하게끔 해 주는 심리적 적응들을 알아보자. 병원체를 막는 심리적 방어는 특정 집단에 돌을 던지는 편견, 자기편끼리 뭉치고 외부인을 배척하는 자기 집단 중심주의, 매력적인 이성에 대한 이끌림, 문화적 차이 등등 다양한 영역에 영향을 끼친다.

왜 어떤 것들은 '우웩'인가?

상한 우유, 썩은 고기, 곰팡이가 핀 식빵, 쥐, 바퀴벌레, 구더기, 소변, 대변, 땀, 콧물, 토사물, 침, 고름, 음식물 쓰레기 더미, 먼지, 동물의 대변, 누런 치아, 콧구멍 후비기, 벌어진 상처, 손가락이 잘린 손, 시체, 끙끙 앓는 사람, 낯선 나라에서 온 외국인, 초만원 지하철.

위의 단어들을 천천히 음미하길 바란다. 어떤가? 아마도 코를 찡그리고, 윗입술을 끌어올리고, 입 가장자리가 내려가거나 인상을 쓰면서 입을 크게 벌리는 표정이 지어졌을 것이다. 심장박동도 느려지고, 손바닥이 축축해지고, 뱃속이 뒤집어졌을 것이다. 혐오감, 즉 무언가를 강력히 거부하는 정서가 만드는 전형적인 반응이다.

왜 그것들은 혐오스러울까? 사람들은 보통 이렇게 답한다. "더럽고, 냄새나고, 축축하니까. 한마디로 '우웩'이잖아." 일견 맞는 말이다. 그런데 왜 바퀴벌레는 '우웩'인데 강아지는 '우웩'이 아닐까? 왜 초만원 지하철은 '우웩'인데 한적한 지하철은 '우웩'이 아닐까? 혐오가 어떤 진화적 기능을 수행하게끔 자연선택에 의해 설계된 정서인가에 대한 해답은 비교적 최근까지도 베일에 싸여 있었다. 공중보건학자 밸러리 커티스(Valerie Curtis)는 오랫동안 혐오감과 위생 행동을 연구해 온 자칭 '혐오학자(Disgustologist)'이다. 2001년 어느 날, 그녀는 연구실에서 전염병 억제를 위한 표준

지침서를 뒤적이고 있었다. 갑자기 섬광 같은 깨달음이 스쳤다. 아니, 이런? 병원체를 옮기는 요인의 목록이 혐오감을 일으키는 요인의 목록과 놀랄 정도로 유사했다.

대변은 콜레라, 장티푸스, 로타바이러스 등 20종이 넘는 소화기 질환을 옮길 수 있다. 콧물은 결핵, 인플루엔자, 홍역, 폐렴 등을 옮길 수 있다. 쥐는 유행성출혈열이나 라사열을 일으키는 병원체를 옮긴다. 고름이나 딱지에는 우리 몸에 침투한 병원체가 들어 있다. 그해 커티스 박사는 혐오라는 정서는 병원체가 잠복한 대상을 탐지하여 이를 사전에 피하게끔 해 준다는 새로운 이론을 제안하였다.

혐오가 병원체 감염을 예방하는 심리적 적응이라는 이론은 많은 증거를 통해 뒷받침되었다. 예컨대, 한 실험에서는 비슷하게 생겼지만 전염병을 옮길 가능성은 매우 차이가 나는 것으로 인식될 두 자극을 참여자들에게 보여 주었다. 사람들은 퍼런 액체가 묻은 수건보다 누런 액체가 묻은 수건이 더 혐오스럽다고 답했다. 후자는 고름을 연상시키기 때문이다. 마찬가지로, 사람들은 한적한 지하철보다는 만원 지하철이 더 혐오스럽다고 답했다. 후자에선 타인의 숨, 재채기, 기침에 무방비로 노출되기 때문이다.

또 다른 증거도 있다. 면역능력이 일시적으로 떨어져서 병원체를 사전에 차단할 필요성이 더 시급할 때는, 같은 혐오 유발 요인이라도 평소보다 더 메스껍게 여긴다고 보고되었다. 이를테면 임신부의 경우 면역계가 태아를 공격하는 불상사가 생기지 않도록 임신 초기 석 달간 면역능력이 저하되는데, 이 시기의 임신부는 임신 전보다 상한 음식이나 신체 노폐물에 대해 더 질겁하는 경향이 있다.

한 가지 주의할 점이 있다. 혐오감은 병원체를 포함하는 자극뿐만 아니라 비도덕적이거나 성적인 행동에 의해서도 유발된다. 거짓말, 사기, '금수저'들의 갑질, 공공장소에서 하는 과도한 애정 표현, 수간, 근친상간 등은 그야말로 '우웩'이다. 이런 행동들이 왜 혐오스러운지는 아직 뚜렷이 밝혀지지 않은 상태다.

혐오와 편견

브리티시컬럼비아 대학교의 심리학과 교수 마크 섈러(Mark Schaller)는 대학원생 시절부터 지금까지 편견을 줄곧 연구해 온 정통 사회심리학자다. 이 말인즉슨, 숙주니 기생체니 읊어대는 진화심리학 연구를 하게 될 줄은 그 자신도 몰랐다는 말이다.

어느 주말, 샐러는 음식 선호와 혐오에 대한 연구로 이름난 심리학자 폴 로진(Paul Rozin)과 그 부인을 저녁 식사에 초대했다. 로진은 생전 처음 보는 먹거리 후보를 접했을 때 먹자니 께름칙하고 안 먹자니 아쉽다는 이른바 '잡식동물의 딜레마(Omnivore's dilemma)'를 처음 제안한 사람이다. 포크를 막 들었을 때, 샐러는 자신의 샐러드 접시 안에서 상당히 큰 딱정벌레를 발견했다. 뒷마당에서 라즈베리를 딸 때 벌레가 딸려 들어온 모양이었다. 로진이 짓궂게 물었다. "자네, 그거 먹을 건가?" 샐러는 로진이 일찍이 제안한 딜레마에 빠졌다. 먹자니 '우웩'이고 안 먹자니 왠지 아쉽다(?). 그는 비위가 남달리 강한 편이었다. "아, 그럼요!" 딱정벌레를 손으로 집어 올렸다. 입안에 넣고 씹었다. 체액이 퍽 터졌다.

샐러는 자기처럼 혐오감을 잘 느끼지 않는 태연한 사람도 있지만, 조그만 자극에도 엄청나게 혐오감을 느끼는 민감한 사람도 있음을 알고 있었다. 혹시 이러한 혐오 감수성의 개인차가 특정 집단에 대해 품는 편견에도 영향을 끼치지 않을까? 실제로 전염병을 앓고 있는 환자에 대한 편견은 굳이 설명이 필요하지 않다. 피부에 붉은 발진이 돋았거나 고름이 흘러내리는 사람을 보면 혐오감이 들면서 미리 부정적인 판단을 하게 된다.

문제는, 노인이나 장애인, 비만한 사람들처럼 전염병을 옮길 가능성이 전혀 없는 이들에 대해서도 편견이 쏟아진다는 것이다. 대체 왜 그럴까? 해답은 이른바 '화재경보기 원리(smoke-detector principle)'에 있다. 화재경보기는 아주 약간의 화재 낌새에도 민감하게 작동하게끔 설계되었다. 종종 담배 연기에도 거짓 경보를 울려대서 짜증을 유발한다. 이는 분명히 손실이지만, 화재를 탐지하지 못해서 피해를 입는 것보다는 낫다. '죽은 뒤에 후회 말고 지나치게 경계하라.'는 원리다.

병원체를 피하는 심리적 방어 체계도 이러한 원리에 따라서 설계되었을 것이다. 전염병에 걸린 게 확실해 보이는 사람만 피하려다 실수로 감염자와 접촉하기보다는, 어딘가 비정상적인 외형을 지닌 사람이면 일단 무조건 피하고 보는 편이 상책이라는 말이다. (여기서 '비정상적인 외형'이란 말은 수렵-채집 환경에서 젊고 건강한 사람이 지녔을 외형과 거리가 있는 외형을 뜻한다.) 눈 밑에 처진 살, 검버섯, 성긴 머리카락, 갈라진 누런 손톱처럼 노년을 알려주는 단서를 지녔거나, 매우 뚱뚱하거나 크고 검붉은 점을 가진 사람 등을 만났을 때도 병원체가 출현했다며 비상 상황을 선포하는 전략이 조상들의 번식에 진화적으로 더 도움이 되었을 것이다.

샐러와 동료들은 병원체를 피하게 도와주는 혐오감이 지나치게 민감하게 작동하기 때문에 비만한 사람들이 불합리한 낙인을 받게 됨을 입증하였다. 전염병에 걸릴까 봐 매일 근심하는 사람은 전염병에 대해 신경을 끄고 사는 무던한 사람보다 매우 뚱뚱한 사람들에 대해 더 부정적인 태도를 지니고 있었다. 예컨대 전염병을 심하게 걱정하는 사람은 '비만한 사람들이 그렇게 된 것은 순전히 자기 탓이다.' 같은 항목에 더 긍정적으로 반응하는 경향이 있다.

잠시 요약하면, 감염을 피하려는 원초적인 혐오 정서가 어딘가 비정상적으로 생긴 사람들(노인, 장애인, 비만인 등)에 대한 편견을 만드는 데 일정 정도 역할을 한다. 이 말은 특정 집단에 대한 편견이 자연스럽고 불가피하므로 정당하다는 의미가 결코 아니다. 사려 깊은 이성적 판단능력도 인간 본성의 일부로 진화했다. 자신이 어떤 집단에 대해 혹시 자동적으로 편견을 품지는 않는지 곰곰이 되짚어 본다면, 이러한 불합리한 편견이 신입사원 면접 등의 주요한 의사결정을 망치는 사태를 방지할 수 있을 것이다.

낯선 외부인에게서 역겨운 감정을 느끼다

동서고금을 막론하고 사람들은 한곳에 함께 사는 자기 집단 사람들끼리 뭉치고 다른 집단에 속한 외부인을 배척하는 경향이 있다. 정치인들은 선거철이 되면 은근히 지역주의를 조장한다. 한국인은 이웃 나라 사람들을 원숭이, 왜놈, 짱깨, 왕서방 등으로 비하하기도 한다. 히틀러는 유대인이 바이러스고, 흡혈 기생충이고, 잡종이라고 표현했다. 1994년 르완다 대학살 때 후투족 민병대는 "바퀴벌레들을 죽여라." 라고 외치며 투치족을 학살했다. 다른 집단에 속한 사람 모두가 위생관념이 낮아서 더럽고 불결한 것도 아닐 텐데, 굳이 내부인끼리만 어울리고 외부인을 기피하는 '자기 집단 중심주의'와 '외국인 혐오증'을 어떻게 설명할 수 있을까?

인간 숙주와 기생체 사이의 진화적 군비경쟁은 지역마다 다양하게 전개된다. 사람이 많이 사는 지역에서는 기생체가 새로운 숙주로 건너가 쉬우므로, 독성이 강한 기생체가 선택된다. 사람이 적게 사는 지역에서는 기생체가 새로운 숙주로 건너가기 어려우므로, 독성이 약한 기생체가 선택된다. 결과적으로 지역마다 토착 기생체가 다양하게 자리 잡고, 이에 꼭 맞추어서 사람의 면역계가 공진화한다. 즉 어떤 지역의 토박이 주민의 면역계는 그 지역에서만 나는 특산물(?) 병원체만 퇴치해 준다. 다른 지역에 있는 병원체에 대해서는 힘을 쓰지 못한다. 여행 가서 물을 마셨더니 배탈이 나는 물갈이는 요즘도 흔하지 않은가.

그러므로 자신이 포함된 집단을 외부인이 옮길 수 있는 낯선 병원체로부터 지키기 위해서는 혐오 정서가 발동하여 외부인을 기피하게끔 진화가 이루어졌을 것이다. 외부인이 가진 병원체는 외부인이 속한 집단의 사람들에게는 괜찮지만 우리 집단에는 치명적일 수 있기 때문이다. 잘 알려진 역사적 사례를 들어 보자. 16세기에 수백 명의 에스파냐 군대가 인구 수천만 명의 아스테카 제국과 잉카 제국을 함락할 수 있었던 원인은 에스파냐 군인과 함께 들어온 천연두, 홍역, 장티푸스 때문이었다. 이 질병들에 대한 면역력이 없었던 아메리카 원주민의 무려 75퍼센트 이상이 허무하게 숨졌다.

섈러가 이끄는 연구팀은 외부인에 대한 기피가 병원체를 막는 행동적 방어의 일환임을 입증하는 실험을 했다. 어떤 자극에 대한 반응의 강도는 당사자가 현재 처한 상황에 따라 유연하게 다를 것이다. 이를테면, 실험 참여자에게 외부 자극을 주어서 전염병에 걸릴 위험이 잠깐 치솟은 상황이라고 무의식적으로 믿게 만든다면, 잠재적인 혐오 유발 요인에 의한 혐오 반응이 더 강하게 나타날 것이다.

실험 참여자들은 캐나다의 브리티시컬럼비아대학교 학생들이었다. 한 집단에는 세균이 득실대는 주방용 수세미, 뭉친 머리카락 더미처럼 전염병과 연관된 사진들을 보여 주었다. 다른 집단에는 욕실에서 넘어지기, 교통사고, 감전사처럼 안전사고와 연관된 사진들을 보여 주었다. 그 후에 낯설고 친숙하지 않은 나라(스리랑카, 페루, 동아프리카 등)에서 온 이민자들을 캐나다에 받아들이는 정책에 대한 찬반을 물었다. 예측대로, 전염병에 연관된 사진을 본 집단은 낯선 나라에서 온 외부인들의 이주에 더 부정적이었다.

기생체는 남녀의 짝짓기에도 끼어든다

병원체는 남녀의 짝짓기 맥락에서도 불길한 그림자를 드리운다. 병원체가 가하는 위험이 심각한 상황이라고 하자. 그렇다면 짝짓기 상대를 고를 때 기생체에 대한 저항성 같은 우수한 유전적 자질을 자식에게 물려줄 수 있는 얼굴(2차성징이 뚜렷한 얼굴 또는 좌우대칭인 얼굴)을 지닌 이성을 고르는 편이 더 낫다.

한 연구에서는 각 나라에서 다양한 전염병이 득세하는 정도와 배우자 선호 양상을 비교 조사했다. 연평균 기온과 습도가 높아서 각종 전염병이 창궐하는 나라의 여성일수록 선 굵고 턱이 발달한 얼굴을 지닌 남성을 더 선호하는 것으로 나타났다. 다른 연구에서는 한 여성 집단에는 전염병을 연상시키는 외부 단서를 주고, 다른 여성 집단에는 전염병과 무관한 외부 단서를 주었다. 그 결과, 전염병의 단서에 노출된 여성은 좋은 아빠가 될 남성(연봉이 높고, 아내에게 헌신하고, 마음씨가 따뜻하고, 친절하고, 아이를 잘 돌보는 남성)보다는 우수한 유전자의 단서를 지닌 남성(남성적인 얼굴과 신체를 지니고, 근육질이고, 자신만만하고, 다른 남자들을 제압하는 남성)을 남편감으로 더 선호했다.

요약하자. 혐오는 주변 환경에서 병원체를 탐지해 미리 피하게끔 해 주는 심리적 적응이다. 혐오감은 노인, 장애인, 비만인 등 형태적으로 낯설고 독특한 사람들에 대한 편견에 영향을 끼친다. 다른 집단에서 온 외부인은 우리 집단에 치명적인 병원체를 전파시킬 위험이 있으므로, 혐오감은 내부인끼리 뭉치고 외부인을 배척하는 성향에도 일조한다.

앞에서 잠시 언급했지만, 혐오감이 오염의 원천을 피하게 만드는 심리적 적응이라고 해서 결코 특정 집단에 대한 편견, 외부인에 대한 배척, 외모지상주의가 정당화되는 것은 아니다. 이를테면, 동성애자들이 성관계를 맺는 모습을 상상만 해도 구역질이 난다는 이유만으로 동성애를 도덕적으로 단죄할 수 있는 것은 아니다. 잊지 말자. 사려 깊은 이성적 추론능력도 진화된 인간 본성이다. 인간은 이성을 발휘하여 더 나은 세상을 앞당길 수 있다. - 전중환, 『진화한 마음』, 휴머니스트, 2019, 84~93쪽.

글쓰기 연습

- 윗글의 논지를 한 단락으로 요약해 보자.
- '혐오와 편견'이 발생하는 현상에 대해 하나의 사례를 들어 진화심리학적 관점에서 한 단락 정도로 분석해 보자.

비판적 사고력을 키우는 다섯 가지 방법

관찰하라

관찰만이 진실을 발견한다. 글쓰기는 주변에서 벌어지고 있는 일에 집중력을 기울이고 그것과 소통하는 방법을 배워 가는 방편이다. 관찰은 그저 쳐다보는 것이 아니다. 관찰하는 대상을 사랑하고 존경하지 않는 한 아무것도 발견할 수 없다. 사람들을 쳐다볼 때 오로지 그들이 비싼 옷을 입었는지, 어떤 가방을 들었는지, 생김새가 그럴듯한지만 본다면 그들을 제대로 이해하지 못할 것이다. 관찰은 애정을 갖고, 집중해서, 사려 깊게 대상을 바라보는 것이다.

다음 글은 관찰의 힘이 얼마나 강한지 보여 준다. 글쓴이는 영화 〈패터슨〉을 보고 누가 빼어난 시인이 되는지를 설명한다. 흔히 시하고는 담쌓고 살 거라 짐작하는 버스 운전사 패터슨이나, 우편배달부 마리오가 시인이 된 데는 다른 무엇보다 관찰의 힘이 컸다. 시인 에드워드 E.커밍스가 자신을 일러 태양 아래 있는 모든 것을 관찰하는 사람이라 규정했다는 말에 전적으로 동의하게 된다.

> 시인 패터슨은 '부업'으로 버스를 운전한다. 버스란 무엇인가. 노선을 벗어날 수 없으며 배차 시각도 준수해야 한다. 그러니 버스를 소시민의 삶에 비유해도 부자연스럽지 않다. 패터슨은 매일 아침 6시 15분경 눈을 뜨고 도시락을 들고

출근한다. 매일 아침 운행 직전 운전석에 앉아 시를 쓴다. 점심시간에도 벤치에 앉아 시를 쓴다. 시 공부 모임에서는 시가 주연이라고 했는데 내 눈에는 '반복되는 일상' 또한 주인공으로 보였다. 도시에서 누가 일상의 틀을 뛰어넘을 수 있단 말인가. 버스가 노선을 벗어날 수 없듯이 소시민 또한 반복되는 일상에서 한 발자국도 벗어날 수 없다. (중략)

영화를 보면서 20여 년 전에 본 영화 〈일 포스티노〉가 떠올랐다. 시인 파블로 네루다의 사설 우편배달부로 고용된 청년 마리오는 마을 아가씨를 짝사랑하면서 시의 내부로 한 걸음씩 진입한다. 마리오는 급기야 시의 거장으로부터 '개인교습'을 받는데, 네루다가 일러준 시의 요체는 메타포였다. 서로 무관한 A와 B를 결합시켜 C, 즉 새로운 의미를 탄생시키는 은유가 시의 핵심이라는 것. 패터슨, 아니 짐 자무시에게 시란 무엇이었을까. 내가 보기에 짐 자무시는 '시는 관찰과 발견'이라고 말하는 것 같았다. 널리 알려져 있듯이 '낯익은 것에서 낯선 그 무엇을 찾아내는 일'이 시 쓰기다.

은유 또한 관찰과 발견의 한 결과이므로 마리오와 패터슨의 시는 서로 다르지 않다. 문제는 시를 시이게 하는 요건이 아니다. 문제의 핵심은 소시민의 재탄생이다. 소시민이라면 누구나 생계 수단을 가져야 한다. 하지만 시 쓰는 버스 기사나 집배원은 흔치 않다. 물론 누구나 다 시를 쓸 필요는 없다. 하지만 누구나 '다른 눈'을 가질 수는 있다. 일상적 삶의 안쪽에서 자신의 삶과 사회를 응시하는 능력 말이다. 우리가 우리 자신을 지금과 다른 관점에서 바라볼 수 있다면, 그리하여 우리가 저마다 '시의 마음'을 되찾을 수 있다면 우리는 '지금과 다른 세상'을 설계할 수 있을 것이다. – 이문재, 〈일상 속에서 '일상 탈출'하기〉, 《경향신문》, 2018. 04. 22.

지극히 사소하고 일상적인 일이더라도 제대로 관찰만 한다면 충분히 문제점을 발견할 수 있다. 문제점을 발견할 수만 있다면 거기에 새로운 질서와 대안을 제시할 수 있을 것이다. 생각 없이 대상을 보지 말고 애정과 존경의 마음, 그리고 문제의식을 느끼고 겉으로 드러난 것 뒤의 본질을 간파하려는 의지를 갖추라.

오스트리아의 곤충학자 카를 폰 프리슈(Karl Ritter von Frisch)는 벌이 추는 춤을 해독해 벌의 의사소통 방법을 밝혀 노벨 생리의학상을 받은 사람이다. 어떻게 이런 놀라운 발견을 했느냐는 질문에 대한 그의 답변은 간단했다. "곤충들을 연구할 때 움직이지 않고 몇 시간씩 누워 끈질기게 관찰하는 것이지요. 단지 그것뿐입니다." 그가 벌의 춤을 지켜본 기간은 무려 40년이다.

레오나르도 다 빈치도 "훌륭한 미술가가 되려면 관찰력을 키워야 한다."라며 항상 스케치북을 들고 다니며 대상을 관찰하고 드로잉 할 것을 권했다. 그저 겉으로 보이는 것만 무심하게 바라보는 것이 아니라 무엇을 위해 그래야 하는지 명확한 목적성을 갖고 사물을 볼 때 예리한 관찰을 할 수 있다.

의심하라

학술에세이를 쓰는 우리가 의심해야 할 대상은 크게 세 가지다. 첫째, 경험을 의심하라. 우리는 흔히 경험을 근거로 자신의 주장과 신념을 정당화한다. 물론 개인의 경험은 새로운 사실을 발견하고 삶의 중요한 교훈을 얻을 수 있는 좋은 방법이다. 그러나 '내가 직접 해 봐서 안다.'는 경험 제일주의는 위험하기도 하다. 미처 경험하지 못한 진실이 있을 수 있고, 타인의 경험은 나와 다를 수 있다. 나의 진실이 타인에게는 거짓일 가능성도 있다. 오감을 통한 경험은 착각을 일으킬 수 있다. 자신의 경험을 절대화하지 말라.

둘째, 언어를 의심하라. 글쓰기는 의미의 싸움이다. 언어는 사회와 무관할 수 없다. 언어는 진공상태에서 존재하는 것이 아니다. 언어는 불평등하다. 지금 우리가 쓰는 언어에는 이러한 불평등한 힘의 그림자가 드리워져 있다. 사람들은 자신에게 유리한 의미가 받아들여지기를 원한다. 추운 겨울, 방에서 자기 쪽으로 이불을 끌어당기듯 자기에게 유리한 쪽으로 의미를 부여하려는 욕망이 언어(글)에 투영된다. 언어는 대리석처럼 고정되어 있지 않다. 역동적으로 움직인다. 우리가 글을 읽을 때 글쓴이가 자신의 입맛에 맞게 언어를 취사선택한다는 점을 늘 의식해야 한다. 비판적 사고를 기르기 위해서는 글에 등장하는 언어가 무엇을 목표로 하는지, 어떤 효과를

눈에 보이는 것을 믿지 말라

노리는지를 파악해야 한다. 특히 어떤 단어를 사용하는지를 눈여겨보아야 한다. 글쓴이는 자신의 목적에 맞게 진실을 왜곡하거나 부정적인 의미를 감추거나 불러일으킬 수 있다. '4대강 사업'에 대해 '4대강 살리기'라고 하느냐 '4대강 죽이기'라고 하느냐에 따라 전혀 다른 판단과 인식, 감정을 불러일으키는 법이다.

셋째, 논리를 의심하라. 비판적 사고능력을 기르기 위해서는 속임수나 조작을 간파하는 기술을 익혀 엉뚱한 결론에 도달하는 오류를 찾아내는 능력을 키워야 한다. 5단락 글쓰기를 예로 든다면 전체 주장을 뒷받침하기 위해 제시된 본문의 논거가 결론과 비교해서 타당하게 연결되는지 평가해야 한다. 어떤 것을 막무가내로 거부하거나 무작정 신성시하지는 않는지, 타당하지 않은 증거를 제시하지는 않았는지, 사안을 지나치게 단순화하거나 과장하여 상대방의 주장을 왜곡하지는 않았는지, 사안과 관계없는 증거를 제시하지는 않았는지, 권위나 관습에만 기대지 않았는지, 성격이 다른 논거들을 같은 것이라고 우기지는 않는지 살펴보아야 한다.

분노하라

비판적 사고를 하기 위해서는 예민해져야 한다. 예민함이란 신경질적이고 병적인 증상을 말하는 것이 아니다. 대상에 대한 살아 있는 감각과 관심을 가지라는 뜻이다. 세상 모든 것을 새롭고 신기한 눈길로 쳐다보는 어린아이의 감각을 회복하라는 말이다. 그러기 위해서는 당연한 것을 당연한 것으로 받아들이지 않고 평범한 것을 평범한 것으로 받아들이지 않아야 한다. '날마다 새롭게' 세계를 감각하고 대상의 진면목을 발견하기 위해 자신의 잃어버린 감각을 복원해야 한다.

부당한 세계를 향해 분노하라, 그러나 폭력은 금물이다. 『분노하라』의 저자인 스테판 에셀은 "저항하라, 창조하라, 희망하라. 인간은 희망 없이는 아무것도 할 수 없는 존재이므로. 받아들일 수 없는 것을 거부하라. 지금 이대로의 세계를 거부하라. 세상을 바꾸고 싶어 하는 이들은 모두 옳다. 그러므로 멈추지 말고 진보하라."라고 권했다.

레지스탕스의 기본 동기는 분노였다. (중략) 나는 여러분 모두가, 한 사람 한 사람이, 자기 나름대로 분노의 동기를 갖기 바란다. 이건 소중한 일이다. 내가 나치즘에 분노했듯이 여러분이 뭔가에 분노한다면, 그때 우리는 힘 있는 투사, 참여하는 투사가 된다. 이럴 때 우리는 역사의 흐름에 합류하게 되며, 역사의 이 도도한 흐름은 우리들 각자의 노력에 힘입어 면면히 이어질 것이다. 이 강물은 더 큰 정의, 더 큰 자유의 방향으로 흘러간다. 여기서 자유란 닭장 속의 여우가 제멋대로 누리는 무제한의 자유가 아니다. 1948년 세계인권선언이 구체적으로 실천 방안까지 명시한 이 권리는 보편적인 것이다. 만약 여러분이 어느 누구라도 이 권리를 제대로 누리지 못하고 있는 사람을 만나거든, 부디 그의 편을 들어주고, 그가 그 권리를 찾을 수 있도록 도움을 주라. (중략)

이 작은 책의 내용 중에서 가장 마음에 드는 것이 있다면 바로 '비폭력에 대한 호소'입니다. '저항해야 한다.'라는 말은 내 마음속 생각을 100% 있는 그대로 드러내는 표현은 아닌 것 같습니다. 제 이야기는 혁명을 하자는 것이 아닙니다. 혁명은 이미 여러 차례 경험했고, 그 혁명들은 대개 안 좋은 방향으로 귀결되곤 했습니다.

나는 호소합니다. 우리의 정신을 완전히 개혁하자고. 폭력은 거부해야 합니다. 우선, 효과가 없기 때문에 그래야 합니다. 폭력 행위로 말미암아 사람들의 마음속에는 증오만이 더욱 깊이 뿌리내리며 복수심이 더욱 불타오를 뿐입니다. 폭력은 폭력의 악순환을 더욱 심화시킵니다. 미래로, 희망으로 향한 문을 닫아 버리게 합니다. (중략) 하지만 꼭 알아 두십시오! 비폭력이란 손 놓고 팔짱 끼고, 속수무책으로 따귀 때리는 자에게 뺨이나 내밀어 주는 것이 아닙니다. 비폭력이란 우선 자기 자신을 정복하는 일, 그다음에 타인들의 폭력 성향을 정복하는 일입니다. – 스테판 에셀, 임희근 옮김, 『분노하라』, 돌베개, 2011, 15~16쪽, 64~65쪽.

레지스탕스였던 저자는 나치즘에 분노하여 역사의 흐름을 바꿀 수 있었음을 강조하면서, 비폭력 평화주의로서 '분노'가 더 나은 세계를 견인할 수 있음을 강조한다. 그리고 비폭력이, 분노하는 주체가 자기 자신을 정복하면서 동시에 타인들의 폭력 성향을 제어하고 넘어설 수 있는 도구적 방법에 해당함을 분명히 한다. 결국 분노는 비폭력을 전제로 현실의 절망을 넘어 미래와 희망을 제시하는 방편인 셈이다.

약자의 편을 들라

우리가 글을 쓰는 이유는 갈등을 조정하거나 합의를 도출하기 위해서가 아니다. 우리는 쉽게 떠오르는 진부한 상식이나 통념, 관습을 거부하는 존재이다. 눈을 낮게 깔라는 것은 어떤 사안에 비판자가 되는 것만을 뜻하지 않는다. 눈을 낮게 깐다는 것은 약자의 편에 선다는 것과 같은 말이다. 그것은 영원한 각성의 상태, 적당한 타협이나 양보를 경계하는 상태를 말한다. 어떤 대상을 그저 다른 눈으로 보기만 한다면 그것은 논리 싸움에 그친다. 우리가 추구하는 것은 논리 싸움이 아니라 진실의 싸움이다. 약자의 편에 설 때라야 기존 질서와 통념에 비판의 틈새를 발견하게 된다.

기존 질서는 강자가 만든 것이다. 여러분이 세상에 새로운 이야기를 던지려면 약자의 목소리를 내려고 해야 한다. 남성의 눈보다는 여성의 눈, 권력자의 눈보다는 피억압자의 눈, 원주민의 눈보다는 이방인의 눈, 이성애자의 눈보다는 동성애자의 눈, 정규직의 눈보다는 비정규직의 눈, 집단의 눈보다는 개인의 눈, 부자의 눈보다는 가난한 자의 눈, 먼저 온 사람보다는 나중에 온 사람의 눈, '정상인(비장애인)'의 눈보다는 장애인의 눈, 의사의 눈보다는 환자의 눈, 정부의 눈보다는 시민의 눈, 사용자의 눈보다는 노동자의 눈, 가해자의 눈보다는 피해자의 눈, 도시인의 눈보다는 농부의 눈, 힘센 장수의 눈보다는 피 흘리며 죽어 가는 생명의 눈, 인간의 눈보다는 자연의 눈으로 세상을 볼 때 세계의 질서를 온전히 파악할 수 있다. 공동체의 책임 있는 성원이자 참여 시민은 글로 세상에 개입하는 사람이다.

예를 들어 보자. 오스트리아의 수도 빈에서는 2006년 "빈은 다른 눈으로 바라본다"라는 독특한 캠페인을 벌인 적이 있다. 이 캠페인에는 비상구나 노약자석처럼 공공시설에 설치된 표지에 반영된 남녀 성 역할 구분을 바꾸는 일도 포함되었다. 주변에서 쉽게 발견되는 기호에 숨겨진 성차별적인 내용을 찾아 바꿈으로써 성 평등을 실천해 보자는 취지였다. 한국도 마찬가지인데 횡단보도의 보행 신호 표시는 '남성'이다. 여성이 등장하는 경우는 임산부석 표시나 백화점이나 여성 화장실에 설치된 기저귀 교체대 표지판 정도이다. 여성은 아이를 돌보는 역할을 한다는 점을 강조함으로써 여성의 사회적 역할을 '모성'에 국한시킨다. 이를 개선하기 위해 빈 시에서는 치마 차림으로 뛰어가는 비상구 표지판, 기저귀를 갈고 있는 남성 표지판, 아기를 무릎에 앉힌 남성을 그린 노약자석 표지판 등을 새로 설치했다. 그러자 성소수자 단체에서 이러한 표지들이 이성애 중심적이라고 비판했다. 빈 시는 다시 콧수염이 난 여성, 가슴과 입술을 두드러지게 표현한 남성, 여성의 몸에 남성의 성 기호를 넣거나 남성의 몸에 여성의 성 기호를 넣은 표지 등을 만들었다.

글쓰기의 맥락에서 본다면 이러한 과정은 사회적 약자의 눈을 끊임없이 견지하는 것이 세상에 대한 새로운 해석과 질서를 만들어 낼 수 있다는 것을 보여 준다.

새로운 개념을 만들라

비판적 시각은 새로운 개념을 만드는 것으로 귀결된다. 진부한 시각과 지식을 끊임없이 폭로하고 깨부수는 능력이다. 조지 오웰은 자신의 에세이 「정치와 영어」에서 상투적인 비유, 부정확한 표현, 무의미한 단어 나열, 과장된 문체를 "타락한 언어", "몰락한 언어"라고 말한다. 비판적 글쓰기는 기성의 언어와 해석에 기대지 않고, 새로운 의미와 이미지를 만듦으로써 오히려 소음을 만들어 내는 것이다.

비판적 글쓰기가 성공하기 위해서는 '새로운 개념화'를 시도해야 한다. 지식인은 새로운 단어(word, concept)를 만드는 사람이다. 이를 통해 기존 지식에 균열을 내고 기존 이론의 허점을 부각하여 새로운 지식 체계의 가능성을 제시한다. 새로운 개념화는 현상에 대한 효과적인 이해를 돕고 인상적인 설명을 할 수 있다. 대립항 하나를 새로 만듦으로써 기존 지식 체계를 상대화한다. 다른 길도 있음을 보여 주는 것이다.

언어는 세계를 형성하는 힘이 있기에 글을 쓸 때 언어를 통해 세계가 어떻게 재구성되는지를 의식할 필요가 있다. 자신의 글에 어떤 언어를 선택하여 쓸 건지 예민하게 생각해야 한다. 네그리(Antonio Negri)는 기존 이론에서 다수의 시민을 '대중', '민중', '노동계급' 등으로 부르는 명명 방식을 거부하고, "다중(multitude)"이라는 개념을 제안했다. 이전의 '대중'이란 개념은 사람들을 차이가 배제된 획일체로 환원하고, '민중'은 사람들을 정체성이 하나밖에 없는 단일체로 총체화하며, '노동계급'은 노동과 관련된 정체성만 있는 특정 유형을 지칭할 뿐이라는 것이다. 이에 비해 "다중"은 권력관계와 사회 현실을 창조하는 다수이자 새로운 반권위주의 세력을 지칭하며, 현대사회가 공통의 의제에 서로 접속되어 있되 중심 없이 자율로 행동하는 집단을 의미한다고 했다.

인류학자 레비스트로스(Claude Lévi-Strauss)는 사회를 "차가운 사회"와 "뜨거운 사회"로 개념화한다. "차가운 사회"는 놀이를 없애면서 제의의 영역을 확장하려는 정체된 사회이고, 이와 반대로 "뜨거운 사회"는 제의를 없애면서 놀이의 영역을 넓히려는 역동적 사회라는 것이다. 한편 지그문트 바우만(Zygmunt Bauman)은 근대를 "정원사"의 사회로, 현대를 "사냥꾼"의 사회로 개념화한 바 있다.

이처럼 새로운 단어(신조어)나 기존 단어에 새로운 의미를 부가한 단어는 독자들에게 충격이나 신선함을 주기 때문에 적절히 사용한다면 설득력을 높이는 좋은 방법이 된다. '자살'이라는 단어를 두고 도쿄대 강상중 교수는 스스로 죽음을 선택했다는 의미에서 "자사자(自死者)"라고 부르자고 제안한다. 아우슈비츠 생존 작가인 장 아메리는 자기 삶에 대한 자기 결정권을 강조하여 "자유죽음"이라고 재명명한다. 이러한 새로운 명명은 동일한 대상을 새롭게 규정하고 새로운 의미를 부여한다. 새로운 개념은 자신의 글이 어느 방향으로 향할지를 정해 준다. 아메리가 '자기 자신을 살해'한다는 의미의 '자살'이란 단어를 '자유롭게 죽음을 선택한다.'는 "자유죽음"이란 말로 바꿈으로써 자신의 글이 삶의 존엄성에 대한 경외와 삶에 대한 자기 결정권, 자유에 대한 갈망을 담는 쪽으로 향하도록 만든다.

한편 어떤 단어의 의미에 대해 해석을 바꾸고 싶다면, 부정을 통해 대상을 정의하는 방법이 효과가 있다. 부정적 정의는 기존의 정의가 무엇인가를 결여하고 있다는 점을 효과적으로 드러내는 방법이다. '낙서는 범죄가 아니라 예술이다.', '민주주의는 완성되는 것이 아니라 추구되는 것이다.', '바둑은 놀이가 아니라 운동이다.', '치

어리더는 경기의 장식품이 아니라 운동선수이다.'

비유를 적극적으로 사용하는 것도 새로운 개념화를 하는 데 좋은 방법이다. 한국의 민주주의는 아직 덜 성숙했다는 점을 지적하는 글을 쓴다면, '한국의 민주주의는 아직 유아기에 놓여 있다.'라고 해 보라. '유아기'라는 말 자체는 사람이 성장하면서 거치게 되는 특정 시기를 지칭한다. 민주주의와 인간 성장을 연결해 표현하면, 민주주의가 발전하는 단계를 사람이 인생을 살아가면서 거치는 단계와 동일시하게 되어 독자가 쉽게 이해하게 된다. 모든 인간은 유아기를 경험하거나 목격하기 때문이다.

다음은 세계적인 디자이너인 티보 칼맨이 숫자판에 '5'만 새겨진 시계를 만든 이유를 설명한 글이다. 시계에 대한 기존의 상식을 거부하고 시간에 대한 새로운 해석을 시도한다.

이상한 나라의 이상한 시계

벽에 둥근 모양의 시계가 하나 걸려있다. 그런데 이 시계는 여느 시계와 좀 다르다. 다른 숫자는 모두 사라지고 숫자판엔 달랑 숫자 5만 있다. 왜 하필 숫자 5만 있는 것일까? 숫자 5에 무슨 특별한 의미라도 있는 걸까? 아니 그보다 도대체 누가, 무슨 생각으로 이런 시계를 만들었을까?

티보 칼맨의 시계 〈5시〉

이 시계를 디자인한 사람은 미국의 디자이너 티보 칼맨(Tibor Kalman)이다. 시계를 본 누군가가 칼맨에게 물었다. "왜 숫자판에 숫자 5만 있는 거죠?" 거기에 대한 칼맨의 대답. "오후 5시가 하루에서 가장 중요한 시간이니까요." 왜 칼맨은 하필 오후 5시가 하루 중 가장 중요한 시간이라고 했을까? 오후 4시나 6시가 아니라 5시여야만 하는 특별한 이유라도 있는 걸까? 다시 한 번 칼맨에게 물었다. "오후 5시에 무슨 특별한 의미라도 있나요?" 칼맨은 그런 당연한 것도 모르냐는 듯 잠시 멀뚱히 쳐다보다가 짧게 답했다. "일이 끝나는 시간이잖아요." 숫자판에 남겨진 유일한 숫자 5는 오후 5시, 그러니까 노래로도 유명한 '9 to 5'의 바로 그 '5'로 미국 사람들의 퇴근 시간을 가리키는 것이었다!

숫자 5의 비밀은 풀렸다지만 여전히 의문은 남는다. 왜 하필 칼맨은 이런 시계를 만든 것일까? 매 순간의 정확한 시각을 알려 주는 것이 시계의 기능이라고 했을 때, 그런 시계 본래의 기능을 염두에 두고 만든 것 같지는 않다. 칼맨은 본래의 기능에 충실한 시계를 디자인하는 대신 시계에 대한 생각을 다른 방식으로 구현했다. 바로 시간과 그 시간을 재는 도구인 시계를 디자인하는 일에 대해서 말이다.

시계를 디자인한다는 것은 무엇일까? 단순히 시간을 측정하고 정확한 시각을 나타내는 장치를 고안해 내는 것일까? 보통은 그게 정답이라고 생각하겠지만 칼맨은 그렇지 않다는 것을 디자인으로 표현해 냈다. 그는 숫자판에 납작하고 무미건조한 숫자들을 다 채운다고 해도 '시간'의 의미까지 모두 나타낼 수는 없다고 생각했다. 그건 사실 우리도 이미 경험으로 알고 있다. 이를테면 누군가를 애타게 기다리면서 째깍대는 시곗바늘을 숨죽이며 바라보거나 시험 결과를 발표하는 시간을 앞두고 초침이 넘어가는 순간 무심코 침을 꼴딱 삼켜 본 경험들을 통해서 말이다.

시간은 우릴 느긋하게도, 초조하게도, 기쁘게도, 우울하게도 만든다. 그렇게 시간은 느끼고 체험하는 것이다! 칼맨은 그런 시간의 의미를 시계에 담고 싶었다. 퇴근 시간만 목 빼고 기다리며 꼬박 하루를 보내는 사람들에게 시간이 어떤 의미로 다가오는지, 사람들이 그 시간을 어떻게 기대하고 경험하는지, 정신없이 움직이다가 잠시 일손을 멈추고 벽에 걸린 시계를 올려다보며 사람들이 무슨 생각을 하는지 말이다.

칼맨이 디자인한 것은 겉으로 드러나는 시계의 기능이나 형태가 아니다. 칼맨은 어떤 상황과 문화 속에서 사람들이 생각하는 시간의 의미와 그 시간을 경험하는 방식을 디자인한 것이다. – 김은산, 『비밀 많은 디자인씨』, 양철북, 2010, 12~16쪽.

글쓰기 연습

- 기후위기를 약자의 편에서 분노를 중심으로 새롭게 개념화해 보자. 이를 바탕으로 기후위기를 해소하기 위한 구체적인 행동방안을 고민해 보고 의견을 나누자.

학술에세이 쓰기의 최소원칙

5단락으로 구조화하라

학술에세이의 기본 구조는 '서론-본론-결론'의 3단 구성이다. 후마니타스칼리지가 표방하는 5단락 글쓰기도 3단 구성의 대표적 형식을 보여 준다. 이때 5단락 글쓰기는 모든 글을 반드시 5단락으로 집필하라는 절대 명제가 아니다. 서론 한 단락에 이어 본론을 세 단락 정도로 배치해 구체적으로 전개해야 비로소 글의 타당성과 신뢰도를 재고할 수 있다는 뜻이다. 그리고서 결론에서는 서론에서 제기한 주제의식을 재확인하는 것으로 마무리한다. 즉 서론에서 주제를 제시하고, 본론에서 그 주제를 증명하기 위해 여러 단락으로 구체적이고 대표적인 사례(정의, 예시, 비교와 대조, 인과, 연대기적 서술 등 활용)를 들어 논증한 뒤, 결론에서는 서론의 주제를 재확인하는 방법을 말한다.

5단락 중 첫 번째 단락인 서론 단락에서 저자는 글의 주제와 문제의식 등을 표현한다. 이 단락에서는 독자의 주의를 환기하고 흥미를 유발하면서도 글의 주제를 명확하게 드러내는 주제문이 있어야 한다. 두 번째부터 세 번째, 네 번째 단락까지 세 단락은 본론이다. 서론의 주제문에서 밝힌 내용의 근거를 해명하는 대목이다. 증거를 구체적으로 제시하고 논증하는 것이 반드시 세 단락으로만 이루어지는 것은 아니다. 하지만 이렇게 세 단락으로 표현하는 본론은 논증의 철저함과 다양한 관점을 동원해 충분한 논의를 거치는 학술적 접근방식을 반영하는 것이다. 마지막으로 다섯 번째 단락은 결론이다. 결론은 서론에서 주제문을 통해 밝힌 저자의 주장을 다시 한번 확인하고 본문의 세 단락을 통해 논증한 저자의 주장이 가진 의의를 드러낸다. 그리고 앞으로 이 주장에 대하여 있을 수 있는 반론이나 추가로 연구되어야 할 방향을 밝힌다.

5단락 글쓰기는 글쓰기의 기초이자 초보적 단계의 학술에세이 쓰기 연습이다. A4 용지에 10포인트 크기의 글자로 원고를 쓰면 한 쪽에 5단락을 쓸 수 있다. 이 정도 분량이면 신문에서 흔히 보는 200자 원고지 7~8장 길이의 칼럼과 비슷한 분량의 글이다. 우리가 생각하는 어떤 주장을 논리적으로 표현할 수 있는 기본적인 길이이면서 논리적 형식을 갖춘 글쓰기 훈련으로는 최적의 형식이다.

단락의 논리적 구성법 예시

하나의 문단(혹은 글 전체)

① ________________________________이다(.)

② 왜냐하면, ________________________________.

③ 예를 들면, ________________________________.

④ 뿐만 아니라, ________________________________.

⑤ 그러므로(!) ________________________________.

① 나는 의사소통을 즐기는 호모 로퀜스이다(.)
— 하나의 문단으로 '내가 이 글에서 말할 내용은 이것이다.'라고 제시하는 부분

② 왜냐하면, 비유적 언어를 사용하면서 대화를 즐길 줄 아는 인간이기 때문이다.
— ①의 구체적 근거를 제시하는 부분

③ 예를 들면, '내 마음은 호수요.'라든지 '찬란한 슬픔의 봄을'이라는 식의 시적 표현을 즐겨 사용할 줄 안다.
— ①을 입증하는 사례를 제시하는 부분

④ 뿐만 아니라 나는 내 마음이 구름과 바람, 나무와 바다, 하늘과 별, 사계절의 변화 등을 담아 내고 닮아 갈 수 있기를 희망한다.

— ①을 주장하는 세부적인 근거를 부연 설명해 주는 부분

⑤ 그러므로 나는 '언어가 존재의 집'이라는 하이데거의 명제를 존중하며 살아가는 언어적 인간이다.

— 나의 주장을 다시 한번 강조해 주는 결론 부분

주제를 초점화하라

주제가 넓으면 배가 산으로 간다. 주제를 좁혀야 배가 목적지를 향해 정상적으로 출항할 수 있다. 주제를 좁힌다는 것은 주제를 위한 연구 대상의 범위를 제한하는 것을 말한다. '문학의 역사'가 아니라 '한국문학의 역사'가 더 좋은 주제다. 그것보다 더 좋은 주제는 '1990년대 한국문학의 특징'이다. 이것도 범주가 무제한이다. '1990년대에 등단한 신예작가의 모더니즘적 특징'이 더 좋은 주제일 수 있다.

주제를 초점화하는 예

- 일제강점기 농업수탈의 역사

  → (시간적 범위와 수탈의 주체 구체화)

  → 1930~45년간 동양척식주식회사에 의한 농업 수탈의 역사

  → (지역 구체화, 지역에 따른 시간적 범위 재구체화)

  → 1940~45년간 동양척식주회사에 의한 호남 지역 농업 수탈의 역사

- 현대사회의 환경오염 문제

  → (오염의 범위와 종류 구체화)

  → 현대사회의 해양 오염문제

  → (원인 구체화)

→글로벌 사회 해양물류 운송의 확대와 그에 따른 해양오염 문제

→(원인 재구체화)

→해양물류 운송 확대에 따른 선박 사고 발생률 급증과 기름 유출에 따른 해양 오염 문제

주제를 좁히고 대상을 초점화하여 논의의 폭을 제한할수록 심도 있는 의견 개진이 마련될 가능성이 크다. 학술에세이는 주제의 초점화가 관건인 셈이다.

- 유네스코 등록 세계 문화유산

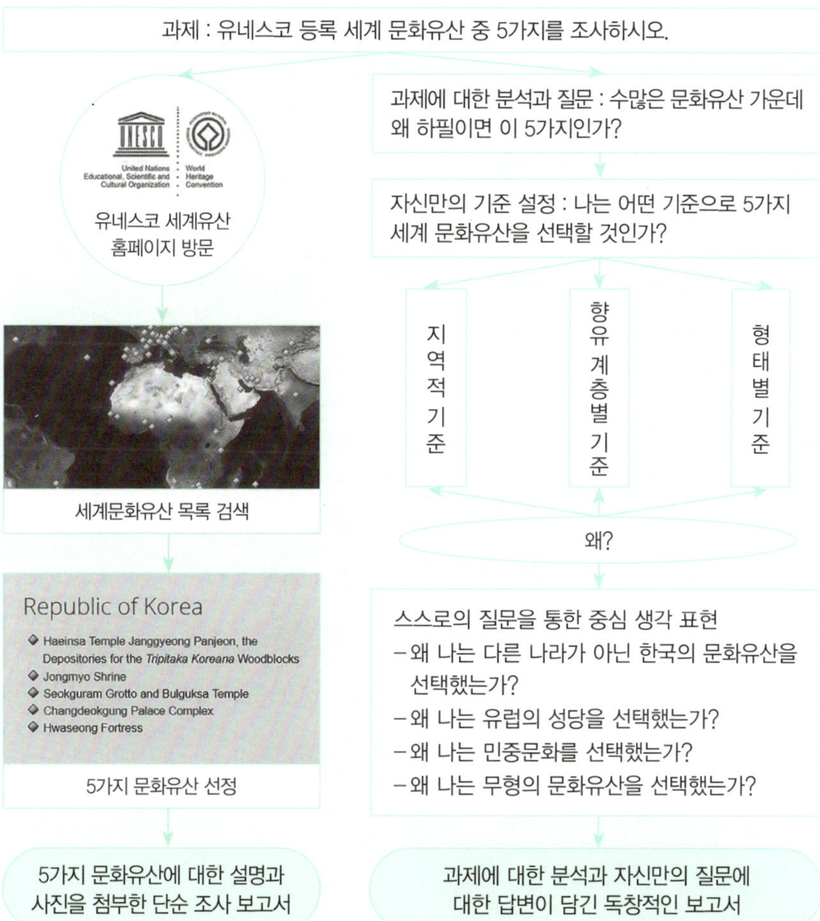

제목과 소제목으로 글의 방향을 특정하라

글의 내용 전체를 미루어 짐작할 수 있어야 좋은 제목이다. 제목은 모든 글의 첫인상을 좌우한다. 첫 단추를 잘 끼워야 글의 매력에 독자가 빠져들 수 있다. '배설의 공간, 웃음으로 뒤집는 세상(〈비언소〉)'이라는 제목이라면 연극 〈비언소〉에 대해 저자가 해학적 요소를 중심으로 공연의 카타르시스적 기능에 주목하고 있음을 유추할 수 있다. 제목은 비유적 제목과 사실적 제목으로 나눌 수 있다. '학술'에 가깝다면 사실적 제목으로, '에세이'에 가깝다면 비유적 제목으로 작성한다. 학술 논문에 가깝다면 객관적이고 건조한 사실관계를 규명하는 제목으로, 개성적인 산문에 가깝다면 함축적이고 은유적인 제목으로 작성하는 것이다.

비유적 제목

디스토피아에서 꿈꾸는 휴머니티, 〈마이너리티 리포트〉
과거는 끝내 살아 돌아온다, 〈용서받지 못한 자〉
일부일처 제도에 대한 도발적 조롱, 〈결혼은 미친 짓이다〉
혐오와 차별이 일상화된 현대사회, 〈기생충〉
투명한, 그래서 텅 빈 과학자의 비극, 〈할로우 맨〉

사실적 제목

〈마이너리티 리포트〉에 나타난 인공지능의 미래 비판
〈용서받지 못한 자〉에 나타난 죄의식 해결방안 고찰
〈결혼은 미친 짓이다〉에 나타난 결혼제도의 문제점
〈기생충〉에 나타난 빈부 격차 원인 분석
〈할로우 맨〉에 나타난 투명인간의 과욕

단어와 문장을 정확하게 쓰라

- 정확한 단어를 적재적소에 배치한다.
- 구체적인 문장으로 표현한다.
- 중복 표현이 없는 문장과 단락이 좋다.
- 맞춤법과 띄어쓰기에 유의한다.
- 각주와 참고문헌을 정확하게 명기한다.

요약과 논평으로 한 편의 글을 완성하라

학술에세이는 요약과 논평을 통해 글쓰기를 훈련하면서 자신의 에세이를 완성하는 것을 목표로 한다. 따라서 타인의 글을 읽고 얼마나 요약과 논평을 잘 수행하느냐가 원고의 성패를 좌우하기 마련이다. 아래의 글은 저자가 「세속도시와 연극」이라는 제목의 평론에서 〈고래사냥〉, 〈난장이가 쏘아올린 작은 공〉, 〈지하철 1호선〉, 〈택시 드리벌〉, 〈신촌 비둘기〉, 〈새들은 횡단보도로 건너지 않는다〉, 〈여우와 사랑을〉, 〈사랑에 관한 다섯 개의 소묘〉, 〈강풀의 순정만화〉 등에 대한 연극과 뮤지컬 공연을 해석, 감상, 평가한 부분 중 일부이다. 독일 원작의 번안 뮤지컬인 〈지하철 1호선〉의 유의미성을 잘 포착해 분석한다는 점에서 좋은 학술에세이에 해당한다.

세속도시와 연극

〈지하철 1호선〉 원작 폴커 루드비히 / 번안·각색·연출 김민기 / 주관 극단 학전 / 공연장 학전 그린 소극장 / 1997

1. 저쪽에서 헐떡거리며 달려오는 지하철 1호선을 보았을 때 분노해야 했고, 이쪽에서 기다리고 있는 삶에 지친 사람들을 보았을 땐 슬펐다. 저쪽에서 오는

지하철 1호선은 행복과 번영의 미래를, 이쪽에서 기다리는 삶에 지친 사람들은 슬픔을 노래한다. 허황된 미래와 더딘 지하철 1호선에 대한 분노와 땅 밑으로 쫓겨난 사람들의 슬픔이 만나서 뮤지컬 〈지하철 1호선〉이 된다. 노래들은 절망과 좌절로 땅속을 기어 다니며, 깨달음과 희망으로 땅 위로 솟구친다. 관객들은 이 작품에서 노래로 불릴 뿐 노래하지 않는다. 그 이유는 관객들이야말로 노래를 이루는 가사와 곡조이기 때문이다.

2. 1호선 지하철이 서울에서 밀려난 사람들을 서쪽과 북동쪽으로 실어 나르듯이, 노래는 지하철과 그 주변에서 살아가는 이들의 지옥 같은 삶을 실어 나른다. 군사혁명에서 문민정부에 이르는 세월을 역사적 배경으로 세워 놓고 삶의 역겨움과 고달픔을 울려 퍼지게 하는 노래들은 아름답지만 감동은 쓰리다. 가진 것 없는 이들의 가난한 삶과 몸의 상처를 읽어 주고 썩은 세상을 위로하는 연극. 더럽고 음란하고 위선뿐인 지금 이곳에 사는 아픔은 반복되지만 그래도 살아야 한다는 것을 눈물겹게 말하는 연극. 지식인이야말로 허울을 벗고 거듭나야 한다는 것을 고발하는 연극이다. 그리고 세상은 나아지기는커녕 악순환의 고리가 이어지고 있다는 것을 고통스럽게 고백하는 연극. 동시에 관객들로 하여금 즐겁게 반성하도록 하는 연극. 배우들로서는 산행처럼 노래로서 오름짓과 내림짓을 수없이 반복해야 하는 노동의 연극이다.

3. 이 모든 것은 20대 나이에 세상을 단숨에 정리해 버린, 세상 속을 이미 알아 버린 김민기라는 한 '청년'의 힘이다. 이제 그의 나이는 마흔을 훌쩍 넘었다. 그러나 1996년인 지금도 70년대 삶의 방식으로 살고 있고 그때처럼 일을 한다. 젊은이로서 겪은 삶으로 사고하고 그 삶의 방식으로 지금도 버티고 있다고 해야 더 옳을 것이다. 그에게는 90년대 후반인 지금이 70년대의 억압 상황과 한 치도 다르지 않다. 그리고 세상이 조금도 변하지 않았다는 것을 증명하는 것이 바로 그의 작품이다. 그러므로 이미 그를 잊어버린 사람들, 지난 세월의 자화상을 잃어버린 이들은 이 작품이 김민기라는 '청년'과 함께 시대에 뒤떨어진 것이라 지레짐작할지 모른다.

4. 공연은 청량리와 인천을 땅속으로 왕복하면서, 땅 위의 풍속도를 재치와 유머, 냉소와 연민, 대사와 노래, 과거의 회고와 현재의 진단을 교차시키며 그린다. 그리고 절망과 희망이란 지하철의 양쪽 문과 같은 것임을 보여 준다. 10여 명의 배우들이 수시로 탈바꿈하는 80여 명의 주인공들은 연변 처녀, 청소부, 창녀, 포주, 혼혈아, 가출 소녀, 아나운서, 단속반, 취객, 포장마차 할머니, 잡상인, 시장, 과부, 군인, 스님, 수녀, 소매치기, 전도사, 회사원, 손가락 잘린 외국인 노동자, 지식인, 인신매매범, 소녀 가장, 정신박약자, 잡상인들이다. 이 다양한 인물들이 서로 스치고 엮이면서 이야기를 만들어 낸다. 연변 처녀와 인신매매범을 연결하면 하나의 이야기가 생겨나고, 동남아시아 노동자와 지식인을 맺어 놓으면 또 다른 이야기가 만들어진다. 그리고 한 이야기와 다른 이야기가 이어지면서, 차량이 길게 연결된 지하철의 모습과 같아진다. 인물들은 자신들의 삶과 밥벌이를 노래로 부르고 춤으로 춘다. 빠르고 느린 노래는 지금의 3, 40대가 젊은 날 통기타를 치며 불렀던 포크송과 정조가 비슷하다. 여기서 춤은 길고 긴 다리를 들어 올리면서 시선을 유혹하는 춤이 아니다. 위협과 폭력을 드러내거나 억압에 길들여진 태도를 우습게 과장하는 우리들의 몸짓이다.

5. 번안과 연출을 맡은 김민기는 인물들을 나머지 없이 둘로 나눈다. 가학과 피해, 폭력과 사랑, 위선과 정직, 땅 위의 권력과 땅속의 억압, 온전했던 꿈과 깨어진 세상으로. 그리하여 지하철 1호선 주변에 발붙이고 사는 수많은 등장인물들은 고정된 유형이 된다. 사실적인 의상과 분장, 그리고 행위들은 인물을 정형화하고, 현실을 선과 악, 억압과 피해로 나눈다. 그런데 이러한 점은 관객들에게 사물과 세계, 인물과 상황에 대한 다양한 시선의 선택을 차단하고 고정화시켜 버릴 위험이 있다. 무대도 위와 아래, 왼쪽과 오른쪽으로 나누어져 있기 때문에 깊이는 없어도 구역은 있다.

6. 이야기의 전개와 노래는 무대 중앙에 집중된다. 그 노래들은 한결같이 사치와 타락으로 비린내가 나는 서울, 광란의 서울을 고발한다. 그 고발장의 근거가 되는 것은 이 땅에 살면서 몸에 저절로 각인된 상처일 터이다. 그 절정은 "불

로소득자와 투기꾼들의 낙원, 죽음의 아황산가스, 거대한 독버섯"이라고 울부짖는 〈서울의 노래〉에서 드러난다.

7. 이 작품에서 눈여겨봐야 할 점은 1986년 독일 서베를린에서 초연된 원작을 우리말로 번안해 1994년 무대에 올린 후로 지금까지 계속 공연하고 있다는 점이다. 한국 연극에서 한 작품을 줄곧 공연한다는 것은 쉬운 일도 흔한 일도 아니다. 그래서 연출가는 "작년 한 해 많은 분들이 찾아 주셨습니다. 몇 번째 보신다는 분, 손녀의 권유로 오셨다는 노부부, 멀리 지방에서 올라오신 분"들에게 감사를 보낸다. 그리고 "관객들이야말로 1994년 이후 완성을 향해 온 〈지하철 1호선〉의 가장 큰 공헌자"라고 말하면서 겸손해한다. 이 정도면 이 작품의 성공이 어느 정도인지 알 수 있을 것이다. - 안치운, 『연극과 기억』, 을유문화사, 2007, 372~374쪽.

이 글은 전체 7단락으로 구성되어 있다. 내용의 단락별 개요를 작성해 보면 다음과 같다.

1. 〈지하철 1호선〉이 담고 있는 분노와 슬픔의 의미 - 제목과 공연의 주제의식 설명
2. 〈지하철 1호선〉의 연극적 가치 나열 - 연극의 시대성과 가치 평가
3. 1970년대와 90년대 삶의 중첩 - 연출자의 제작 의도 파악
4. 공연 내용과 등장인물, 서사 구성의 특징 소개 - 배우와 서사의 특이성
5. 등장인물 유형과 무대 설정 분석 - 인물과 무대 구도
6. 공연에 사용된 '노랫말'의 의미 분석 - 노랫말의 상징성
7. 번안 연극의 장기 공연 의미 평가 - 작품성 평가

안치운의 〈지하철 1호선〉 관람평은 「세속도시와 연극」이라는 평론 중의 한 부분이다. 〈지하철 1호선〉이라는 번안 뮤지컬이 내포하는 진정성을 성실하고 꼼꼼하게 평가하고 있는 좋은 학술에세이에 해당한다. 하지만 각 글의 소제목을 달지 않은 것은 아쉬운 대목이다. 이를테면 '지하철 1호선이 관통하는 서울의 절망과 희망', '사

회적 약자들의 공감 교통, 지하철 1호선', '아름다운 노래, 쓰린 감동', '청년 김민기의 지하철 사모곡' 등으로 비유적인 소제목을 달았으면 훨씬 더 좋은 글이 되었을 수 있다.

글쓰기 연습

- 자신이 쓰고자 하는 학술에세이와 관련된 글 한 편이나 책 한 권을 간략히 요약하고 논평해 보자.(짧은 글 한 편은 한 단락으로 요약, 긴 글이나 책 한 권은 5단락으로 요약)

2장

학술에세이 쓰기의 전략과 기술

비판적 시선과 논리적 표현

학술에세이 쓰기의 전략과 기술

학술에세이는 비판적 사고와 논리적 표현으로 이루어진 글이다. 이 말은 곧 학술에세이가 '비판적 글쓰기'이자 '논리적 글쓰기'라는 것을 의미한다. 비판적이고 논리적인 글을 쓰기 위해서는 기본적인 전략과 기술이 필요하다. 가령 정의/지정·요약·분류/구분·논증과 같은 전략과 기술은 논문, 보고서, 서평, 시사 칼럼 등의 학술에세이를 작성하는 데 매우 유용한 방식이다.

'정의'는 설명 대상의 의미를 분명하게 규정하고자 할 때 필요한 전략적 방법이자 기술이다. 일반적으로 정의는 설명하려는 대상의 속성이나 범주를 한정하는 경우에 적합한데, 이는 글쓰기 주체가 대상의 본질을 정확하게 파악할 때만이 가능해진다. 다시 말해 글쓴이가 대상을 정의할 수 없거나 규정할 수 없다면, 그것은 주체가 여전히 대상의 본질에 대한 이해에 도달하지 못한 것이다. 그만큼 정의는 대상(개념)에 관한 종합적이고 심층적인 이해를 전제로 한다. 한편 정의와 유사한 방식으로 '지정(指定)'을 들 수 있다. 지정은 한자의 의미 그대로 손가락으로 가리키듯이 어떤 특정 대상(질문)을 설명하는 방식이다. 그러므로 '가리켜 정함'으로서의 지정은 넓은 의미에서 정의의 범주에 포함된다.

'요약'은 생각의 깊이를 확보하고 주제의 외연을 확장하는 과정에서 필요하다. 학술에세이를 성공적으로 작성하기 위한 하나의 방법은 먼저 타인의 좋은 글을 찾아 읽는 것이다. 좋은 글을 읽다 보면 자신이 설정한 문제의식에 새로운 의미를 부여하는 계기를 마련할 수 있다. 또 타인의 글을 통해 새롭고 입체적인 시각을 보유함으로써 사유의 지평을 넓힐 수 있다. 요약은 자신이 읽은 글을 이해하는 가장 탁월한 방법이다. 더하여, 요약은 자기 글의 주제와 관련된 중요한 정보를 체계적으로 정리하는 능률적인 글쓰기 훈련 방법이다. 이런 이유로 반복적인 요약 연습은 학술에세이에서 매우 효과적인 전략과 기술로 인정된다. 좋은 글의 주제와 형식, 개념과 논거 등을 제대로 숙지한 요약은 비판적·논리적·체계적인 형식을 종합적으로 요구하는 학술에세이의 성격에 부합하는 까닭이다.

'분류'와 '구분'은 지식과 정보를 공통 기준으로 묶고 나누어 생각하는 방식이다. 그러므로 분류와 구분은 대상이 어디에 속한 것인지, 어떤 체계 내에 위치한 것인지를 지적으로 판단하는 것이 중요하다. 앞에서 언급했듯이 학술에세이는 '학술'적 요소가 충족된 에세이 양식의 글쓰기이다. 즉 쓰기 주체의 왜곡된 '권위의식'과 형식 차원의 불합리한 요소는 항시적으로 지양해야 하며, 학문적 엄격성과 객관성, 논리적 체제와 타당성은 여전히 요구된다. 학술에세이 쓰기 과정에서 분류와 구분의 중요성은 이 지점에서 비롯된다. 공정한 기준과 일관된 체계, 과학적 설명과 합리적 설득을 담보하는 글쓰기의 전략과 기술이 바로 분류와 구분이기 때문이다. 이런 분류와 구분은 항상 역행의 방식으로 짝을 이룬다. 분류는 구분을 필요로 하고, 다시 구분은 분류가 이루어져야 한다. 대개 분류와 구분은 '분류'의 범주로 소급되어 논의된다.

'논증'이란 이성에 호소하여 타인을 설득하는 방법이다. 말 그대로 자신의 주장이 정당함을 상대방에게 논리적으로 입증하는 진술방식이다. 때문에 논증의 과정은 대개 추론의 형식으로 구조된다. 즉 주장하고자 하는 명제(결론)와 주장의 근거로 제시되는 명제(전제)의 지적 연계로 이루어지는 것이다. 이런 점에서 논증의 성패는 결국, 추론의 성패에 달려 있다고 할 수 있다. 이것이 바로 논증이 제대로 이루어지기 위해서는 합리적·논리적·객관적·이성적 추론의 과정이 필수적으로 전개되어야 하는 까닭이다. 학술에세이 쓰기의 전 과정에서 논증의 중요성이 절대적으로 부각되는 이유도 이러한 사정과 무관하지 않을 것이다. 이성적 사고와 논리적 주장, 학문적 타당성과 가치를 추구하는 학술에세이의 성패란, 논증의 성패이기 때문이다.

정의 : 대상의 본질을 파악하라

정의란 무엇이며 왜 필요한가

'정의'의 사전적 의미는 '어떤 말이나 사물의 뜻을 명백히 밝혀 규정함'이다. 설명하려는 대상의 의미를 분명하게 규정하는 방법으로 대상의 속성이나 범주를 한정하는 경우에 적합한 설명방식이다. 논리학에서는 '개념이 속하는 가장 가까운 유(類)를 들어 그것이 체계 가운데 차지하는 위치를 밝히고 다시 종차(種差)를 들어 그 개념과 등위의 개념에서 구별하는 일'을 말한다. '사람은 이성적 동물이다.'라는 '정의'를 예로 살펴보면, '사람'(개념)은 다른 '동물'(유개념)과 달리 '이성적'(종차)이라는 정의가 성립한다.

외연적 정의와 내포적 정의

'정의'는 크게 외연적 정의와 내포적 정의, 두 가지 방식으로 나뉜다. '외연적 정의'는 'A는 B이다.'와 같이, 개념이 가리키는 대상을 열거하는 정의방식이다. '삼각형(개념)이란 정삼각형, 이등변삼각형, 직각삼각형(가리키는 대상) 등이다.'라는 문장을 예로 들 수 있다.

이와 달리 '내포적 정의'는 아리스토텔레스가 제안한 '유와 종차에 따른 정의방식'을 사용하는데, 대표적인 것이 '사전적 정의'다. '삼각형(개념)이란 세 개의 선분으로 둘러싸인(종차) 평면도형(유개념)이다.'라는 문장을 예로 들 수 있다. 개념의 대상들이 공통으로 갖는 성질이나 특징을 기술함으로써 개념의 본질적인 속성을 밝히는 것이 내포적 정의의 핵심이다. 따라서 분석과 통찰의 과정이 필요하며 비교적 까다로운 정의방식이라고 할 수 있다.

'내포적 정의'를 사용할 때는 다음과 같은 사항에 유의해야 한다.

첫째, 정의는 종의 본질적인 속성을 기술해야 한다.
둘째, 정의는 순환적이어서는 안 되며 그 내포적인 특성이 드러나야 한다.
셋째, 정의는 너무 넓어서도 너무 좁아서도 안 된다.
넷째, 정의는 모호하거나 비유적인 표현을 사용해서는 안 된다.
다섯째, 부정적인 정의는 피하는 것이 좋다.

내포적 정의의 잘못된 예시	이유
극장은 사람이 많이 모이는 곳이다.	정의는 참이나 극장(피정의항)의 본질적인 속성을 기술하지 못함.
수학은 수에 관한 학문이다.	수학(피정의항)의 정보를 되풀이하고 있을 뿐 내포적인 특성을 드러내지 못함.
홀아비는 혼자 사는 남자이다.	정의의 범위를 지나치게 넓게 설정함.
탁자는 음식을 먹는 곳이다.	정의의 범위를 지나치게 좁게 설정함.
이슬비는 아주 가늘게 내리는 비다.	'가늘다'의 의미가 명료하지 못해 보슬비나 가랑비 등과 구별되지 않는 모호한 정의가 됨.
간호사는 백의의 천사다.	비유적인 표현을 사용해 올바른 정의라고 보기 어려움.
안심은 불안한 마음이 없는 것이다.	부정적인 정의 대신 '안심은 모든 걱정을 떨쳐 버리고 마음을 편히 가지는 것'이라고 정의하는 것이 좋다.

확대 정의

개념 정의는 대상에 대한 필자의 이해나 사고에 따라 달라질 수 있다. 예를 들어, '죽음'의 사전적 정의는 '생명 활동이 정지되어 다시 원상태로 돌아오지 않는 생물의 상태로서 생의 종말'이다. 그러나 의학적 관점에서 보자면 '죽음'은 '심장의 활동이 정지한 시점'으로 볼 수도 있고, '인간의 모든 기능을 제어하는 뇌, 특히 뇌간의 기능을 완전히 상실한 시점'으로 볼 수도 있다. 즉 '죽음'에 관해서 어떤 시각을 갖느냐에 따라 '심장정지설'과 '뇌사설'로 각각 다른 정의를 내릴 수 있다. 존엄사나 안락사 등과 같이 '죽음'의 정의를 둘러싸고 논란이 끊이지 않는 이유다.

이처럼 사전적 정의만으로는 어떤 개념이나 사항에 대한 설명이 충분히 이루어지기 어렵다. 그 때문에 실제 글에서는 예시·분류·비교·분석·비유 등 다양한 설명 방법을 활용하여 개념이나 속성, 관련 사항을 설명하고, 때로 필자의 견해를 부가하기도 하는데 이것을 '확대 정의'라고 한다. 다음은 '확대 정의'에 관한 예문이다. '자유주의와 민주주의'가 시대에 따라 어떻게 확대 정의되고 있는지 살펴보자.

자유주의와 민주주의 : 보완과 상충

자유주의와 민주주의 그리고 자유민주주의의 개념들에 대한 규정은 매우 다양하다. 세 개념 모두 시기와 장소에 따라, 그리고 연구자의 시각이나 목적에 따라 매우 다르게 사용되기 때문이다. 자유주의는 17세기 자연권 사상에 뿌리를 두고 국가(절대군주)로부터 개인의 권리를 보호하는 이념으로 발전했다. 이러한 자유주의는 자본주의의 발전과 밀접한 관련이 있는데,[9] 20세기에 들어와 자유주의가 주로 자본주의 시장경제 질서를 옹호하는 이념으로 간주되는 이유가 여기에 있다. 그러나 자유주의가 곧 고전파 또는 신고전파 경제이론과 동일시될 수는 없다. 자유주의는 여전히 개인의 시민적 · 정치적 권리 신장과 국가의 부당한 개입 반대를 핵심적인 요소로 포함하고 있으며, 이를 위한 입헌주의와 법치를 주장한다.[10]

민주주의 개념 역시 진화와 변모를 거듭해 왔다. 고대 그리스의 아테네 민주주의에 뿌리를 두고 있는 이 개념은 2000년 이상의 세월이 지나 자유주의가 발전하면서 다시 부활했다. 개인의 권리의식이 발전하면서 이를 보호하기 위한 수단으로 국가권력에 대한 피치자의 통제가 필요했기 때문이다. 그러나 민주주의의 이상인 인민주권이 현실에서 온전히 구현되는 데에는 다양한 제약들이 존재한다. 인민들 사이의 정치적 평등을 실제적으로 보장하기 어렵고, 복잡한 현대사회에서 직접민주주의를 구현하기도 어려우며, 그에 따른 폐해도 심각할 수 있다. 그럼에도 민주주의를 자유로운 투표와 경쟁적인 선거로만 국한시킬 수는 없다. 민주주의는 여전히 정치적 평등과 인민주권의 구현을 이상으로 지향하는 이념으로 인식할 필요가 있다.[11]

이러한 자유주의와 민주주의는 19세기 이후 서로 결합되는 경향을 나타냈다. 자유주의의 발전이 민주주의의 발전을 촉진시켰고, 민주주의의 발전이 자유주의를 더욱 신장시켰다. 이탈리아의 진보적 민주주의 이론가인 보비오(Norberto Bobbio)는 양자 사이의 이러한 관계를 다음과 같이 설명한다: "시민의 자유권은 바로 그 시발에서부터 민주주의적 게임 규칙의 정당한 적용을 위한 필수 조건의 하나였던 것이 사실인 반면, 민주주의의 발달은 차츰 시간이 경과함에 따라 자유권의 변호를 위한 주요 무기가 되어왔다"(Bobbio, 1992: 50). 이러한 상호 보완의 결과 자유주의와 민주주의는 자유민주주의로 성공적 결합을 이룩할 수 있었다. 한편으로 "민주주의적 절차는 자유주의 국가의 기초가 되는 개인들의 기본권을 보장하기 위해서 필수적"이었고, 다른 한편으로 "민주주의적인 절차가 작동하기 위해서는 그 같은 기본권들이 보장되어야만" 했기 때문이었다(Bobbio, 1992: 49~50).

그러나 자유주의와 민주주의는 상호 보완의 관계 못지않게 서로 상충적인 이념들이다. 이러한 사실은 슈미트(Carl Schmidt)가 바이마르공화국의 붕괴를 두 이념 사이의 충돌에 초점을 맞춰 분석함으로써 이후에 전개된 활발한 논의의 출발점을 제공했다. 슈미트는 개인의 다양성에 기초한 자유주의의 본질과 인민의 실제적인 평등이 요구되는 민주주의는 공존할 수 없다고 보았다. 어느 한쪽이 희생돼야만 다른 쪽의 존재 조건을 충족시킬 수 있기 때문이다. 따라서 이러한 두 이념을 결합한 자유(의회)민주주의는 정당성을 확보할 수 없고 정치적 안정을 기대할 수 없다고 슈미트는 주장했다.[12] 무페(Chantal Mouffe)는 슈미트가 도달한 이러한 결론에는 완전히 반대되는 입장을 취하지만, 그의 출발점은 받아들이고 있다. 즉, 자유주의와 민주주의는 "상호 조화될 수 없고 결코 서로 완벽하게 화해될 수 없는" 상이한 원리들로서 두 원리 사이의 '경쟁적인 대립'과 '긴장' 때문에 자유민주주의는 "항상 투쟁의 장"이 될 수밖에 없다고 주장한다.

9 역사적으로 볼 때, 자본주의 발전이 자유주의 발전을 촉진했고, 자유주의 발전이 민주주의 발전을 촉진한 점을 고려할 때, 린드블룸(Lindblom, 1977)이 지적한 "모든 민주주의 국가들은 자본주의 국가들"이라는 사실은 우연한 일이 아니다

10 자유주의가 민주주의보다 먼저 발전한 서구 민주국가들과 달리, 한국적 맥락에서는 정치적 자유주의의 미발전이 자유민주주의의 성숙을 가로막고 있고, 따라서 한국 민주주의의 발전을 위해서는 정치적 자유주의의 발전이 긴요하다는 주장이 제기되고 있다(최장집, 2005; 박찬표, 2008). 자유주의 개념을 넓은 의미로 규정할 필요성도 이와 관련이 있다.

11 신분, 종교, 재산, 성별을 가리지 않는 일반적인 참정권에 기초한 보통 · 평등 선거가 실시된 것은 서구 선진국들의 경우에도 대부분 2차 세계대전 이후의 일이다. 인민주권과 참정권의 확대가 '다수에 의한 압제(tyranny of the majority)'를 가져올 것이라는 우려는 밀(John Stuart Mill), 토크빌(Alexis de Tocqueville), 매디슨(James Madison) 등 근대 민주주의 이론가들이 모두 공유했다.

12 슈미트의 자유주의와 민주주의 사이의 상충관계에 대해서는 무페(2006), 이동수(2013), 임훈택(2016) 참조.

- 정진영, 「세계화와 자유민주주의 위기의 두 얼굴」, 이한구 외, 『자유주의와 민주주의의 새로운 모색』, 경희대학교 출판문화원, 2020, 102~105쪽.

지정

정의와 비슷한 것으로 '지정'이 있다. '지정'은 어떤 대상에 대해 간단하고 명백하게 직접 설명해 주는 방식이다. 주로 '무엇인가' '누구인가'에 대한 대답의 형태로 나타난다. 대상의 특징을 나타내기 때문에 종개념과 유개념을 사용하는 '정의'와는 구별되지만, 넓은 의미에서 '정의'로 사용되는 서술방식이다.

> 역사란 역사가와 사실의 부단한 상호작용의 과정이며, 현재와 과거의 끊임없는 대화이다. - E. H. 카
>
> 오리엔탈리즘이란 동양을 지배하고 재구성하며 위압하기 위한 서양의 스타일이다. - 에드워드 사이드

글쓰기 연습

- 아래 추상명사를 사전에서 찾아 의미를 적고, 예시 등의 방법을 활용하여 확대 정의 해 보자.

사랑	
정의	
생명	
평화	

- 아래 표현의 사전적 의미를 찾아 적고, 비유 등의 방법을 활용하여 확대 정의 해 보자.

피그말리온 효과	
나비효과	
베르테르 효과	
피터팬신드롬	

요약 : 생각의 깊이를 확장하라

요약이란 무엇이며 왜 필요한가

요약이란 글의 요점을 잡아서 간추리는 방식이다. 다른 글을 요약하는 것은 그 자체로도 의미가 있지만 자신의 글에 다른 사람의 글을 인용한다는 점에서 더 큰 의미가 있다. 자신이 설정한 문제의식에 다른 사람의 글을 끌어들임으로써 새로운 의미해석이 이루어지기 때문이다. 이런 이유에서 학술적 글에는 다른 사람이 쓴 글을 요약하는 부분이 많이 들어간다.

글을 잘 쓰기 위해서는 먼저 타인의 글을 잘 읽어야 한다. 좋은 글은 읽기를 통해 풍부해진 정신에서 생겨나기 때문이다. 타인이 쓴 좋은 글을 읽으면서 그 문제의식과 사유방식 그리고 이야기를 풀어 가는 방법을 따라가다 보면 생각의 지평이 넓어지게 된다. 또 단순했던 문제가 입체적으로 확대되며 새로운 안목과 해결책이 떠오르는 때도 있다. 따라서 좋은 글을 읽고 반복적으로 요약 연습을 하면 타인의 글을 비교하고 종합하며 비판하는 힘을 기를 수 있게 된다.

학술적 글쓰기에서 요약은 다음과 같은 이유에서 유용하다.

첫째, 요약은 자신이 읽은 글을 제대로 이해하는 가장 탁월한 방법이다. 자신이 읽은 글의 정보나 생각을 제대로 이해했는지를 확인하는 가장 좋은 방법은 정확하고 명징하게 요약해 보는 것이다. 요약을 반복적으로 실행하다 보면 글쓰기 습관을 들일 수 있다. 요약을 잘하는 사람은 좋은 글을 쓸 수 있다. 요약은 그 자체로 배움의 중요한 한 목표인 셈이다.

둘째, 요약은 독자를 설득하고 공감대를 확장하는 데도 유용하다. 미래 대학의 모습을 예상하는 보고서를 쓴다고 가정해 보자. 별다른 근거 없이 자신이 꿈꾸던 이상적인 대학의 모습을 상상하여 글을 쓰는 것보다 『세계미래보고서 2055』에 실린 미래의 유망 직업에 대한 글을 요약해서 넣는다면 독자에게 유용한 정보를 제공하는 동시에 독자와 더 쉽게 공감대를 형성할 수 있게 된다.

셋째, 요약은 대학 글쓰기에서 필수이다. 대학에서의 학습은 그동안 쌓인 학문 성과를 잘 이해하고 그것을 기반으로 자신의 관점을 형성하고 현실에 적용해 나가는 것이다. 이를 제대로 성취했는지 알기 위해 대학에서는 학생들에게 다양한 방법으로 기존의 학문 성과에 대한 이해 여부를 묻게 되는데, 대부분 요약이 요구된다. 예를 들어, 철학이나 정치학 강의에서 중간고사를 대체할 리포트로 '사회정의'의 개념에 대한 관점을 제시하고 차이점을 설명하라는 과제가 나왔다고 가정해 보자. 이 경우 먼저 '사회정의'에 대해 보수적 자유주의자인 벤담의 관점을 요약하고, 진보적 자유주의자인 칸트나 롤스의 관점을 요약해야 한다. 여기에 보수적 공동체주의자인 아리스토텔레스와 혁명적 사회주의자인 마르크스의 관점까지 각각 요약해서 덧붙여야 할 것이다.

또 다른 예로, 심리학 기말고사에는 칼 융의 집단 무의식 이론이 프로이트의 개인 무의식 이론과 어떻게 다른지 설명하고 자기 생각을 논술하라는 문제가 나올 수도 있다. 이 문제에 제대로 답을 하기 위해서는 먼저 융의 이론을 요약해야 한다. 잘 이해했다는 것을 보여 주는 가장 좋은 방법이기 때문이다. 다음으로 프로이트 이론과 어떻게 다른지 설명하면 되는데 이때도 역시 프로이트의 이론을 요약해야 한다.

다만, 요약은 자신의 문제의식을 확장하고 강화하기 위한 것이라는 점을 놓쳐서는 안 된다. 글쓰기는 익숙하고 편안한 자기 생각의 한계를 절감하고, 창조적이며 도전적인 새로운 생각을 추구하는 것이다. 나와 전혀 다른 '바깥의 이야기'를 경청할 때 비로소 문제의식이 생긴다. 문제의식 없이는 글에 새로운 생각을 담을 수 없다. 요약해야 문제의식이 생기고, 문제의식이 있어야 요약을 잘한다. 둘은 반복할수록 잘하게 된다. 따라서 요약할 때는 자신의 문제의식이 얼마나 새롭게 확장되는지 검토해야 하며, 문제의식을 가질 때는 고정관념을 내려놓고 자신의 바깥에서 어떤 이야기가 들려오는지 귀 기울여야 한다.

학술적 글쓰기에서 요약이 필요한 경우는 다음과 같다.

비판적 글쓰기	읽은 글을 비판하기 위해서는 원문을 요약해야 한다.
종합적 글쓰기	문헌 간의 관계를 보여 주기 위해서는 원문을 요약해야 한다.
분석적 글쓰기	이론적 관점을 적용하기 위해서는 먼저 이론을 요약해야 한다.
논쟁적 글쓰기	주장의 논거와 대립 지점을 요약해야 한다.
연구 보고서	인용이나 주석, 선행 연구와 이론을 소개하려면 원문을 요약해야 한다.
서술식 시험	강의 내용을 이해했는지 요약을 통해 보여 주어야 한다.

요약의 의미와 방법

요약의 의미는 주어진 글의 핵심(중심 생각)을 자신의 언어로 짧게 다시 쓰는 것이다. 요약은 글의 '중심 생각'을 겨누어야 한다. 제대로 된 요약은 '글쓴이가 말하려는 것이 무엇인가?'를 잘 밝힌 글이다. 여기에 중심 생각을 증명하거나 보태 주는 내용을 찾아 새로운 구조로 재구성하면 요약문이 된다. 글쓴이의 핵심 주장, 관점, 주요 개념, 논거 등을 파악하여 이해하고, 다른 글과 비교하며 검토 및 비판하는 전체 과정이 요약이다.

다음은 요약 방법이다.

첫째, 요약할 글을 주의 깊게 읽기

글을 읽으면서 글의 구조를 파악하고 글쓴이의 목적을 파악하라. 글의 목적은 중요한 정보와 덜 중요한 정보를 구분하는 데 도움이 되며 요약할 때 덜 중요한 정보는 뺄 수 있다. 글의 주요 내용에 표시하거나 이해가 잘 안 되는 내용은 여백에 메모하고 별도의 표시를 하면서 읽어라.

둘째, 내용 단위로 쪼개며 다시 읽기

문단을 내용 단위로 묶거나 쪼개고 내용 단위마다 번호 등으로 표시하면서 다시 읽어라. 중심 생각이나 개념에는 강조 표시를 하거나 여백에 따로 메모하라.

셋째, 내용 단위를 한 문장으로 요약하기

별도의 종이에 내용 단위를 한 문장씩 요약하라.

넷째, 한두 문장으로 전체 주제를 요약하기

주제는 글 전체의 중심 생각이다. 앞의 절차를 제대로 밟아 왔다면 주제가 무엇인지 파악할 수 있을 것이다. 설득적인 글이라면 글쓴이의 결론을 요약하라. 설명적인 글은 설명의 대상이나 주요 특성을 정리하라. 어떤 글은 주제가 원문에 문장으로 드러나 있다. 이럴 경우는 인용 표시를 해서 요약문에 직접 인용하라.

다섯째, 전체 요약 글쓰기

전체 글을 요약할 때는 주제와 내용 단위를 유기적으로 결합하고, 주제와 내용 단위의 결합 사이에 중요한 세부 사항을 첨가하라. 이때 반복되거나 덜 중요한 정보는 삭제하거나 일반화하고 가능한 적은 어휘로 중심 생각을 전달하라. 예를 들어 '한국, 중국, 일본'은 '동아시아'로 일반화할 수 있다.

여섯째, 요약문과 원문 비교하기

요약한 글을 원문과 비교하면서 원문에 대한 정확성과 완전성에서 어긋난 부분을 조정하라.

일곱째, 수정하기

글의 통일성을 위해 접속 표현을 삽입하고, 문체를 검토하라. 지나치게 간략하거나 일관성이 떨어지는 표현은 피하고, 생각의 논리적인 흐름에 맞도록 문장을 연결하라. 문법이 정확한지, 구두점이나 철자가 맞는지 등을 확인하라.

글쓰기 연습

• 다음 글을 본문에서 제시한 요약 순서를 따라 한 문단으로 요약해 보자.

책을 읽다가 문득 이 책이야말로 우리 시대의 지성이 공유해야 할 '전환 시대의 논리'가 아닌가 싶었다. 그래서 리영희가 쓴 그 책을 출판사에서 소개한 글을 찾아보았다. 그 소개글에 나온 특정한 단어를 괄호에 넣고 읽으면 두 책의 기본 정신이 맞아떨어지는 면이 있다. "( )을 바라보는 왜곡된 시각을 교정하고, ( ) 등을 새로운 시각에서 분석함으로써 ( ) 허위의식을 타파하는 현실 인식, 편협하고 왜곡된 ( ) 거부하는 넓은 세계적 관점, 냉철한 과학적 정신을 계몽하고 민주적 시민운동에 앞장서는 이론적 역할을 수행했다." 김종철의 『근대문명에서 생태문명으로』를 읽으며 떠오른 생각이다.

그는 근대문명에서 생태문명으로 이행해야 한다고 주장한다. 이유는 지구온난화나 기후변화 같은 환경위기를 넘어서기 위해서다. 그가 보기에 근대 자본주의 문명은 "자연을 끊임없이 수탈하고, 궁극적으로는 인류의 생존 그 자체를 위협하는 가공할 생태위기를 초래"한다. 이 지점에서 근대의 발전이 인류사에 불러온 놀라운 성장을 부정하느냐는 반론이 가능하다. "서구자본주의적 산업화와 경제성장에 의해서만 문명 생활도 가능하고, 더 높은 단계로의 인간해방이 가능"했다고 볼 수 있기 때문이다. 그런데 그는 이런 관점을 '근대적 미신'이라 말한다.

1972년 로마클럽에서 출간한 『성장의 한계』는 제목 자체가 상징하는 바가 크다. 이제 더는 성장할 수 없는 상황에 이르렀기 때문이다. 무엇보다 자원이 고갈되어 가고, 환경오염 문제가 심각한 탓이다. 두 번째는 "근원적으로 타자–동시대의 사회적 약자와 자연 그리고 미래 세대–에 대한 무관심 혹은 무책임한 태도"에 바탕을 둔 비윤리성 탓이다. 타자를 변경으로 바꾸어 읽어도 된다. 근대 자본주의 문명은 늘 변경을 만들어 왔다. 그 변경을 지배하고 수탈한 덕으로 발전하고 성장하고 팽창했다. 하나, 변경은 이제 없다. 독립하여 자신의 권리를 내세우고 있다. "유한한 지구에서 무한한 진보를 추구한다는 것은 절대로 화합할 수 없는 모순"이라는 사실을 인정해야 한다.

40여 년 전 리영희는 분단 상황과 군사독재의 탄압으로 이성의 눈이 가려지고, 그 결과 사로잡혔던 이데올로기적 편협성을 부숴 버리라고 했다. 베트남전쟁의 실상, 중국 사회주의에 대한 새로운 통찰, 일본의 재군사화에 대한 경고, 미국 패권주의에 대한 객관적 인식을 통해서 말이다. 이제 그 전환의 길을 김종철이 걷는다. 근대, 자본주의, 산업화, 성장이라는 우상에 사로잡힌 사람들에게 경고한다. 홀로세에서 인류세로 치닫는 오늘, 우리는 어떤 전환적 사고를 해야 여섯 번째 대멸종을 피할 수 있는가, 라고.

그는 근대 자본주의 문명의 대안으로 소농을 기반으로 한 생태적 순환 사회를 내세운다. 석유에 기초한 문명이 무너지면 가장 먼저 닥쳐올 재앙은 식량난이다. 일본의 식량자급률이 40%인데, 석유가 없으면 1%로 곤두박질친다는 연구 결과가 있다. 우리의 식량자급률은 25% 수준이니 석유 수급에 이상이 생길 적에 겪을 고초를 짐작할 수 있다. 농사를 살려야 하는 이유다. 이런 사회는 궁극에는 "공동체의 호혜적 관계망을 토대로 다양한 상호부조의 경제"로 나아가게 된다. 그는 이 사회가 가난하리라 짐작하면서 공빈(共貧)의 철학을 내세운다. "가난을 견딜 만하게 하고, 나아가서는 가난을 삶의 축복이 되게 하는 사회적 토대, 즉 공생공락의 네트워크를 확보"하자는 것이다.

다음으로는 기본소득세이다. 신약성서를 보면 포도원 주인이 일꾼에게 품삯 주는 이야기가 나온다. 아침부터 일한 사람, 점심 먹고 나서 일한 사람, 해지기 직전에 와서 일한 사람에게 주인은 똑같이 1데나리온을 주었다. 이를 어떻게 해석해야 할까? 그는 이것이 오늘날 말하는 기본소득의 예고였다고 풀이한다. 무릎을 치게 하는 대목이다. 모든 시민에게 조건 없이 일정한 소득을 정기적으로 주는 '기본소득'을 그는 '시민배당'이라고 고쳐 말한다. 없는 이를 도와주는 복지의 개념이 아니라, 기업이 주주에게 배당하듯 한 공동체의 이익을 시민에게 나누는 뜻을 돋을새김하기 위해서다. 시민배당은 엄청난 나비효과를 불러

올 것으로 기대된다. 경제를 안정시키고, 노동조건이 개선되고, 교육 지옥에서 빠져나오고, 관료적 정부 형태에서 벗어나게 할 터다.

세 번째는 민주주의다. 인류의 미래가치에 동의하는 정치는 자본의 횡포를 막고 생태 친화적 환경을 만들어 낸다. 라파엘 코레아가 에콰도르 대통령에 당선되면서 놀라운 일이 일어났다. 약속한 대로 외채를 청산하고, 은행세를 신설해 기본소득을 실시했고 야수니국립공원에서 발견한 새 유전의 개발을 잠정 포기했다. 정치적 결단은 위기를 기회로 바꾼다. 오늘 우리에게 절실한 것은 "더 많은 민주주의지, 더 많은 경제성장은 아니다".

성장과 진보의 세계관은 프로메테우스를 섬긴다. 그의 이름이 '먼저 생각하는 사람'이라는 뜻인 데다 인류에게 불을 가져다주어서다. 하지만 이반 일리치는 상식을 깨고 에피메테우스를 더 기려야 한다고 말했단다. 그의 이름은 '나중에 생각하는 사람'을 뜻하지 않던가. 인류가 걸어온 성장의 삶을 나중에 생각해 보니, 어떤 결론에 이르는가? 문명적 성찰의 상징으로 에피메테우스가 적격이라는 뜻이다. 더 중요한 것이 있다. 에피메테우스의 아내인 판도라가 금기를 어기고 항아리 뚜껑을 열자 인간에게 고통을 주는 것들이 쏟아져 나왔다. 우리는 여기까지만 기억한다. 판도라가 급히 뚜껑을 닫는 바람에 항아리 맨 밑바닥에 놓여 있던 그 무엇이 미처 빠져나오지 못했다. 희망이었다.

다시 판도라의 항아리 뚜껑을 열어야 한다. 진보와 성장에 눈이 멀어 오랫동안 잊었던 그 희망을 인간 세계에 퍼트려야 한다. 김종철의 사유를 20세기의 리영희를 읽는 심정으로 '열독'해야 할 이유다. – 이권우, 〈21세기판 '전환 시대의 논리'〉, 《경향신문》, 2019. 07. 01.

글쓰기 연습

- 오른쪽 글을 본문에서 제시한 요약 순서를 따라 한 문단으로 요약해 보자.

사람들은 대부분 자신들의 삶을 규율하는 질서가 상상 속에만 존재한다는 사실을 받아들이고 싶어 하지 않는다. 하지만 실상 모든 사람은 기존의 상상의 질서 속에서 태어났으며, 태어날 때부터 지배적인 신화에 의해 욕망의 형태가 결정되었다. 그 때문에 우리 개인의 욕망은 상상의 질서의 가장 중요한 방어물이다.

예컨대 오늘날 서구인들이 가장 소중히 여기는 욕망은 여러 세기에 걸쳐 존재해 온 낭만주의, 민족주의, 자본주의, 인본주의 신화에 의해 형성되었다. 친구 사이에 충고를 할 때 흔히 '마음 내키는 대로 하라.'고 말하지만, 사실 마음은 이중간첩으로서 당대의 지배적인 신화의 지시에 따르는 경우가 흔하다. 그리고 '마음 내키는 대로 하라.'는 권유 자체가 우리 마음에 새겨진 것은 19세기 낭만주의 신화와 20세기 소비자주의 신화의 결합을 통해서였다. 이를테면 코카콜라사는 전 세계에서 다이어트 코크를 광고하면서 "다이어트 코크, 기분 좋은 일을 하라."는 문구를 내세웠다.

사람들이 가장 개인적 욕망이라고 여기는 것들조차 상상의 질서에 의해 프로그램된 것이다. 예컨대 해외에서 휴가를 보내고 싶다는 흔한 욕망을 보자. 이런 욕망은 전혀 자연스럽지도 당연하지도 않다. 침팬지 알파 수컷은 권력을 이용해 이웃 침팬지 무리의 영토로 휴가를 갈 생각 따위는 하지 않을 것이다. 고대 이집트의 엘리트들은 피라미드를 짓고 자신의 시신을 미이라로 만드는 데 재산을 썼지만, 누구도 바빌론에 쇼핑을 간다거나 페니키아에서 스키 휴가를 보낼 생각은 하지 않았다. 오늘날 사람들이 휴가에 많은 돈을 쓰는 이유는 그들이 낭만주의적 소비지상주의를 진정으로 신봉하기 때문이다.

낭만주의는 우리에게 인간으로서 잠재력을 최대한 활용하려면 최대한 다양한 경험을 해야 한다고 속삭인다. 다양한 감정의 스펙트럼을 향해 스스로를 활짝 열어야 하고, 다양한 관계들을 두루 맛보아야 하며, 평소와 다른 요리를 시식해 봐야 하고, 다른 종류의 음악을 감상하는 법을 배우라고 말이다. 이 모두를 실행하는 가장 좋은 방법 중 하나는 반복되는 일상과 친숙한 환경에서 벗어나 먼지방으로 여행을 떠나는 것이다. 다른 사람들의 문화와 냄새와 취향과 규범을 '경험'해 볼 수 있는 곳으로 말이다. 우리는 '새로운 경험이 어떻게 나의 시야를 넓히고 내 인생을 바꾸었는가.' 하는 낭만주의적 신화를 되풀이해서 듣는다.

소비지상주의는 우리에게 행복해지려면 가능한 많은 재화와 용역을 소비해야 한다고 말한다. 뭔가 부족하다거나 올바르지 않다고 느낀다면 상품(자동차, 새 옷, 유기농 식품)이나 서비스(집안일, 관계 요법, 요가 수업)를 구매해야 한다고 말한다. TV의 모든 광고는 어떤 물품이나 서비스를 소비하면 우리 삶이 어떻게 나아진다고 말하는 또 하나의 작은 신화이다. - 유발 하라리, 조현욱 옮김, 『사피엔스』, 김영사, 2015, 172~174쪽.

분류 : 지식과 정보를 묶고 나누고 생각하라

분류란 무엇이며 왜 필요한가

분류는 각각의 지식과 정보를 일정한 기준으로 나누고 구분하는 것이다. 정보의 홍수 속에서 나에게 꼭 필요한 정보를 얻으려면 원하는 정보가 어떤 체계 속에 위치하는지 아는 것이 매우 중요하다. 특히 학술적 글쓰기의 경우 대상을 체계적으로 이해하고 논리적으로 기술해야 하므로 그 중요성은 더 크다고 할 수 있다. 별개의 데이터를 묶어서 체계화하고 조직화하는 과정이 필수이기 때문이다.

다음은 '자살의 사회적 원인과 사회적 유형의 구분'에 관한 글이다. 글쓴이는 연구를 수행하면서 의미 있는 자료인 '정상인의 자살 사례'가 부족하다는 문제점을 보완하기 위해 분류 방법을 바꾸려는 의도를 밝히고, 그에 따른 문제점과 해결방안을 자세히 설명하고 있다.

먼저 자살 경향이 단일하고 분리할 수 없는 것인지, 아니면 여러 다른 경향으로 이루어져 있어서 분석으로 구분할 수 있고 각기 따로 연구해야 하는 것인지를 알아보아야 한다. 그래서 우리의 연구는 다음과 같이 진행될 것이다. 자살 경향은 단일한 것이든 아니든 개별 사례 속에서만 나타나고 관찰할 수 있으므로, 이런 개별 사례부터 조사를 시작해야 한다. 그러므로 가능한 많은 사례를 관찰하고 기록해야 한다. 물론 정신착란에 의한 자살은 이런 사례에서 제외한다.

만약 모든 자살 사례가 본질적으로 똑같은 특성이 있는 것으로 밝혀지면, 모두 하나의 범주로 분류될 것이다. 그렇지 않고 너무 차이가 커서 여러 유형으로 나누어야 한다면, 그들의 유사성과 차이에 따라 여러 가지 유형으로 구분해야 할 것이다. 그러면 유형의 수만큼 자살 경향도 많다는 것을 인정할 수 있으며, 각 경향의 원인과 중요성을 밝혀야 할 것이다. 정신병자의 자살을 연구했을 때 그런 방법을 사용한 바 있다.

불행히도 필요한 자료가 거의 없기 때문에 정상인의 자살을 형태론적 유형이나 특성에 따라 분류할 수가 없다. 이러한 시도를 하려면 많은 개별 사례의 자세한 기록이 필요하다. 자살을 결심하는 순간 자살자의 심리 상태, 그가 자살하기 위해서 어떻게 준비했으며, 아니면 괴로워하거나 불안에 휩싸여 있었는지를 알아내야 한다.

지금 우리가 가지고 있는 자료는 정신이상으로 자살한 사례 몇 건뿐이다. 정신과 의사들의 관찰과 기록으로 정신병이 결정적 원인인 자살의 주요 유형은 판정할 수 있다. 그러나 정상인의 자살의 경우에는 그런 정보가 거의 없다. 브리에르 드 부아옹이 그의 책에서 유서나 그 밖의 기록을 남긴 1,328건의 자살 사례를 요약해서 기록하려고 한 적이 있을 뿐이다.

그러나 그 사례들은 첫째 너무 간략하다. 그리고 둘째로 환자들이 자기 상태를 밝힌 것을 믿을 수가 있다 하더라도 불충분하다. 대개 환자는 자신과 자신의 감정 상태를 착각하기 쉽다. 극도로 흥분한 상태이면서도 자기가 침착하게 행동한다고 믿을 수 있기 때문이다. 끝으로 객관성이 부족하다는 점 외에도 분명한 결론을 내리기에는 관찰 내용이 너무 적다. 매우 애매하게 구분하여 거기서 얻은 아이디어를 활용할 수는 있겠지만, 정확한 분류를 하기에는 너무 불확실하다. 더욱이 대개의 경우 자살의 실행 방법이란 관점에서는 적절한 관찰이 거의 불가능하다고 할 것이다.

그러나 우리의 목적은 다른 방법으로 달성할 수 있다. 연구 순서를 바꾸어 보

자. 자살 원인이 다를 경우에만, 자살 유형이 달라질 수 있다. 독자적 본질이 있으려면 특수한 존재 조건이 있어야 한다. 같은 선행 조건이 때로는 이런 결과를 낳고 때로는 저런 결과를 낳을 수는 없다. 만약, 그렇다면 상이한 결과들의 차이는 아무런 원인이 없는 차이일 뿐이며, 또 인과론의 원리에 위배된다. 따라서 원인들 사이에 구체적 차이가 확실히 있는 경우에는 결과에 있어서도 비슷한 차이가 생긴다. 결과적으로 우리는 자살의 사회적 유형을 자살자들이 남긴 기록에 따라 구분할 것이 아니라, 자살하게 된 원인에 따라 분류할 수 있다.

그런 유형들이 왜 서로 다른가 하는 질문을 하기보다 먼저 그런 유형에 대응하는 사회적 조건을 알아보아야 한다. 그런 후 사회적 조건을 유사성과 차이에 따라 몇 개 집단으로 분류하면 각 집단에 대응하는 특정한 자살 유형을 찾을 수 있을 것이다. 즉 형태에 따라 분류하는 대신, 처음부터 원인에 따라 분류하는 것이다. 이것이 나쁜 방법은 아니다. 왜냐하면 현상의 성격은 아무리 본질적인 특성이라 해도 그 특성만 아는 것보다는 그 원인을 알 때 더 깊이 이해할 수 있기 때문이다.

이 방법의 문제점은 여러 유형이 있다는 것을 확인하기도 전에, 이미 그러한 유형이 있다고 가정하는 데에 있다. 그리고 유형의 존재와 수를 밝혀낼 수는 있지만, 그 특성을 밝힐 수는 없다. 그러나 이런 결함은 어느 정도까지는 방지할 수 있다. 원인의 본질을 알면 결과의 본질도 연역할 수 있다. 왜냐하면 결과를 특징짓고 구분하는 것은 그 원인이기 때문이다. 물론 이런 연역이 사실 검증을 거치지 못한다면, 순전히 상상이 될 것이다. 그러나 여기에다 자살 형태학의 자료를 참고하면 더욱 명확하게 분류할 수 있다.

분류 기준을 잡는 데에 그런 자료들은 부족하고 불확실하다. 그러나 일단 분류의 큰 틀을 잡으면, 그때는 자료를 유용하게 쓸 수 있을 것이다. 자료를 보고 연역할 방향을 잡고 자료에 있는 사례를 연역해서 설정한 유형이 허구가 아니라는 것을 증명할 수 있다. 그리하여 원인에서 결과로 나아가게 될 것이고, 원인론적 분류는 형태학적 분류를 통해 상호 검증을 할 수 있으므로 완벽하게 마무리될 것이다.

모든 면에서 이와 같은 역방향 방법은 우리가 설정한 특수한 문제에 적합한 유일한 방법이다. 우리가 연구하는 것이 사회적 자살률이란 점을 잊어서는 안 된다. 따라서 우리가 관심을 가져야 할 유일한 유형은 자살률의 형성에 영향을 미치고, 자살률 변동에 영향을 미치는 것뿐이다. 지금으로서는 모든 개별 자살 사례에 이런 특질이 있는지 확실치 않다. – 에밀 뒤르켐, 황보종우 옮김, 『자살론』, 청아, 2019, 163~167쪽.

글쓰기 연습

- 윗글을 읽고 만일 자살의 분류 방법을 달리한다면 연구 결과에 어떤 영향을 미치게 될지 써 보자.

분류와 구분은 짝을 이룬다

분류와 구분은 유사한 특성이 있는 사물이나 개념을 일정한 수준으로 묶거나 나누어서 설명하는 방법이다. 또 특정 대상을 쉽고 체계적으로 이해하고 설명하기 위해 사용하는 서술방식이다. 여기에는 혼돈에 질서를 부여하고 복잡한 것을 명쾌하게 인식하고자 하는 심리적 요구가 투영되어 있다. 무엇보다도 분류와 구분은 구체적이고 개별적인 대상 사이의 공통점을 추출하여 더 보편적인 범주로 묶어 사고하거나(분류 : 귀납적 방법), 반대로 추상적이고 포괄적인 주제나 개념을 이해하기 쉽게 몇 개의 범주로 나누어 구체적으로 서술할 때(구분 : 연역적 방법) 효과가 난다.

분류는 일정한 기준에 따라 비슷한 성질을 가진 것끼리 묶는 것이다. 예를 들면 개, 돼지, 호랑이, 원숭이는 '동물'로 분류될 수 있다. 개나리, 진달래, 장미, 소나무는 '식물'로 분류된다. 즉, 하위개념(종개념)을 상위개념(유개념)으로 묶어서 설명하는 방법이다. 구분은 전체를 두 개 이상의 독립된 범주로 나누는 것을 말한다. 분류의 역과정이라고 할 수 있는데, 상위개념을 하위개념으로 나누어 설명한다. 예를 들면, 생물은 '동물'과 '식물'로 구분되고, 동물은 다시 '척추동물'과 '무척추동물'로 구분된다. 분류하려면 구분이 있어야 하고, 구분하려면 분류가 이루어져야 하므로 분류와 구분은 항상 짝을 이룬다. 분류와 구분을 나누지 않고 분류라고 통칭하기도 한다. 이 글에서는 둘을 동의어로 사용한다.

분류의 기준과 규칙

주제에 과학적으로 접근하려면 분류의 기준이 적절해야 한다. 예컨대 백화점의 소비층을 젊은 여성, 주부, 남성, 어린이로 분류(구분)했다면 좋은 분류라고 할 수 있을까? 우선, '젊은'과 '젊지 않은'을 나누는 기준이 모호하다. 분류 기준이 성별인지 나이인지도 명확하게 알 수 없다. 소비층 구분에서 '노인층'은 빠져 있고, 젊은 여성과 주부는 겹치는 부분이 있다. 결론적으로 위의 분류는 제대로 된 기준에 따라 이루어지지 않았으며 '백화점의 소비층'이라는 주제에 과학적으로 접근했다고 보기 어렵다. 그렇다면 분류는 어떤 기준에 따라 이루어지는 것이 바람직할까?

첫째, 분류의 기준이 명료해야 한다(명료, clear).
둘째, 분류의 기준이 하나로 통일되어 있어야 한다(통일, uniform).
셋째, 분류는 총괄적이어야 한다(총괄적, exhaustive).
넷째, 분류는 배타적이어야 한다(배타적, exclusive).

다만, 자연과학과는 달리 사회학이나 인문학에서는 분류의 기준이 분명하지 않은 때도 있다. 각 나라의 특수한 상황, 혹은 대상을 바라보는 관점에 따라 그 기준이 크게 달라질 수 있기 때문이다. 임금 근로자의 경우를 예로 들어 보자. 한국에서 임금 근로자는 크게 두 집단으로 나뉜다. 하나가 정규직(standard work)이고 다른 하나가 비정규직(non-standard work)이다. 하지만 정규직과 비정규직을 뚜렷하게 구분하기 어려운 경우가 많다. 스스로 정직원이라고 말하지만, 사회보험을 적용받지 못하여 실업 급여 혜택이 없으며 근로기준법 적용을 받지 못하고, 1년 이상 지속해서 일하기 어려운 근로자들, 5인 미만의 중소 영세 사업장에 있는 사람들이 여기에 해당한다. 정부는 정규직이지만 이들을 사회적 취약 계층으로 분류하고, 노동계는 비정규직이라고 부른다. 그 결과 정부가 발표하는 비정규직 비중과 노동계가 발표하는 비정규직의 비중이 다르고, 규모에서도 약 300만 명 정도 차이가 난다.

이처럼 임금 근로자를 분류하는 기준에 따라 정규직, 비정규직의 개념이 달라질 수 있으며, 그들을 바라보는 시각 또한 달라질 수 있다. 나아가 이들을 대하는 정책 방향도 달라질 수 있다. 분류의 중요성은 바로 여기에 있다. 정확한 분류는 우리 삶에 직접적인 영향을 미친다.

글쓰기 연습

- 다음 글에서 사회구조적 불평등의 원인을 세부적으로 어떻게 분류하고 있는지 써 보자.
- 현대사회에서는 신분제적 강제가 사라졌지만, 계급 상승은 여전히 제한되어 있다. 그 이유를 파악하고, 자신만의 기준에 따라 현대사회의 계급을 새롭게 분류해 보자.

사회불평등의 의미와 종류

사회구조적 불명등

사람들은 태어나면서 지니게 되는 자신의 신체적 특징이나 출신 배경을 스스로 선택할 수 없다. 이런 점에서 개인들은 자연적 차이(불평등)든 사회적 불평등이든 주어진 상황 속에서 살아갈 수밖에 없다. 그렇지만 불평등이 정당하지 못한 것이고 따라서 그 해결을 추구한다면, 불평등의 원인을 분명하게 구분해 보고 그 원인에 맞는 해결책을 찾아 나갈 필요가 있다.

불평등의 원인은 우선 '자연적 원인'과 '사회적 원인'으로 나누어 볼 수 있다. 사회적인 의미가 차별적으로 부여되고 또 그 보상이 차별적으로 주어지기 때문이다. 육체적 힘, 외모, 지능 등도 분업이 발달하고 사회가 변함에 따라 사회적으로 부여되는 의미가 달라진다. 그러므로 대부분의 불평등은 사회에 기인한다고 할 수 있겠다.

이처럼 불평등의 원인이 대체로 사회에 있다고 하더라도, 그것이 어떤 수준의 문제인지를 구분하는 것도 중요하다. 그래서 불평등의 원인을 사회관계의 수준에 따라 '개인적 원인'과 '사회구조적 원인'으로 구분해 볼 수 있다. 동일한 사회에서 동일 조건과 기회가 주어진 상황에서 개인들 간의 불평등이 생겨난다면, 이것은 대체로 개인적인 능력이나 노력의 차이에 따른 불평등이라고 할 수 있다. 그런데 이러한 조건과 기회 자체가 불평등하다면, 이것을 개인적 원인에 의한 것이라고 할 수는 없다. 동일한 일에 대해 동일한 성과를 내고 있는 사람들 사이에서 보상의 차이가 있다면, 이것은 불평등을 낳는 어떤 사회적 원인이 있다고 할 수 있다. 그런데 이러한 불평등은 일시적이거나 우연적일 수도 있지만, 하나의 사회적 규칙이나 제도로서 지속되고 있는 것일 수도 있는데, 이럴 경우의 불평등은 '사회구조적 원인'에 의한 것이라고 말할 수 있다.

예를 들어 똑같은 일을 하고 똑같은 성과를 내면서도 남성이냐 여성이냐, 정규직이냐 비정규직이냐, 한국인이냐 외국인이냐, 대기업 노동자냐 중소기업 노동자냐, 대졸자냐 고졸자냐에 따라 임금이 달라진다면, 불평등의 원인은 차별을 재생산하는 미시적이거나 거시적인 사회구조에 있다고 할 수 있다. (중략)

불평등의 역사적 유형

역사적으로 거시적 사회구조적 불평등은 다양한 생산양식 또는 제도를 통해 지속되어 왔다. 마르크스는 원시공동체 사회에서 잉여생산물이 증가하고 이에 대한 분배를 둘러싸고 권력관계가 형성되고 사유재산제도가 확산되면서 점차 불평등한 사회로 변화해 왔다고 보았다. 특히 토지, 자본 등의 생산수단이 사유화되고 노예, 농노, 노동자 등 직접 생산자에 대한 직접적·간접적 지배가 이루어지면서 구조적 불평등이 발생했다고 보았다. 고대 노예제사회에서의 노예제도, 중세 봉건제사회에서의 신분제도, 현대 자본주의사회에서의 계급제도가 대표적인 구조적 불평등의 양상들이라고 할 수 있다.

노예제도는 귀족이나 '자유민'들이 같은 인간을 노예로 소유하면서 직접적인 신체적 구속이나 강제를 통해 이들의 노동력을 착취했다. 노예들은 주로 전쟁에서 지거나 인신매매 등에 의해 노예가 되었고, 노예의 지위는 세습되는 경우가 많았다. 신분제도는 서구 중세의 봉건제, 인도의 카스트, 조선 시대 반상제 등에서 볼 수 있듯이 직접적인 신체적 구속은 없더라도 다양한 물리적 강제를 통해 높은 신분의 사람들(영주, 귀족, 성직자, 브라만(성직자), 크샤트리아(왕족, 군인), 양반 등)이 낮은 신분의 사람들(농노, 바이샤(상인), 수드라(장인, 노예), 상민, 천민 등)을 차별하거나 그들의 노동력을 착취하는 제도였다. 이러한 신분은 세습되어 변동이 거의 불가능했고, 신분들 간의 교류도 제한되었다. 이처럼 노예제도와 신분제도에서 부나 권력 등의 자원은 처음부터 사회적 지위에 따라 불평등하게 분배되어 불평등은 사회구조적으로 재생산되었다.

자본주의사회의 계급제도는 신분제적 강제가 사라졌지만 자본의 소유권에 이에 대한 국가의 법적 보호에 기초하여 자본가계급이 노동자계급의 노동력을 착취할 수 있게 한다. 자본주의사회는 대체로 법적·형식적으로 자유로운 계약과 개인적 능력이나 업적에 따른 계층이동의 기회를 보장하고 있지만, 현실적으로 계급 상승은 매우 제한되어 있다. 자본주의 형성기에 이전에 소유하고 있던 재산이나 불법적인 축적을 통해 자본을 형성한 사람들이, 노동력을 착취하면서 지속적으로 자본을 축적하고 이를 통해 시장을 지배함으로써 새로운 자본의 형성과 시장 진입을 어렵게 하며, 특히 노동자계급은 한정된 임금으로 인해 거대한 부의 축적이 현실적으로 불가능하다. 따라서 자본주의사회에서도 계급적 지위에 따른 구조적 불평등이 지속되고 있다고 할 수 있다. 한국 사회에서의 재벌세습은 그 대표적인 증거이다. - 비판사회학회 엮음, 『사회학 : 비판적 사회읽기』, 한울, 2018, 399~402쪽.

논증 : 독자를 논리적으로 설득하라

논증이란 무엇이며 왜 필요한가

논증이란 이성에 호소하여 타인을 설득하는 방법을 뜻한다. 우리는 어떤 주장에 대해, '왜'라는 물음을 제기할 수 있다. 반대로 우리가 어떤 주장을 펼쳤을 때도 상대로부터 '왜'라는 질문을 받을 수 있다. 대개는 주장에 동의하기 어려운 경우에 '왜'라는 반문을 하게 된다. 논증은 주장에 대해 제기되는 반문을 줄이고 주장에 대한 설득력을 높이기 위한 논리적인 이유, 즉 근거를 제시하는 것을 의미한다. 다시 말해, 어떤 생각을 근거로 해서 다른 생각을 이끌어 내는 '추론(inference)'의 사고 과정을 언어로 표현한 것이 바로 논증이다.

이성적 사유 과정인 논증이 가장 필요한 분야가 학술적 글쓰기다. 논문이나 에세이 또는 보고서와 같은 학술적 글쓰기에서는 연구나 조사로 얻어진 결과나 주장을 증명하고 옹호해야 한다. 그러나 아무리 새로운 발견을 하고 심오한 주장을 한다 해도, 그것이 논리적인 과정을 통해 증명되지 못하면 학술적인 가치가 없다. 또한, 아무리 객관적이고 방대한 자료를 제시한다고 해도 논리적 과정을 통해 일정한 결론에 도달하지 못한다면 정보의 나열에 그치고 말 우려가 있다. 따라서 학술적 글쓰기는 논증을 통한 서술방식이 근간이 될 수밖에 없다.

토론과 같은 논쟁적 말하기에도 논증은 필수적으로 요구되는 진술방식이다. 우리가 살고 있는 사회에는 많은 갈등이 있는데 이러한 갈등이 감정적인 대립으로 이어지면 합리적인 문제해결이 어려워지고 갈등은 심화된다. 논증은 이성적이고 합리적인 근거를 바탕으로 자신의 의견을 내세우고 타인의 의견을 받아들일 수 있게 한다. 논증을 통한 의사소통이 가능해지면 사람들은 사회의 여러 문제를 둘러싼 다양한 의견을 상호 존중하면서 합리적인 해결방안을 찾을 수 있게 된다.

인간은 객관적 진리를 발견하고 그것을 증명해 내고자 하는 욕망을 가진 이성적 존재다. 인간이 이성으로만 존재하는 것은 아니지만 이성이 인간을 인간답게 하는 특징 중의 하나임은 분명해 보인다. 그렇다면, 이성에 호소하여 타인을 설득하고, 이해와 소통을 바탕으로 합리적인 해결방안을 찾도록 만드는 논증은 우리에게 진리에 이르는 즐거움을 알게 하는 작업이 될 것이다.

한편, 논증 과정에는 많은 오류가 발생한다. 논증의 형식 자체를 몰라서 실수하거나, 형식적으로는 문제가 없어도 잘못된 지식이나 잘못된 믿음 때문에 논증 과정에서 오류를 범하기도 한다. 우리가 오류를 잘 이해하고 논증 과정에서 실수를 줄일 수 있다면, 자신의 논증을 더욱 정교화할 수 있으며 타인의 논증 또한 더 잘 평가할 수 있게 될 것이다.

그런가 하면, 논증자가 자신이 원하는 방향으로 다른 사람을 설득하거나 속이려고 의도적으로 오류를 활용하는 때도 있다. 쇼펜하우어는 자신의 저서 『토론의 법칙』에서 "논쟁을 벌이는 사람은 진리가 아니라 자신의 주장을 위해 싸운다."라고 하면서 "이를 위해서 각 개인은 자신만의 고유한 간교함과 비열함이라는 보조 수단을 어느 정도씩 다 가지고 있다."라고 하였다. 자신의 주장을 관철하는 일에 논증이 악용될 수 있음을 경고한 것이다.

자신과 타인의 논증에서 오류를 발견하고 자신의 논증을 정교화하는 것은 글을 쓸 때뿐만 아니라 텍스트나 사회현상을 읽고 이해할 때 매우 중요한 과정이다. 굳이 촘스키의 말을 빌리지 않더라도, 지식인의 역할은 진실을 말하는 것이다. 논증 자체는 실천과는 무관한 과정이기는 하나 논증 과정을 통해서 진실을 발견할 수 있다면, 그리고 그것이 자신의 주장이 된다면 그 진실이나 주장은 자신의 삶과 무관하지는 않을 것이다.

논증의 방법

주장하고자 하는 명제는 '결론(conclusion)', 주장의 근거(이유)로 제시하는 명제는 '전제(premise)'라고 한다. 전제와 결론은 논증의 필수 요소이며, 논증에서는 전제에서 결론(주장)을 끌어내는 추론 과정이 분명하게 드러나야 한다. 추론 과정의 타당성과 논리적 무모순성, 즉 논리적 정합성에 따라 주장은 참이 되기도 하고 거짓이 되기도 하기 때문이다.

논증에서는 주장(결론)이 참인가 거짓인가 하는 점은 크게 중요하지 않다. 대립하는 주장의 경우 참과 거짓을 밝히기 쉽지 않기 때문이다. '재소자 인권에 대한 찬반 주장'을 예로 들어 보자. 찬성 측에서는 교화를 통해 재범을 방지할 수 있다는 근거를 들어 재소자 인권을 보장해야 한다고 주장할 수 있다. 반면, 반대 측에서는 강력한 처벌을 통해 재소자가 죗값을 치러야 재범이나 유사 범죄를 막을 수 있다는 점을 근거로 재소자의 인권 보장을 반대할 수도 있다. 양측의 근거와 주장은 다르지만, 교정과 교화라는 교정 정책의 목표는 같다. 이처럼 대립하는 주장이 있다고 하더라도 참과 거짓을 밝히기 쉽지 않은 경우가 많다. 따라서 논증에서는 주장이 참인가 거짓인가보다 적절한 근거를 들어 주장의 타당성을 얼마나 잘 설득하는가 하는 것이 더 중요하다. 전제가 타당하고 전제와 결론의 관계가 참이면 그 논증은 참이 된다.

논증이 설득력을 얻기 위해서는 다음과 같은 점에 유의해 전제를 설정해야 한다.

첫째, 전제는 주제의 범위 안에서 주제를 뒷받침해야 한다. 그러려면 주제에 대한 정확한 이해가 바탕이 되어야 한다. 앞서 예로 든 '재소자 인권에 대한 찬반 주장'의 경우, 교정 정책의 목표나 상황, 인간의 심성, 범죄심리 등에 대한 정보와 이해가 먼저 이루어져야 주제를 뒷받침하는 타당한 근거를 제시할 수 있다.

둘째, 전제는 일반성과 대표성을 지녀야 한다. 예를 들면, 인권 보장과 교정 효과는 상관성이 없다는 주장을 펼칠 때 사이코패스와 같은 특수한 경우를 예로 드는 것은 적절치 않다. 사이코패스는 일반적인 예도, 대표성을 지닌 예도 될 수 없기에 결론을 뒷받침하기에 적절한 근거가 되지 못하며 논증 자체도 타당할 수 없다.

셋째, 전제는 객관적인 사실이나 법칙에 근거하여 구성되어야 한다. 감정에 치우쳐 주관적인 판단하에 전제를 제시해서는 안 된다. 객관적이지 못한 전제는 참이 되기 어려우며 논증 자체도 설득력을 얻을 수 없기 때문이다.

넷째, 전제는 사실이어야 한다. 전제가 불확실하거나 왜곡된 사실인 경우, 논증은 물론이고, 주장이나 글 전체도 신뢰를 얻을 수 없으며 심한 경우, 의도적 왜곡을 의심받을 수 있다. 전제의 사실성은 논증에서 가장 기본이 되는 조건이다.

전제를 설정할 때는 앞서 제시한 사항을 유의해야 한다. 다만, 우리가 실제로 접하는 논증은 단순하지 않다는 사실을 염두에 두어야 한다. 전제와 결론의 순서가 항상 정해져 있는 것은 아니다. 결론은 앞에 또는 뒤에 제시되기도 한다. 또 전제나 결론이 생략되어 문맥에 드러나지 않을 수도 있고, 논증을 매끄럽게 만들거나 독자의 이해를 돕기 위해 논증과 관련이 없는 문장이 삽입되기도 한다. '복합 논증'이나 '연쇄 논증'처럼 전제나 결론이 하나 이상인 논증도 있다. 따라서 어떤 글의 논증 구조를 파악하려면 전제와 결론을 구별해 내는 것이 매우 중요하다. 아래 표에 제시된 전제나 결론을 암시하는 특정한 표현을 참고하면, 전제와 결론을 구별하여 논증을 재구성하는 데 도움이 될 것이다.

전제 지시어와 결론 지시어

전제 지시어	결론 지시어
왜냐하면	따라서
…라는 사실을 고려한다면	그래서
…이나	그러므로
…이므로	그러니까
…에서 알 수 있듯이	…이 도출된다.
…라는 사실 때문에 우리는	…라고 결론 내릴 수 있다.
…인 까닭에	그것은 …을 함축한다.
…인 이유로	…임이 틀림없다.
그 까닭은	그 결과 …이다.
그 이유는	…을 의미한다.

논증의 종류

논증에는 '연역 논증(deductive argument)'과 '귀납 논증(inductive argument)'이 있다. 연역과 귀납은 전제와 결론의 관계에 따라 구분된다. 논증에서 전제는 결론을 뒷받침하는 근거의 역할을 하는데, 연역 논증의 경우 결론의 내용은 전제의 내용 속에 이미 함축되어 있으므로 전제가 참이면 결론도 참이다. 연역 논증 사례 '모든 인간은 죽는다(대전제)-소크라테스는 인간이다(소전제)-그러므로 소크라테스는 죽는다(결론)'에서는 전제가 모두 참이므로 결론 역시 참이 된다. 하지만 '모든 동물은 암수가 있다(대전제)-지렁이는 동물이다(소전제)-그러므로 지렁이는 암수가 있다(결론)'에서는 전제가 거짓이므로 결론 또한 거짓이 된다. 이처럼 연역 논증에서는 전제가 결론을 도출하는 결정적인 근거를 제공한다.

아리스토텔레스는 "(연역) 추론은 반대의 논의를 펼치는 사람에 대해서 더 강압적이고 더 효과적이다."라고 하였다. 이는 전제와 결론 사이에 논리적 비약을 허용하지 않는 연역 논증의 형식적 특성 때문이다. 전제와 결론 사이에 논리적 비약이 없도록 논증의 형식을 구성하기가 쉽지는 않다. 그러나 전제가 참이면 결론도 참이라는 연역 논증의 형식적 특성상 연역 논증은 주장의 확실성을 보장하기 위해 주로 활용된다.

귀납 논증은 경험에 기초한 객관적이고 구체적인 사실에서 일반적이고 보편적인 명제를 도출해 내는 방식이다. 유비 논증, 귀납적 일반화, 통계를 이용한 논증, 최선의 설명을 통한 논증, 인과 논증 등이 이에 속한다. 유비 논증은 '유비(analogy)'를 활용한 논증방식으로 특수한 예에 관한 전제에서 다른 특수한 예에 관한 결론을 추리하는 것으로 보통 '유추'라고도 한다. 일상생활에서 흔히 볼 수 있는 오리발, 벨크로(찍찍이), 가시철망, 프로펠러 등 자연에서 아이디어를 얻은 발명품은 모두 유추로 발명된 것이다. 새로 개발된 의약품에 대한 동물시험이나 임상시험에도 유추가 사용된다. 유추는 다음과 같이 정식화할 수 있다.

A라는 대상은 a, b … 등의 성질이 있다.
X라는 대상은 a, b … 등의 성질이 있다.

그런데 A라는 대상은 z의 성질이 있다.

그러므로 X라는 대상은 z의 성질이 있다.

'귀납적 일반화(inductive generalization)'는 가장 대표적인 귀납 논증이다. 특수한 사례에 관한 전제에서 일반적인 결론을 도출하는 논증을 말한다. 사례의 범위에 따라 '보편적 일반화(universal generalization)'와 '통계적 일반화(statistical generalization)'로 나누기도 한다. 예를 들면, '질량이 있는 모든 물체 사이에는 만유인력이 작용한다.'라거나 '모든 사람은 죽는다.'와 같은 명제는 보편적 일반화이고, '갑상선 암은 완치율이 98%이다.'라거나 '아프리카의 많은 어린이가 기아로 죽어 가고 있다.'와 같은 명제는 통계적 일반화이다.

우리가 흔히 보는 여론조사는 바로 이 귀납적 일반화에 따르고 있는데, 귀납적 일반화에서 가장 중요한 것은 선택된 표본이 전체 집단을 대표하는 표본인가 하는 점이다. 표본이 대표성을 띠기 위해서는 충분한 다양성이 있어야 하며, 표본의 크기 또한 충분해야 한다.

텔레비전 프로그램의 시청률을 예로 들어 보자. 시청률을 조사하는 방법에는 여러 가지가 있는데, 이 가운데 시청자의 텔레비전 수상기에 '피플 미터(people meter)'라는 시청률 측정 장치를 달아서 자동으로 어떤 채널의 방송을 보고 있는지 기록하는 방법이 있다. 이때 시청률 측정 장치를 특정한 지역, 특정한 연령대, 특정한 성별에 치우쳐 설치하거나 소수의 가구에만 설치한다면 이렇게 산출된 시청률은 신뢰할 수 없을 것이다.

최근 스마트폰과 스마트 텔레비전 같은 기기와 서비스의 등장으로 피플 미터를 이용한 텔레비전 시청률 측정방식에 한계가 있다는 지적이 일고 있는데, 이는 표본의 대표성과 관련한 문제이다. 통계에서 표본의 수는 모집단의 수에 가까울수록 신뢰도가 높아진다. 광우병과 같은 민감한 사안이 발생했을 경우, 전수조사를 요구하는 이유도 바로 이런 이유에서다. 단, 표본의 크기가 충분하다고 해서 늘 결론이 타당성을 얻는 것은 아니다. 다음에 제시된 '통계적 삼단논법(statistical syllogism)'의 예문을 보자.

이 마라톤 대회의 완주율은 80%나 된다.
나는 마라톤 대회에 참가하였다.
그러므로 나는 완주를 할 것이다.

'통계적 일반화'가 표본 집단을 서술하는 정보에서 전체 집단에 관한 결론을 도출하는 것이라면, '통계적 삼단논법'은 전체 집단에 대한 정보에서 그 전체 집단의 한 원소나 부분 집합에 대한 결론을 도출하는 것이다. '통계적 삼단논법'의 강도는 전제와 결론의 관련 정도에 따라 결정되므로 '통계적 삼단논법'에서 준거가 되는 집단이 결론에서 문제 삼는 성질과 관련이 깊을수록 논증의 강도는 강해진다. 위 예문에서 마라톤 대회에 참가한 사람들의 신체적 능력과 나의 신체적 능력은 관련이 적다. 따라서 위의 논증은 전제에서 제시하고 있는 표본의 크기는 크지만 신뢰할 만하지는 못하다. 다음에 제시된 '통계적 삼단논법'은 전제와 결론의 관련성이 높아지면서 더욱 타당하고 신뢰도가 커졌다.

이 제품을 구매한 소비자 98%가 만족을 나타내었다.
나는 이 제품을 구매하였다.
나는 이 제품에 만족할 것이다.

이것은 어디까지나 가설에 의한 추정일 뿐이다. 구매한 제품에 만족할 확률이 높기는 하지만 운이 없게도 내가 구매한 제품이 불량품일 수도 있기 때문이다. 가설에 따른 추정을 흔히 사용하는 경우 중 하나는 바로 범죄 수사이다. 예를 들어, 영희가 버스를 타고 가다가 소매치기를 당했는데 같은 차에 소매치기 경력이 있는 철수가 타고 있었다면 철수가 범인인 확률이 높다. 이 예는 다음과 같은 논리로 정리될 수 있다.

(이전에 주어진 사실과 원리를 종합해 볼 때)
어떤 가설은 a라는 현상을 설명해 준다.
그 가설은 다른 대안적 가설보다 더 좋은 최선의 설명이다.
그러므로 그 가설은 참이다.

철수가 소매치기 경력이 있으므로 철수가 다시 소매치기했으리라는 가설은 다른 설명보다 최선의 설명이며, 따라서 철수가 영희의 지갑을 소매치기했다고 추정하는 것이다. 이처럼 우리는 어떤 가설이 어떤 현상에 대한 설명력을 확대한다는 이유로 그 가설이 참이거나 참일 것 같다고 받아들이게 되는데, 바로 이런 논증을 '최선의 설명에 의한 논증(argument by the best explanation)'이라고 한다.

그러나 '최선의 설명에 의한 논증' 또한 결론이 거짓일 가능성을 피할 수 없다. 소매치기가 이미 버스에서 내린 뒤일 수도 있고, 버스에서 아무도 내리지 않았다고 하더라도 범죄가 탄로날 것을 두려워한 소매치기가 영희의 지갑을 철수의 가방에 몰래 넣었을 수도 있다. 형사피고인에게 재판을 통해 판결이 확정되기 전까지 무죄 추정의 원칙을 적용하는 것이나 사형 제도를 반대하는 것 등은 이 때문이다.

'최선의 설명에 의한 논증'의 이러한 허점은 귀납적 논증의 일반적인 한계이기도 하다. 귀납 논증에서 전제와 결론의 관계는 필연적인 것이 아니다. 전제는 결론에 대한 개연적 근거만을 제시할 뿐이다. 따라서 귀납 논증은 그 논증이 아무리 성공적이라 하더라도, 전제와 결론 사이에는 논리적인 비약이 있을 수밖에 없다.

일찍이 아리스토텔레스는 연역보다는 귀납이 "더 설득력 있고 더 명료"하므로 "감각에 의해서 더 잘 알게 되고 많은 사람에게 공통된다."라고 했다. 이처럼 귀납 논증은 이해가 쉽고 일반적으로 매우 흔하게 쓰이는 논증방식이지만, 논리적 비약이 인정되는 범위에서 귀납 논증을 사용하는 것이 중요하다.

귀납적 논증의 마지막 예로는 '인과 논증(casual argument)'이 있다. 인과 논증은 전제와 결론 사이의 인과관계를 주장하는 논증이다. 전제에서 제시되는 원인은 필요조건으로서 원인, 충분조건으로서 원인, 확률론으로서 원인 등이 있어 이들을 잘 구별하여 결론을 내릴 필요가 있다. 잘못된 인과 논증의 경우 인과적 오류에 빠지기도 한다. 예를 들어, '머피의 법칙' 같은 징크스는 우리 일상생활에서 자주 신뢰의 근거로 사용되는데 우연적 관계와 인과관계를 혼동함으로써 잘못된 결론을 내리는 상황에 해당한다. 그런가 하면, 두 유형의 사건 사이에 규칙적인 발생 관계가 있어 두 사건이 인과관계에 있다고 판단하기도 한다.

경제학 용어 중에 '미모 프리미엄'이라는 것이 있는데, 잘생긴 사람이 못생긴 사람보다 많은 임금을 받는다는 것이다. 이는 자칫 미모와 임금의 관계를 원인과 결과로 해석하는 오류를 낳을 수 있다. 임금이 높다면 외모에 투자할 수 있게 되므로 높은 임금이 미모의 원인일 수도 있다. 그런가 하면, 경제력을 가진 부모의 자녀는 외모와 교육, 취업 등에서 우위를 차지할 수 있고, 그것이 높은 임금으로 이어질 수도 있다. 부모의 경제력이라는 하나의 원인에서 나머지 결과가 파생되는 것이다. 이처럼 인과 논증의 경우에는 원인과 결과가 혼동되거나 공통 원인이 무시되는 오류를 범할 수도 있으므로 비판적이고 분석적인 시각으로 인과관계를 면밀하게 따져 보아야 한다.

귀납 논증은 일상생활은 말할 것도 없고, 사회학이나 과학 등에서 매우 보편적으로 사용하는 논증방식으로서 인간이 알 수 없는 사회나 우주의 질서를 논리적으로 설명해 준다는 장점이 있다. 그러나 인간의 한계 또한 인정하면서 겸허한 태도를 지녀야 논리적 오류나 독단을 피할 수 있다.

논증의 재구성

앞서 논증은 전제와 결론으로 구성되지만, 실제 사용되는 논증은 다양한 형태로 표현된다는 점을 지적한 바 있다. 논증 구조를 명확히 파악하기 위해서는 논증을 재구성하여 전제와 결론의 관계를 선명히 할 필요가 있다. 전제와 결론 이외의 불필요한 명제를 삭제하고, 진술되지 않거나 생략된 전제와 결론을 세심하게 보충하여 논증 구조를 선명히 함으로써 논증의 오류나 숨은 의도 등을 간파할 수 있다. 이렇게 논증을 재구성할 때 특히 유의해야 할 것은 전제를 생략하는 경우이다. '박쥐는 포유류이다. 그러므로 박쥐는 새끼를 낳는다.'라는 논증에는 '포유류는 새끼를 낳는다.'는 대전제가 생략됐다. 이처럼 너무나 당연한 내용이라서 특별히 언급할 필요가 없을 때 전제를 생략한다.

그런데 생략되는 전제는 일반적으로 받아들여지는 고정관념인 경우가 많은데, 고정관념은 대체로 참이 아닌 경우가 많다. 예를 들어, 고급 승용차를 타고 다니는 사람을 보고 우리는 흔히 그 사람이 부자라는 결론을 내린다. 여기에는 '모든 부자는 고급 승용차를 탄다.'는 전제가 생략되어 있는데, 이 명제는 참이 아니다. 이처럼 생략된 전제는 모두가 합의하는 것으로 간주되므로 전제에 문제가 있는지 인식하지 못한 채 잘못된 결론에 동의하게 된다. 최악의 경우, 논증자는 의도적으로 전제를 생략함으로써 논증 전체를 신뢰할 만한 것으로 만드는 눈속임을 시도하기도 한다. 따라서 우리는 비판적·논리적 사고를 통해 타인의 논증을 재구성하고, 숨은 오류를 찾아낼 수 있어야 한다.

잘못된 논증: 오류

오류는 크게 '형식적 오류(formal fallacy)'와 '비형식적 오류(informal fallacy)'로 나뉜다. 형식적 오류는 논증의 형식에 잘못이 있는 경우로, 연역 논증에만 적용된다. 연역 논증에서는 형식에 의해 논증의 타당성이 결정된다. 따라서 연역 논증에서 전제와 결론의 관계가 지켜지지 않은 경우 형식적 오류를 범한 것으로 볼 수 있다.

귀납 논증에서는 형식이 아니라 내용 때문에 오류를 범하게 된다. 이러한 비형식적 오류는 연역 논증과 귀납 논증 모두에 적용되는 것으로, 형식적으로는 문제가 없으나 내용에 문제가 있는 경우를 가리킨다. 이와 같은 경우 형식적으로는 오류가 없어 타당해 보인다는 점에 유의해야 한다. 따라서 전제가 결론을 잘 지지하는지 그 내용을 면밀하게 파악해서 오류가 있는지 찾아내야 한다. 비형식적 오류는 글쓰기뿐만 아니라 일상생활에서도 흔히 발견되는데 매우 다양한 형태로 존재한다. 다음에서 자세히 살펴보자.

첫째, 유관성의 오류이다. 전제와 결론 사이의 관련성이 떨어지는 오류이다. 이성에 호소하는 것이 아니라 심리나 감성에 호소하며, 더 심하게는 물리적인 힘에 의존하기도 한다. 논증자는 전제에서 연민을 불러일으키거나 군중심리를 이용하기도 하고, 인신공격을 하며, 힘을 이용하여 위협하거나 공포를 불러일으키지만 결론은 전제와 무관한 경우이다.

둘째, 약한 귀납의 오류이다. 전제가 결론을 이끌어 내기는 하지만 긴밀성이 약한 경우이다. 전제에서 활용한 권위나 원인이 잘못되었거나 일반화의 오류에 따른 논리적 비약 등이 여기에 해당한다.

셋째, 언어적 오류이다. 어휘나 문장을 애매하게 사용하거나 틀리게 사용하는 경우이다. 논증자가 혼동하는 때도 있지만 의도적으로 애매하게 표현하기도 한다.

넷째, 가정의 오류이다. 전제가 증명하고자 하는 것을 전제 자체가 이미 가정하고 있는 경우이다. 가정의 오류에서 가장 대표적인 것으로는 순환 논리를 들 수 있다.

오류의 종류

유관성의 오류	약한 귀납의 오류	언어적 오류	가정의 오류
• 힘에 호소하는 오류 • 연민에 호소하는 오류 • 군중에 호소하는 오류 • 사람에 대한 오류 (인신공격의 오류, 정황적 오류, 피장파장의 오류) • 우연의 오류 • 허수아비 논증의 오류	• 권위에 호소하는 오류 • 무지에 호소하는 오류 • 성급한 일반화의 오류 • 거짓 원인의 오류	• 애매어의 오류 • 애매한 문장의 오류 • 결합의 오류 • 분해의 오류	• 선결문제 요구의 오류 • 복합 질문의 오류 • 잘못된 이분법의 오류 • 은폐된 증거의 오류

3장

학술에세이 쓰기의 절차

실패가 새로운 길을 열어 준다

글쓰기 절차와 자료 활용의 중요성

이 장에서는 학술에세이 쓰기의 절차와 학술자료 활용을 다룬다. 우리는 이미 『성찰과 표현』에서 글쓰기의 절차가 '계획하기(생각하기)-집필하기(쓰기)-수정하기(고치기)'의 세 단계로 이루어진다는 것을 배웠다. 또 절차에 따라 글을 쓰면서 글쓰기는 머리가 아닌 몸으로 해야 한다는 사실을 익힌 바 있다. 모든 글쓰기의 절차는 동일하다. 글의 종류가 달라진다고 해서 글쓰기의 절차가 달라지지는 않는다. 학술에세이 쓰기의 절차 역시 '계획하기-집필하기-수정하기' 단계로 이루어진다. 우리는 학술에세이 쓰기 절차에 따라 학술에세이를 쓰면서 학술에세이를 머리가 아닌 몸으로 '체득'하게 될 것이다.

글쓰기의 절차를 알고 있음에도 무엇을 어떻게 시작해야 할지 막막하다면 내가 써야 하는 글이 낯선 장르의 글이기 때문이다. 학술에세이를 쓰기 위해 가장 먼저 할 일은 학술에세이를 찾아서 읽어 보는 일이다. 내가 써야 할 글의 성격과 특징을 익히며 글과 친숙해져야 한다. 교재에 제시된 예시 외에도 논문, 보고서, 연구 계획서, 평론, 대중적 학술서적(교양서) 등 학술성과 전문성을 갖춘 글을 찾아 읽으면서 글의 성격과 특징을 파악해 보자. 그래야 장르가 다른 글쓰기의 공통점이나 차이점을 스스로 이해할 수 있고, 이론적 절차의 적절한 적용과 변용도 가능해질 것이다.

요즘 자료를 찾는 가장 흔한 방식은 인터넷 검색이다. 예전에는 도서관에서 관련 도서를 빌리거나 논문을 복사하는 일이 자료 탐색의 가장 대표적인 일이었으나 지금은 논문 자료들이 대부분 데이터베이스화되어 있어 도서관 사이트나 학술정보 제공 사이트 등과 같은 온라인을 통해 쉽게 자료를 찾을 수 있다. 또한 포털 사이트나 온라인 기사 등에서는 최신의 자료들이 속속 업데이트되고 있어 연구에 매우 편리한 조건을 제공해 주고 있다. 이와 함께 실험이나 조사, 실제 경험 등 통해서 자료를 모으는 실증적 태도도 여전히 매우 중요한 자료 수집 방법 중 하나이다.

학술자료 활용은 글쓰기 절차에 속하는 내용이지만 따로 독립시켰다. 학술에세이의 가장 중요한 특성을 '학술성'이라고 했을 때, 계획하기 단계에서는 학술적이고 전문적인 자료를 조사하고 정리할 수 있어야 하고, 집필 과정에서는 학술적 성과나 정보를 적절하게 인용한 후 인용된 자료를 주석이나 참고문헌을 통해 정확히 제시해 줄 수 있어야 한다. 자신의 연구 주제에 맞는 학술자료를 조사하고 정리하여 적절하게 활용하는 것은 학술활동과 연구에 있어 가장 기본이 되는 능력이자 자질로서 비단 학술에세이 쓰기의 절차에만 해당하는 것은 아니기 때문이다.

또 학술적 성격이 있는 글이라고 해서 모두 주석이나 참고문헌을 붙여야 하는 것도 아니다. 주석은 '논문의 꽃'이라 부를 정도로 논문에서는 중요하게 여겨진다. 하지만 평론이나 대중적 학술서 등에서는 주석을 달지 않는다. 전문적이고 학술적인 내용을 인용하되 가독성을 위해 굳이 주석을 달지 않으며, 같은 이유로 참고문헌도 생략하는 것이 보통이다. 주석을 다는 방식도 분야마다 학회마다 천차만별이다. 따라서 학술자료 활용하기는 학술에세이 쓰기의 절차라기보다는 연구자가 갖추어야 할 기본 소양이라고 생각하면 되고, 자기 전공 분야나 개성에 맞게 적용하는 것이 필요하다.

이 장에서는 학술적 글을 쓰는 일반적인 절차와 아울러 학술자료를 조사·정리하고 인용하는 방법을 이해하되, 이를 글의 종류나 성격에 따라 적절하게 활용할 수 있어야 한다. '적절'한 지점을 찾는 것은 이론만으로는 되는 일이 아니다. 실제로 학술에세이를 쓰는 과정을 통해 절차나 방식을 '체득'해야 하며, 때로는 실패를 경험하면서 자기만의 방법을 찾아야 한다. 요컨대, 이 장에서 설명하고 있는 학술에세이 쓰기 절차나 자료 활용 방법 등 이론적 내용은 모든 글이나 상황에 일괄적으로 적용되는 것이 아니라는 점을 기억하면서 글의 종류에 따라, 필자의 개성이나 상황에 따라 알맞은 방법을 찾아 나가기를 당부한다.

계획하기

일반적으로 글쓰기 과정은 계획하기, 집필하기, 검토 및 수정이라는 세 단계로 나뉜다. 학술에세이는 전문성과 학술 성과를 바탕으로 하는 글이므로 다른 장르의 글보다 계획하기 단계에 좀 더 비중을 두어야 한다.

글쓰기 상황 파악과 구상

글을 쓰기 시작할 때는 먼저 화제, 목적, 독자를 생각해야 한다. 적절한 화제를 선택하고, 명확한 목적을 세워야 하며, 구체적인 예상 독자 상정을 바탕으로 해야 좋은 글을 쓸 수 있다.

화제 : 무엇을 쓸 것인가

화제는 '주제'라고도 한다. 영어로는 'topic', 'theme', 'subject', 'issue' 등으로 구분하지만 우리는 모두 '주제'로 통칭한다. 글쓰기가 '자기가 하고 싶은 말'을 상대방에게 전달하는 의사소통의 일환이라고 했을 때, '하고 싶은 말'은 다양한 층위로 범주화할 수 있다. 그것을 점점 좁혀서 분명한 주제의식을 드러내는 것이 글쓰기의 핵심 작업이다. 이 책에서는 '글의 주된 소재나 제재'는 '화제'로, '화제에 대해 글쓴이가 자신의 관점에서 말하려는 중심 생각'은 '주제'나 '주제문'으로 구분하여 사용했다.

글 구상 첫 단계에서 화제를 설정하는데, 이때 넓은 화제와 좁은 화제가 있다. 되도록 화제를 좁혀야 한다. 좁은 화제일수록 주제가 명확해지며, 글의 내용도 풍부해지기 때문이다. 넓은 화제를 좁은 화제로 바꾸는 가장 간단한 방법은 특정 항목을 하위 항목으로 좁혀 구체화하는 것이다. 예를 들어, '기후변화'라는 넓은 화제를 좁은 화제로 범주를 좁히려면, '기후변화가 인간에게 끼치는 영향'보다는 '기후변화와 제주도 용머리 해안의 해수면 상승'이 더 효과적인 화제다. 특히 짧은 글이라면 반드시 화제를 좁혀야 한다. 짧은 분량의 글을 쓰면서 화제 범위가 넓으면 내용은 부실해질 수밖에 없다.

또한 관심사를 중심으로 화제를 설정하는 것이 좋다. 스스로 설정해야 하는 때도 있지만 과제로 화제가 주어지기도 한다. 이때도 관심사를 중심으로 화제를 좁혀 나가는 것이 좋다. 학술에세이를 쓰는 데는 오랜 시간 주제를 탐색하고 연구하는 과정이 필요하다. 화제에 관심이 없다면 탐구나 연구를 진행하기도 어렵고, 글을 쓰기도 어렵다.

목적 : 글의 목적은 무엇인가

글은 목적에 따라 장르와 구성, 내용 등이 달라지므로, 어떤 목적으로 쓸 것인가를 가장 먼저 결정해야 한다. 쓰려는 것이 어떤 사실을 설명하기 위한 글인가, 독자를 설득하기 위한 글인가, 자기주장을 펼치기 위한 글인가, 공감을 얻기 위한 글인가에 따라서 글은 설명문이 되기도 하고, 칼럼이나 에세이가 되기도 하고, 논설문, 논문이 되기도 한다.

글의 목적은 글의 주제나 내용을 정하는 데도 중요한 역할을 한다. 예를 들어, 한국에 거주하고 있는 외국인 노동자의 인권침해에 관한 글을 쓴다고 가정해 보자. 외국인 노동자의 인권침해가 얼마나 심각한지 알리는 것을 목적으로 삼을 수도 있고, 인권침해 방지 대책 제안을 목적으로 삼을 수도 있다. 그런가 하면 자기 입장이나 주장을 펼치는 글을 쓸 수도 있는데, 낮은 인권 감수성을 비판하는 글이나, 외국인 노동자에 대한 인권침해가 왜 비윤리적인지 증명하는 글을 쓸 수도 있고, 이러한 인권침해가 계속될 수밖에 없는 사회·제도적인 원인을 분석하는 글을 쓸 수도 있다. 논문이나 보고서, 연구계획서처럼 학술 성격이 분명한 글에서는 논문의 목적을 미리 서론에 분명하게 명시하여 글의 방향성을 밝히기도 한다.

독자 : 독자는 누구인가

같은 주제로 글을 쓸 때도 독자가 누구인가에 따라 목적, 종류, 짜임새, 표현방식과 어조가 달라진다. 그러므로 효과적으로 글을 쓰기 위해서는 누가 잠정적인 독자가 될 것인지, 독자는 어떤 것을 기대할 것인지를 고려해 보는 일이 필요하다.

구내식당에서 사용하는 인공 식품첨가물에 관한 글을 쓴다고 가정해 보자. 교수에게 보고서로 제출할지 신문에 기고할지에 따라 글의 성격이 달라진다. 전자라면 보고서나 논문의 형태로 그에 합당한 형식이나 구성, 표현법을 갖춰야 한다. 식품영양학과인지 화학과인지에 따라서도 내용은 달라진다. 신문 기고도 마찬가지다. 기사문이나 칼럼의 형식을 갖추어야 하고 내용과 분량도 기사나 칼럼에 적절해야 한다. 그리고 신문 구독자의 연령이나 성향, 일간지인가 학교 신문인가에 따라서도 내용은 달라지는 법이다.

예상 독자를 상정한다는 것은 독자의 요구를 정확히 파악해 그것에 맞출 수 있다는 것이다. 막연하게 독자를 상정하는 것보다는 구체적인 독자를 염두에 두고 글을 쓰는 것도 도움이 된다. 독자가 원하는 수준의 내용과 논거, 시각이나 관점, 어휘나 문장, 표현법 등을 사용하여 글을 쓰게 되면 설득력이 높아진다. 보고서나 논문이라면 담당 교수 앞에서 설명한다고 생각하고 글을 쓰고, 칼럼이라면 동년배 친구와 마주 앉아 자기 생각을 밝힌다는 마음으로 글을 써 보자. 글의 방향이 분명해지면서 글쓰기가 훨씬 수월할 것이다.

주제문 작성과 내용 생성

주제 찾기

주제는 글쓴이의 관점에서 화제를 구체화하고 심화한 것으로서 글 전체의 핵심 내용에 해당한다. 한 단락에 그 단락의 중심 내용에 해당하는 (소)주제가 있다면, 글 한 편에도 전체를 관통하는 중심 내용에 해당하는 주제가 있어야 한다. 주제는 화제와 구별하기 위해 '주제문'의 형태로 만드는 것이 좋다. 여기서도 '글 전체의 핵심 내용을 한 문장으로 표현한 것'이라는 의미로 쓸 때는 '주제문'이라는 용어를 사용하겠다.

첫째, 화제의 범위를 좁히면서 주제문을 작성할 것.

주제 찾기에서 가장 중요한 것은 화제의 범위를 좁혀 나가면서 주제문을 작성하는 일이다. '국내 로봇 공학의 미래', '영리병원 도입과 이에 따른 부작용' 등과 같이 어구의 형태로 주제를 잡는 경우가 많은데, 이보다는 주어와 술어가 분명하게 드러나는 문장 형태를 갖추는 것이 좋다. 의문문 형태보다는 평서문 형태가 좋다. 일반적인 사실을 전달하는 사실명제, 개념이나 대상의 가치 판단을 하는 가치명제, 당위나 정책을 제안하는 정책명제의 형태로 주제문을 구성하기도 한다. 글의 목적이나 주장하는 바를 분명하게 드러낸다는 장점이 있어서 처음 글쓰기를 하는 사람이 주제문으로 활용하기 쉽다.

꼭 명제의 형태가 아니더라도 초점이 분명한 문장을 써야 한다. 주제문의 핵심은 화제의 범위를 좁혀 관점과 주장을 구체화하는 것이다. 따라서 주제문을 작성할 때는 모호한 문장을 피해야 한다. '흥미롭다', '나쁘다', '역겹다' 등의 형용사는 글의 핵심을 분명히 드러내지 못하므로 피하는 것이 좋다. '서울은 정말 흥미로운 도시다.'보다는 '서울은 과거와 현재가 공존하는 도시다.'라는 주제문이 더 낫다.

둘째, 관심 분야에서 출발하라.

디자인을 전공하는 현서는 공정무역과 관련한 재미있는 광고를 발견하게 된다. 그래서 '공정무역 광고의 특성'으로 화제의 범위를 좁히고(좁은 화제), '윤리적 광고는 윤리적 소비를 촉진한다.'를 주제문으로 잡았다. 이처럼 화제를 좁혀 가면서 주제문을 잡으면 되는데, 현서처럼 자기 관심 분야나 흥미가 분명하고 그것을 바탕으로 한 뚜렷한 자기 생각이나 주장이 있다면 큰 어려움 없이 글의 주제문을 작성할 수 있다.

화제가 과제로 부과되기도 한다. 만약 그 화제에 대해 전혀 아는 바가 없다면 우리는 막막함을 느끼게 된다. 만약 '공정무역'에 대해서 보고서를 써야 하는데 그것이 무엇인지조차 모른다면, 우선 포털이나 백과사전을 통해서 '공정무역'이 무엇이고, 어떤 내용이 글의 화제나 주제가 될 수 있을지를 파악해야 한다. 그중에서도 자신이 관심을 기울일 만한 내용을 찾는 것이 좋다. 가령 윤영이는 평소 커피를 즐겨 마시는데, 자료를 찾다 보니 자주 가는 별다방의 커피가 공정무역 커피였다. 그래서 별다방 커피와 공정무역의 관계를 좀 더 조사해 보니 광고와는 달리 별다방의 공정무역 커피 비율이 매우 낮다는 것을 알게 된다. 경제학 수업에서 들었던 소비 자본주의의 한계가 바로 이것이구나, 하는 것을 깨달은 윤영이는 '기업의 공정무역 마케팅 활용'을 주제(좁은 화제)로 글을 써야겠다고 마음먹고, '기업 홍보나 마케팅 수단으로만 공정무역을 활용하는 기업이 많다.'라는 주제문을 작성한다.

셋째, 브레인스토밍을 활용하라.

현서처럼 비교적 쉽게 주제에 대한 아이디어가 떠오르기도 하지만 대부분은 윤영처럼 자료를 조사하고 아이디어를 확장해 나가면서 관심 분야를 찾게 된다. 아이디어 생성의 가장 대표적인 방법은 브레인스토밍이다. 브레인스토밍은 개별적으로 시행할 수도 있고, 조별로 진행할 수도 있다.

개별 브레인스토밍의 경우, 먼저 화제와 관련하여 떠오르는 단어나 어구를 자유롭게 나열한다. 그런 다음 하나의 대상을 선택해 어떤 관점에서 어떤 주장을 펼칠지를 나열해 보고 그중의 하나를 골라 다시 문장으로 표현해 본다. 브레인스토밍의 질은 시간과 양에 비례한다. 따라서 위의 과정을 여러 번 반복하면서 자기 생각을 다듬어 나가면 된다.

조별 브레인스토밍은, 4~5명의 인원이 자유롭게 의견을 교환하여 주제를 정하는 방식이다. 주제와 관련하여 떠오르는 생각을 자유롭게 이야기하면 되는데, 아이디어를 모으는 것이 목적이므로 서로 견해가 다르더라도 반대하거나 비판하지 않고, 자유롭게 의견을 제시하는 것이 가장 중요하다.

브레인스토밍의 핵심은 떠오르는 생각이 사라지기 전에 아이디어를 모으는 것이다. 따라서 그림이든 부호든 정리되지 않은 형태까지 모든 것이 허용되는데, 이와는 달리 문장의 형태로 자유 서술을 하는 방법을 쓸 수도 있다. 주어진 '화제'에 대해 10분 정도 떠오르는 생각을 마구 서술한 다음, 주제가 될 만한 문장을 찾아 밑줄을 긋고 생각을 정리하면서 주제문을 찾아가는 방식이다. 자유 서술도 브레인스토밍의 일종이므로 문장 자체의 완결성이나 문장 간의 논리적 연결성을 고려할 필요는 없으며, 한 문장을 중심으로 원인 분석이나 일화 사례 등과 같은 집중적인 논의가 전개되어도 상관없다. 단, 여기서 유의할 점은 문장의 형태로 되어 있어 초고처럼 보인다고 할지라도 주제와 벗어나는 부분은 과감히 버려야 한다는 것이다. 운이 좋아 자유 서술 내용의 많은 부분이 초고를 쓰는 데 활용될 수도 있지만, 자유서술은 생각을 정리하면서 주제를 찾는 '과정'이다. 따라서 브레인스토밍이 그러하듯 필요한 부분만 적절하게 취사선택해야 한다.

넷째, 질문을 던져 보라.

화제가 과제로 부과된 경우에는 어떻게 주제를 찾아야 할지 막막할 수 있다. 이럴 때는 질문을 통해 주제에 대한 자신의 이해 정도를 확인하면서 방향을 탐색해 보는 것도 도움이 된다.

주제에 대해 다음의 질문을 던져 보자.

- 이 주제에 대해 내가 알고 있는 것은 무엇인가?
- 이 주제와 관련된 주요한 맥락(context) 등에 대하여 알고 있는가?
- 이 주제와 관련하여 내가 중요하다고 혹은 흥미 있다고 생각하는 것은 무엇인가?
- 이 주제에 관하여 내가 알지 못하는 것은 무엇인가?
- 이 주제에 관하여 내가 더 알아야 할 것은 무엇인가?

이 질문에 모두 대답할 필요는 없다. 이런 질문을 스스로 던져 보면서 주제에 대한 자신의 이해도와 관심도를 확인하고, 이를 통해 앞으로 진행될 탐구의 방향과 주제의 방향을 잡아 나갈 수 있을 것이다.

그런가 하면 주제를 중심으로 떠오르는 질문을 적으면서 생각을 확장하거나 구체화할 수도 있다. 예를 들어, '부자들의 기부'라는 화제로 글을 써야 한다면 다음과 같은 질문을 해 볼 수 있을 것이다.

- 부자들은 왜 기부를 할까?
- 부자들의 기부 사례는 어떤 것들이 있는가?
- 부자들의 기부는 부자들의 당연한 의무일까?
- 부자들이 자신의 부를 사회에 환원하는 방법으로는 기부가 가장 좋은 방법인가?

- 부자들이 자신의 부를 사회에 환원하는 방법은 기부 외에 어떤 방법이 있는가?
- 부자들의 기부와 평범한 사람의 기부는 차이가 있는가?
- 차이가 있다면 어떤 차이가 있는가?
- 부자들의 기부는 어떤 면에서 의미가 있는가?

여기에 대해서도 모두 대답할 필요는 없다. 질문을 만들고 스스로 답을 하는 과정에서 새로운 아이디어가 생성되면서 흥미로운 주제를 찾을 수도 있고, 더 조사하거나 탐구해야 할 거리가 생기기도 할 것이다. 되도록 풍성하게 질문할 내용을 만들면서 생각을 확장해 나가는 과정에서 세부적인 주제를 찾을 수도 있다. 사실 모든 학문은 질문에서 출발한다고 해도 과언이 아니다. 학문하는 가장 중요한 태도가 질문이라는 것을 우리는 모두 잘 알고 있다. 활용하라.

다섯째, 적절한 주제인지 확인하라.

주제 찾기의 가장 마지막 단계다. 자기가 찾은 주제를 다시 한번 최종적으로 검토해 보라. 확인할 것은 다음 세 가지다.

우선, 내가 즐겁게 연구할 수 있는 주제인가. 한 가지 주제를 집중적으로 탐구하는 일은 녹록지 않은 일이다. 하물며 그것을 글로 써야 하는 일임에랴. 따라서 자신이 평소 관심 있던 흥미로운 주제가 아니라면, 연구에 대한 열정과 의지를 끝까지 이어 가기가 쉽지 않다. 공자님도 말씀하셨다. “아는 것은 좋아하는 것만 못하고, 좋아하는 것은 즐기는 것만 못하다(知之者不如好之者, 好之者不如樂之者).” 즐겁게 몰두할 수 있는 주제인지를 꼭 확인하라.

다음은, 내가 해결할 수 있는 주제인가. 연구나 집필에는 여러 가지 제약이 따른다. 시간 제약도 있고, 연구자의 개성이나 역량도 연구 주제와 맞지 않으면 제약으로 작용한다. 그런가 하면 연구비가 어마어마하게 드는 연구의 경우, 연구비도 제약이 될 수 있고, 연구 환경이나 윤리성 등이 제약으로 작용하기도 한다. 아무리 좋은 연구 주제라고 하더라도 연구자의 상황이나 조건에 맞지 않으면 좋은 결과로 이어지기가 어렵다. 따라서 연구자가 감당할 수 있는 주제인가를 꼭 확인해야 한다.

마지막으로, 학술에세이로서 가치가 있는 주제인가. 여기서 ‘가치’라는 것은 절대적이지는 않다. 보고서는 기존의 연구 내용을 꼼꼼히 정리하여 성실한 조사 결과를 보여 주는 것만으로도 가치가 있다. 하지만 논문은 독창적인 주제와 내용이 있어야 그 가치가 인정된다. 글의 장르나 성격에 따라 차이가 있기는 하지만, 학술에세이의 경우 기존 연구 결과를 바탕으로 하되 이전과는 다른 시각이나 관점을 보여 줄 수 있는 주제인지 확인할 필요가 있다. 또한, '정확한 지식과 정보를 토대로 객관적이고 비판적 논의가 진행될 수 있는 것'이어야 한다. 지극히 개인적이거나 비판적 논의가 가능하지 않은 주제는 학술에세이 주제로 적당하지 않다.

내용 생성

주제 전달을 위해서는 어떤 내용으로 주장을 전할 것인가, 무엇을 쓸 것인가를 생각해야 한다. 앞서 예로 든 경우처럼 주제(문)를 먼저 정하고 세부 내용을 구상하기도 하지만, 화제를 바탕으로 내용을 생성하는 과정에서 주제(문)를 수정하거나 다시 정할 수도 있다.

내용 생성을 위해서는 주제와 관련한 핵심어를 중심으로 생각을 확장하고 정리하는 방식이 유효하다. 우선 주제문에서 여러 핵심어를 뽑는다. 그리고 각 핵심어와 관련된 생각을 모아서 정리를 하면서 내용을 생성한다. 예를 들어, '대학생의 정체성'이라는 화제로 글을 쓴다고 하자. 화제의 범위를 좁혀 가면서 잡은 주제(문)가 '대학생은 주체적이고 독립적이어야 한다.'라면 이를 뒷받침할 수 있는 핵심어를 나열해 본다.

예시1

대학생은 주체적이고 독립적이어야 한다. →

- 경제적 독립
- 주거 독립
- 자유
- 자아실현
- 학문적 주체
- 성인

주제문과 관련된 핵심어로 경제적 독립, 주거 독립, 자유, 자아실현, 학문적 주체, 성인 등의 어휘를 뽑았다. 다음으로는 각각의 핵심어를 중심으로 이를 뒷받침하거나 관련된 생각을 다시 적으면서 생각을 확장해 본다.

예시2

대학생은 주체적이고 독립적이어야 한다. →

- 경제적 독립 : 아르바이트, 장학금
- 주거 독립 : 기숙사, 의식주 전담, 책임감, 자유
- 자유 : 술, 미팅, 여행
- 자아실현 : 동아리, 취미, 하고 싶은 공부, 독서, 교양
- 학문적 주체 : 전공 선택, 복수 전공, 좋은 학점, 진로 설정
- 성인 : 주민등록상 성인, 성년과 청소년의 중간, 경제력 없는 취업 준비생, 인턴사원/ 아르바이트생

예시2와 같이 각각의 핵심어를 중심으로 관련 단어를 열거한 다음에는 모은 것을 어떻게 활용할지를 생각해야 한다. 관련성이 높은 내용을 묶어 항목화하되, 생각이 풍부하게 모이지 않았다면 다시 생각하면서 세부적인 내용을 보충할 수도 있다. 항목화하는 과정에서 주제와 관련성이 떨어지거나 불필요한 내용은 삭제한다. 그런 다음 전체적으로 주제에 맞게 핵심어와 핵심 내용을 수정하여 내용을 생성한다.

이를 바탕으로 예시3처럼 생각 지도를 완성할 수 있다.

예시3

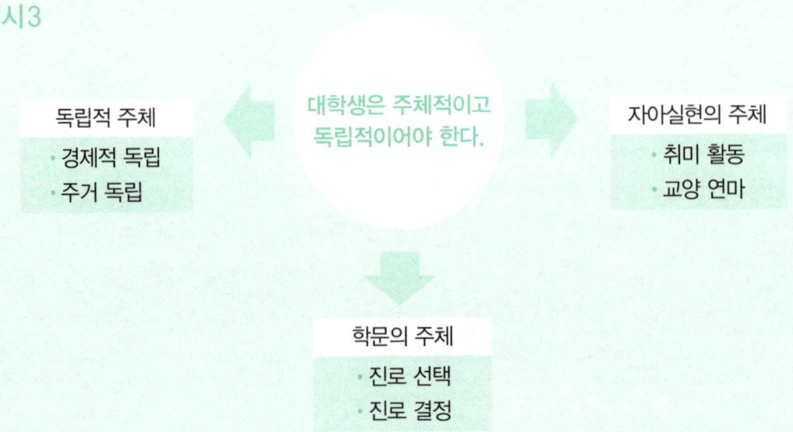

개요 짜기

첫째, 개요 짜기는 글 전체의 뼈대를 세우는 일이다.

글의 주제와 내용이 생성되었다면, 주제에 맞게 통일성, 일관성, 논리성 등을 고려하면서 내용을 배열하고 구조화해야 한다. 이를 흔히 구성하기 혹은 개요 짜기라고 한다. 개요 짜기는 글 전체의 뼈대를 세우는 일인데, 뼈대를 만든다는 것은 역으로 생각하면 뼈대 이전의 글이 전제되어야 한다는 것을 의미한다. 따라서 개요 짜기가 힘들다면 전 단계인 내용 생성이 충분하지 않은가 돌아보아야 한다.

둘째, 논리적 흐름을 고려하라.

좋은 글에는 주제를 분명하게 나타내는 논리적 흐름이 있다. 좋은 글을 읽으면, 원인에서 결과로, 현상 분석에서 의미 부여로, 비판에서 주장으로, 또는 원인 규명에서 해결책 제시로 흐르는 논리적 흐름을 발견할 수 있다.

논리적 흐름은 글의 목적에 따라 달라진다. 글쓴이의 목적이 설명하려는 것인지, 주장하려는 것인지, 주장하려면 원인을 찾아서 하려는 것인지, 아니면 다른 주장을 비판하려는 것인지에 따라 논리적 흐름은 달라진다. 이처럼 글쓴이의 목적에 따라 달라지는 논리적 흐름이 글의 구성을 결정짓는다.

셋째, 개요는 수정을 위한 것이다.

개요 작성은 매우 번거롭고 귀찮은 일이다. 그런데도 개요를 짜야 하는 이유는 수정을 위해서다. 글 전체를 수정하는 것보다는 개요를 수정하는 것이 더 쉽다. 따라서 긴 분량의 글일수록 개요 작성은 필수라 할 수 있다.

개요에는 제목과 글의 구성, 세부 내용 등을 상세하게 써서 글의 전체 구성이 한눈에 들어와야 한다. 그래야 개요를 통해 글의 전체적인 흐름을 파악하면서 처음 설정했던 주제에서 논의가 벗어나지는 않았는지, 보완이 필요한 부분은 없는지, 어색한 부분은 없는지 등을 확인할 수 있다. 따라서 글에 대해 다른 사람의 조언을 구할 때도 개요를 유용하게 활용할 수 있다. 개요를 작성해 두면 연구를 진행하면서 새롭게 떠오르는 생각이나 문제의식을 적절히 반영하거나 걸러 내기도 쉽다. 여러 차례 수정과 보완을 거치고 다듬는 것이 개요다.

넷째, 집필을 염두에 두고 개요를 짜라.

힘들여 개요를 짰는데 집필에 그리 도움이 되지 않은 경험이 있을 것이다. 그렇다면 집필의 전 단계에서 효과적인 개요를 짰는지 확인할 필요가 있다.

예시1 : 항목 개요

제목: 마른 몸매, 마른 사회

1. 서론: 다이어트의 유래와 왜곡
2. 다이어트 과잉 현상
3. 과잉 다이어트의 원인
4. 과잉 다이어트의 문제점
5. 결론

예시2 : 문장 개요

제목: 마른 몸매, 마른 사회

1. 다이어트의 유래는 식이요법이지만 현재는 체중 감량으로 왜곡되었다.
2. '마른 몸'을 강요하는 다이어트 열풍이 심각하다.
3. 과잉 다이어트의 원인은 대중매체 속 연예인에 대한 무분별한 모방 때문이다.
4. 과잉 다이어트는 신체적 건강뿐만 아니라 정신적 건강까지 해칠 우려가 있다.
5. 지나친 다이어트로 마음의 건강까지 해치지 않도록 유의해야 한다.

예시1과 예시2는 같은 글의 개요다. 두 개요는 서로 장단점이 있다. 항목 개요는 글의 흐름이나 핵심을 파악하는 데 효과가 크다. 또 항목 개요는 목차로도 활용될 수 있어 목차식 개요라고도 한다. 그러나 이 항목 개요는 집필하는 데는 조금 어려움이 따를 수 있다. 세부적인 내용이 없어서 집필 과정에서 초점에서 빗나가거나 산만하게 내용이 전개될 우려가 있기 때문이다. 반면, 문장 개요는 장마다 핵심 내용이 문장으로 제시되어 있어 핵심을 놓치지 않고 글을 집필할 수 있다. 그러나 글 전체의 논리나 흐름을 파악하는 데는 편리하지 않고, 목차를 따로 만들어야 한다는 번거로움이 있다.

따라서 개요를 짤 때는 이 두 가지를 결합한 방식의 개요를 짜면 좋다.

예시3 : 친절한 개요

제목: 마른 몸매, 마른 사회

1. 서론: 다이어트의 유래와 왜곡
   다이어트의 유래는 식이요법이지만 현재는 체중 감량으로 왜곡되었다.
2. 다이어트 과잉 현상
   '마른 몸'을 강요하는 다이어트 열풍이 심각하다.
3. 과잉 다이어트의 원인
   과잉 다이어트의 원인은 대중매체 속 연예인에 대한 무분별한 모방 때문이다.
4. 과잉 다이어트의 문제점
   과잉 다이어트는 신체적 건강뿐만 아니라 정신적 건강까지 해칠 우려가 있다.
5. 결론
   지나친 다이어트로 마음의 건강까지 해치지 않도록 유의해야 한다.

집필하기

학술에세이의 기본 구성

학술에세이는 보통 '도입 - 본론 - 마무리'로 구성된다. 도입, 본론, 마무리에 해당하는 내용은 다음 표와 같다.

도입	독자의 관심 유도 논의 주제 혹은 문제 설정(문제제기) 자신의 주장 제시 혹은 글의 전개 순서 언급(쓰기도 하고 안 쓰기도 함)
본론	논증 구성을 통한 주장의 정당화: 주장과 근거 제시 및 이들 간의 논리적 연결 예상되는 반론 제시 및 자기주장 옹호
마무리	논의 주제와 자신의 주장을 간략하게 재진술 함축 혹은 전망 제시

도입 쓰기

도입부는 기본적으로 필자의 주제나 주장에 독자가 관심을 기울이도록 하는 기능을 한다. 따라서 학술에세이에서는 '왜 이 글을 쓰고자 하는가', '무엇에 관해 쓰고자 하는가', '어떤 방식으로 접근할 것인가' 등이 드러나야 한다. 따라서 문제에 대한 독자의 관심을 유발하는 내용으로 시작하여 논의 주제, 혹은 문제 설정(문제제기)으로 옮겨 가는 것이 기본적인 구성이다. 도입에서 자신의 주장을 분명하게 밝히고 본론으로 넘어갈 수도 있고, 도입에서 주제의 범위나 주제를 다루는 방식, 글의 전개 순서나 본론에서 다룰 주요 내용 등을 암시할 수도 있는데 이는 글의 종류나 분량에 따라 적절하게 활용하는 것이 좋다.

도입부를 작성할 때 참고할 만한 방법에는 다음과 같은 것이 있다.

- 핵심 용어를 풀이하거나 정의하면서 시작
- 최근에 일어난 일에 대한 화제나 사건, 상황 등을 이야기하면서 시작
- 텍스트의 내용을 적절히 변용하기
- 문제의 배경을 설명하며 시작
- 일반론으로 시작

독자의 관심을 유도하는 방법으로는 속담, 격언, 예화를 인용하면서 시작하는 방법, 구체적인 자기 경험이나 일화로 시작하는 방법, 비유적인 표현으로 시작하는 방법, 시사성 있는 화제로 시작하는 방법 등이 있는데, 여기서 놓치지 말아야 할 것은 주제를 명확히 전달할 수 있는 내용이어야 한다는 것이다. 다음 예를 보자.

다음의 퀴즈를 풀어 보자. '이것'은 무엇인가?

- 플라톤과 아리스토텔레스는 '이것'이 문명사회에 필수적인 제도라고 주장했다.
- 구약과 신약성경 모두 '이것'이 정당하다고 했다.
- 이것은 인류 역사에서 거의 언제나 존재했다. 카타르에서는 1952년에서야, 사우디아라비아에서는 1962년에야 비로소 사라졌다.

정답은, 노예제이다. 참고로 『성경』은 "노예는 주인의 재산"(「출애굽기」 21:21)이라 못 박고 있다. 자기 몸을 남이 소유한다는 것이 얼마나 큰 고통이 될지 헤

아려 본다면, 노예제가 이토록 오랫동안 당연하게 받아들여졌다는 역사적 사실은 오늘날 우리를 당혹하게 한다. - 전중환, 「왜 인권을 존중해야 할까」, 『본성이 답이다』, 사이언스북스, 2016, 107-108쪽.

우리는 인권이라고 하는 것이 인간의 타고난 기본권이며 불변의 진리라고 생각하지만 실제로는 책이라는 매체를 통해 감성을 학습하고, 이성적 사고를 중시한 결과 오늘날과 같은 인권의식을 가지게 되었다는 것이 글 전체의 논지다. 그간에 우리가 인권에 관해 가지고 있던 오해를 너무나도 통쾌하게 보여 주는 도입이다. 물론 독자의 관심을 끄는 이런 '매력'적인 전략은 창의적일 때 빛을 발하는 법이다. 반복되면 식상해져서 도리어 부작용을 낳을 수도 있다. 독자의 관심을 끄는 매력적인 도입을 쓰는 것이 쉬운 일은 아니지만 도입의 핵심은 '주제'에 있는 것이지 '매력'에 있는 것이 아니다. 독자의 관심을 끄는 데 신경을 쓴 나머지 주제와는 어긋나는 도입을 쓰지 않도록 유의해야 한다.

본론 쓰기

본론의 가장 핵심적인 기능은 글쓴이의 주장을 뒷받침하기 위한 근거를 통해 독자를 설득하는 것이다. 독자를 설득하려면 논리적인 구성과 타당한 근거를 제시해야 한다. 본론의 논리적인 구성은 개요 단계에서 준비된 것이므로 여기서는 구체적인 집필시 유의해야 할 점 몇 가지를 지적해 둔다.

첫째, 충분히 근거를 제시하되, 적절하고 타당한 근거를 선별하여 제시해야 한다. 이때 근거로 활용할 자료에서 다음과 같은 내용을 확인할 필요가 있다.

- 주장을 뒷받침할 만한 타당한 자료인가

- 명확하고 정확한, 충분한 자료인가
- 최근 자료인가
- 전문적인 자료인가
- (통계) 자료의 출처가 어디인가
- 자료 안에 내적 모순은 없는가

둘째, 근거와 주장 간의 관계를 명확히 드러내야 한다.

본론에서 제시되는 근거는 점층법, 점강법 등 논리적인 관계를 고려하면서 배열하는 것이 좋다. '첫째', '둘째', '왜냐하면', '그 근거로는', '따라서', '그러므로' 등과 같은 적절한 접속사나 연결어를 사용하면 독자가 주장과 근거의 관계를 좀 더 분명하게 이해할 수 있다.

셋째, 타인의 견해를 인용할 때는 적절한 분석과 설명을 추가해야 한다.

일반적으로 학술에세이는 앞선 연구 성과를 바탕으로 자기주장을 펼치게 된다. 따라서 연구 과정에서 많은 자료를 참고하며, 글을 쓸 때도 참고한 자료를 인용하는 경우가 많다. 인용할 때 잊지 말아야 할 것은 자신의 주장을 뒷받침하기 위해 다른 사람의 연구 결과나 주장을 활용한다는 점이다. 따라서 인용한 자료에 대해서도 자기 나름의 분석과 설명을 추가함으로써 자기 글이 인용된 내용에 휘둘리지 않도록 유의해야 한다.

넷째, 사실 정보를 활용할 경우 적절한 분석과 설명을 추가해야 한다.

구체적인 수치나 통계 자료를 비롯한 사실 정보는 독자에게 신뢰를 준다. 여기에 그것이 의미하는 바를 정확하게 분석하고 설명을 덧붙여 주면 자기주장도 분명히 드러나고, 독자도 더 쉽게 이해할 수 있다.

마무리 쓰기

마무리 쓰기에서는 본문의 핵심 내용 요약과 함께 주장을 강조한 뒤 과제와 전망을 제시하면서 끝을 맺는 것이 보통이다. 마무리에서 가장 중요한 것은 자신의 주장을 다시 한번 확인하고 강조하는 것이다. 본론의 논의 내용을 재진술하는 것도 그를 바탕으로 주장을 강조하려는 것이고, 기대되는 효과나 전망을 제시하는 것도 자기 주장의 가치와 의미를 부여하기 위해서다. 따라서 짧은 글일 때 요약은 생략되기도 하고, 때에 따라서는 기대되는 효과나 전망 제시가 생략되기도 한다. 예를 살펴보자.

예시1

①나는 가끔 디지털보다 아날로그가 좋다는 생각을 한다. 때로 더디 가고, 때로 느리고, 때로 멈추는 것도 빨리 가는 것 못지않게 필요하다. ②전자메일보다 때 묻은 편지가, 핸드폰보다 직접 골목길을 돌아 친구 집에 찾아가는 것이 훨씬 따뜻하고 정겹다는 것을 아무도 부정하지는 못할 것이다. 디지털도 인간다운 따뜻함을 지니기 위해 아날로그의 도움이 필요하다. ③디지털만 외치다가 우리 모두는 차가운 기계의 노예가 될지도 모른다. - 정희모, 「아날로그와 디지털」, 『Neo 소프트웨어 저작권』, 들녘, 2003.

예시2

①우리나라는 '기업하기 좋은' 환경 만들기에만 몰두한 나머지, 그 과정에서 어려움을 겪는 청년들의 문제를 부수적인 것으로 취급하는 우(愚)를 범하고 있다. 하지만 우리 경제의 가장 중요한 성장 동력은 바로 청년과 미래 세대다. 청년이 무너진 경제에서 기업만 살아남을 수는 없다. 청년이 살아야 기업도 살 수 있다. ②청년 인구 자체가 급속도로 줄고 있는 우리나라의 경제를 다시 살리기 위해서는 더 늦기 전에 대대적인 청년 투자에 나서야 한다. - 박종훈, 〈청년을 버린 나라는 어떻게 무너지는가〉, 《KBS NEWS》, 2015. 02. 09.

예시3

"인간 존엄은 불가침하다." 독일 헌법 제1조이다. 유럽연합도 이를 글자 그대로 받아들여 '유럽연합헌장' 1조로 삼았다. 우리에겐 언제쯤 인간 존엄성의 수호를 국가의 존재 이유로 삼고, 사회의 구성원들이 서로를 존엄한 인간으로 존중하는 날이 올지, 아득하다. – 김누리, 〈무례사회〉, 《한겨레신문》, 2014. 06. 22.

예시1은 아날로그와 디지털을 비교하면서 아날로그의 장점을 주장하고 있는 글의 결론이다. 주장(①), 본론 요약(②), 전망(③)으로 결론의 구성 요소를 모두 갖추면서도 간결하게 마무리하고 있다.

예시2는 경제를 살리기 위해 청년이 아닌 기업을 선택한 정부의 정책에 문제를 제기하면서, 그리스와 아이슬란드의 대조적인 사례를 들어 청년을 선택하는 것이 경제를 살리는 길이라는 점을 강조하고 있는 글의 결론이다. 도입부의 문제제기와 함께 그에 대한 자신의 해답이자 주장을 결론의 첫 문장(①)에 배치함으로써 글 전체의 핵심을 강조한 뒤, 당부(②)로 마무리하고 있다.

예시3은 인간에 대해 무례한 우리 사회의 문제를 지적하고 있는 글의 결론이다. 비교적 짧은 이 결론에는 주장도 본론의 요약도 없이, 독일의 사례를 제시하면서 어두운 전망으로 마무리하고 있다. 그러나 어두운 전망은 현실의 암담함에서 비롯되는 것이어서 주장 강조의 기능을 하고 있다고 보아야 한다.

위 예들에서 확인할 수 있듯이, 잊지 말아야 할 것은 주장을 다시 한번 확인하는 것이 결론의 기능이라는 사실이다. 이를 위해 마무리 쓰기에서 유의해야 할 점은 다음과 같다.

첫째, 도입부와의 호응이다. 도입부에서 제기된 문제와 마무리의 주장은 호응되어야 한다. 즉, 도입에서 질문했다면, 마무리에서는 그에 맞는 답을 내놓아야 한다. 그래야 통일성 있는 글이 된다.

둘째, 본론의 요약이 지나치게 길어지거나 본론의 문장이나 표현을 반복하지 않도록 해야 한다.

셋째, 본론에서 다루지 않은 새로운 이야기를 시작하지 않도록 해야 한다. 하고 싶은 이야기는 본론에서 충분히 마무리해야 한다.

넷째, 도덕적인 훈계와 당위적인 주장으로 마무리되지 않도록 유의한다. 도덕적이고 당위적인 주장이 나쁜 것은 아니지만 마무리는 본론의 내용에 근거해야 한다. 본론과는 관련 없는 훈계와 당위로 식상한 마무리가 되지 않도록 해야 한다.

검토 및 수정하기

검토 및 수정은 완성도 높은 글을 산출하기 위한 필수 작업이다. 특히 학술에세이는 동료나 교수자 등 되도록 많은 비판적 논평자에게 논평을 받아서 수정하는 것이 좋다. 수정하기에 대해서는 『성찰과 표현』에서 충분히 강조했으므로, 여기서는 동료 평가에서 활용할 수 있는 점검 항목만 소개하겠다.

구분	요소	점검 항목
주제와 내용	주제	이 글의 주제는 무엇인가? 주제가 쉽고 명확하게 제시되어 있는가?
	독창성	글쓴이는 주제에 대해 참신한 시각으로 접근하고 있는가? 참신하거나 혹은 상투적으로 느껴진다면 그 이유는 구체적으로 무엇인가?
	배경지식	글쓴이는 이 글의 화제에 관한 배경지식을 충분히 활용했는가? 더 필요하거나 삭제해야 할 정보는 없는가?
	자료 활용	자료에 대한 인용이 적절하게 이루어졌는가? 인용 부분이 글의 논지를 적절히 뒷받침하고 있는가? 인용 출처를 정확하게 밝히고 있는가?
	독자	글쓴이가 이 글에서 대상으로 삼고 있는 예상 독자는 누구인가? 독자는 이 글의 목적과 주제에 합당하게 설정되었는가?
구성	논리성	글의 주제를 뒷받침하는 논거가 충분히 제시되었는가? 논거가 더 필요한 부분이 있다면 구체적으로 지적하시오.

구분	요소	점검 항목
구성	일관성	글의 주제에서 벗어난 내용은 없는가? 있다면 구체적으로 지적하시오.
	통일성	단락과 단락의 연결이 논리적이고 자연스러운가? 그렇지 않은 부분이 있다면 구체적으로 지적하시오.
단락	단락 구성	각각의 단락이 소주제문과 이를 뒷받침하는 문장으로 이루어져 있는가? 그렇지 않은 부분이 있다면 지적하시오.
	독창성	각 단락의 문장은 서로 긴밀하게 연결되어 있는가? 또 글의 주제를 뒷받침하고 있는가?
문장과 어휘	적절성	문장의 오류는 없는가? (주어-서술어 호응, 길거나 장황한 문장 등)
		어휘의 오류는 없는가? (불명확한 지시어, 부적절한 접속어, 모호하거나 부정확한 어휘, 편견을 드러내는 어휘 등)

이와 같은 항목을 바탕으로 자기 글도 객관화시켜서 검토 수정하는 데 활용해 볼 수 있을 것이다.

수정에서 잊지 말아야 할 것은, 글의 주인은 어디까지나 자신이라는 점이다. 논평자의 평가를 진지하게 참고하되, 그 평가에 휘둘려 자기 글의 주제가 흔들리거나 아예 길을 잃는 일이 없도록 해야 한다.

학술자료 활용하기

자료 조사 및 정리

자료의 종류

학술에세이를 쓰는 데 활용되는 자료는 크게 원자료인 일차 자료와 비평 자료인 이차 자료로 나뉜다. 예컨대 '영화 〈매트릭스〉에 담겨 있는 동양철학의 의미'라는 주제로 학술에세이를 쓴다고 해 보자. 이때 연구 대상은 영화 〈매트릭스〉와 동양철학이 된다. 이 두 가지가 일차 자료다. 이 두 자료에서 '의미'를 도출하는 것이 학술에세이의 목적이 된다. 영화 〈매트릭스〉를 다룬 글이나 〈매트릭스〉와 관련이 있는 '동양철학'을 다룬 논문이 이차 자료가 된다.

자료가 꼭 문서의 형태로만 존재하는 것은 아니다. '해방 이후 통치 시기별 도서관 정책과 공공 도서관 발전에 관한 연구', '우리나라 보호시설에 있는 미혼모의 의료 이용 행태에 관한 연구', '한국 전통 주택에 사용된 재료의 색채 특성 연구' 등과 같은 논문은 설문 조사, 통계 자료, 실험으로 얻어진 결과 등을 연구 대상으로 삼는다. 이처럼 문서의 형태로 존재하지 않는 자료는 논문에 수록됨으로써 분석의 텍스트가 된다.

연구를 진행하다 보면, 일차 자료와 이차 자료를 혼동해 자료에 대한 직접적인 해석보다는 다른 학자의 해석에 기대어 논의를 전개하기도 한다. 연구자는 연구의 대상이 무엇인지 늘 인지하고, 일차 자료를 충실하고 꼼꼼하게 해석하고 평가해야 한다. 주제를 정할 때 연구 대상이 자신의 능력 밖에 있는 것인지 아닌지를 미리 생각한 후에 연구를 시작하는 것도 현명한 방법이다. 연구에 필요한 자료를 어디서 찾을 수 있는지, 쉽게 접근할 수 있는 자료인지, 내가 그것을 마음대로 다룰 수 있는지를 냉정하게 평가한 다음 연구를 진행해야 한다.

자료의 수집

자료 수집 방법에는 문헌 조사, 현장 조사, 실험 조사 등이 있다. 가장 보편적이고 기본적으로 활용되는 방법은 문헌 조사이다. 문헌 조사는 연구 주제가 결정되면 바로 시작하는 작업이지만, 주제를 심화하고 집필하는 동안에도 계속 병행해야 하는 작업이다. 이 경우 연구자는 도서관에서 대부분 자료를 찾게 되는데 최근에는 도서관의 많은 자료가 데이터베이스화해 있어 도서관 검색 시스템을 활용하여 집에서 편리하게 자료를 검색해 볼 수 있다. 학교 도서관은 물론 국회도서관(www.nanet.go.kr), 국립중앙도서관(www.nl.go.kr), 국가과학기술전자도서관(www.ndsl.kr)을 비롯한 국가전자도서관(www.dlibrary.go.kr)의 검색 시스템을 활용해 자료를 찾을 수 있다.

최신 이론이나 연구 동향 등을 파악하기 위해서는 학술지에 실린 논문을 살펴보아야 하는데, 도서관의 색인 검색 시스템이나 원문 제공 서비스 등을 다양하게 활용할 수 있다. 학술지 논문의 경우, 한국연구재단(www.nrf.re.kr) 또는 한국연구업적통합정보시스템(www.kri.go.kr), 한국학술지인용색인(www.kci.go.kr), 각 학회 홈페이지 등의 인터넷 서비스를 이용하여 다양한 자료를 찾아볼 수 있다.

또한 한국교육학술정보원(KERIS), 한국학술정보(KISS), 누리미디어(DBpia)는 국내에서 발간되는 거의 모든 학술지의 논문을 원문으로 제공한다. 이공계열 학술지 논문의 경우 국가과학기술전자도서관(www.ndsl.kr)에서 열람할 수 있다. 이들의 데이터베이스 이용 회원으로 가입이 되어 있다면 대학교의 인터넷에서는 모든 원문 자료를 무료로 받을 수 있다. 따라서 대학교 학생은 학교 밖에서도 도서관 홈페이지에 접속한 후 원하는 사이트로 이동하면 찾고자 하는 학술지 원문을 활용할 수 있다.

예컨대, 먼저 경희대학교 도서관에 로그인한다. 로그인되었으면 홈페이지의 하단 부분에서 'RISS 학술연구정보서비스' 부분을 클릭한다. 링크를 통해 'RISS 학술연구정보서비스'로 연결되면 RISS 학술연구정보서비스에서 사용자의 이름이 '경희대학교'로 설정된다. 이런 과정을 거쳐 자료를 검색하고 원문을 자유롭게 확인할 수 있다.

자료 수집 못지않게 자료 정리도 중요하다. 찾은 자료와 찾을 자료를 정리할 때 병행해야 하는 일이 있다. 논문 쓰기에 필요하다고 판단한 자료를 일목요연하게 정리하는 것이다. 수집할, 수집한 자료의 목록을 일정한 형식에 맞게 목록화하면서 자료를 찾아 나가는 것이 좋다. 자료의 형태가 책이나 논문이라면 저자, 논문명, 서명, 출판사, 출간 연도, 쪽수 등의 출판 서지 사항을 기록해 놓으면 되고, 인터넷 자료의 경우 출처를 기록해 놓아야 한다. 그래야 추후 다시 자료를 찾을 필요가 있을 때 활용이 가능하다. 주석이나 참고문헌 작성 시에도 이 내용이 똑같이 활용되므로, 미리 정리된 자료 목록을 확보해 놓는 것이 좋다.

자료의 검토와 정리

수집한 자료 전체를 꼼꼼하게 읽고 평가하여 연구에 활용하는 것이 가장 좋지만, 여러 가지 사정으로 어려운 경우가 많다. 우선 제목을 보고 자신의 연구 주제와 연관성이 있으면, 색인이나 초록, 목차 등을 통해 가치와 필요성을 판단한다. 많은 자료 중에서 자신에게 꼭 필요한 자료인가 하는 여부를 빠르고 정확하게 구별하기 위해서는 권위 있는 자료, 즉 공인된 출판사, 저명한 저자, 믿음직한 기관이나 학교에서 발표된 자료를 우선으로 살펴보는 것도 한 방법이 될 수 있다. 목차의 짜임새, 색인의 충실도 및 정확성, 참고문헌 목록, 주석의 질, 양식 등 체제와 내용이 얼마나 충실한가 하는 것도 자료를 선별하는 기준이 될 수 있다. 이러한 과정을 통해서 선별한 자료는 다시 한번 꼼꼼하게 읽으면서 평가한다. 내용에 무리나 모순, 편견이 없는지, 개연성 있는 결론인지, 내용이 정확한지, 참신한 논의를 하고 있는지 등을 살핀다. 그리고 그 내용을 비판적 관점으로 요약하는 일이 필요하다. 이는 앞의 요약하기에서 학습한 내용을 활용하면 된다.

자료 검색 및 검토, 정리의 예

예를 들어 '〈춘향전〉과 〈방자전〉의 비교 연구' 진행을 결정했다고 가정해 보자. 〈춘향전〉과 〈방자전〉이 분석 '텍스트'로 선정된 것이다. 〈춘향전〉은 소설, 판소리, 영화, 연극 등 다양한 장르로 현재까지 향유된다. 하지만 기본적인 내용 전개의 틀은 바뀌지 않았다. 〈방자전〉은 〈춘향전〉에서 주변 인물로 설정된 '방자와 춘향'을 중심으로 재설정된 것이다.

이제 검색해야 할 자료의 범위가 결정되었다. 학술연구정보서비스(RISS)에 접속해서 〈춘향전〉을 검색어로 입력하면, 3,100건 이상의 자료가 검색된다. 이 자료에는 영화와 연극 자료도 포함되어 있다. 〈춘향전〉만으로 분석하기 위해서는 3,100건 이상의 자료를 살펴봐야 한다는 뜻이 된다. '주제'의 범위를 좁혀 나가야 한다는 의미를 현실적으로 보여 준다고 할 수 있다. 주제의 범위를 좁히지 않고 만약 〈춘향전〉이라는 텍스트만으로 무엇인가를 써야겠다고 마음을 먹었다면, 범위가 너무 넓기에 검토해야 할 대상이 그만큼 늘어나게 된다.

또 다른 텍스트인 〈방자전〉을 검색해 보자. 학위논문과 학술논문을 합쳐 약 15건 이상의 자료가 검색될 것이다. 이 가운데 「〈춘향전〉 변이의 영상 텍스트적 모색과 전망: 영화 〈방자전〉을 중심으로」(조도현, 『우리말글』 51집, 우리말글학회, 2011)를 정리해 보도록 하자.

연구 자료를 정리할 때는 연구 목적이 무엇인가를 분명하게 인식하고 있어야 한다. 연구의 목적, 즉 주제와 관련이 없는 자료를 정리하고 검토할 필요는 없기 때문이다. 〈방자전〉과 관련된 논문은 원작인 〈춘향전〉을 기준으로 하고 차이를 도출하는 방식이 중심이다. 이 논문도 마찬가지이다. 그렇다면 〈방자전〉과 관련된 논문을 검토해서 둘의 차이점을 자신이 쓰는 소논문에 정리해서 설명해야 한다.

이 논문은 〈춘향전〉이 언제나 불변하는 성질의 텍스트가 아니라 시대의 성격에 따라 가변적인 가치 평가가 이루어질 수 있으며, 또한 꾸준히 변형된 작품이라고 규정한다. 그리고 〈방자전〉은 잘 알려져 있는 〈춘향전〉을 변형하였는데 특히 세 가지 측면에서 이와 같은 변이의 지점이 드러난다고 파악했다. 첫 번째, 〈방자전〉은 욕망을 노골적으로 투사하고 있다고 평가하면서, 중심인물들에게서 드러나는 욕망의 표출방식을 설명하였다. 이몽룡을 통해서는 세상에 대한 권력욕, 춘향에 대해서는 사랑과 신분 상승이라는 이중적 욕망이 드러나 있다고 평가했다. 두 번째, 계층 간의 갈등과 인물의 형상화가 두드러진다고 분석했다. 특히 이몽룡과 방자 간에 존재하는 양반과 천민이라는 신분적 차이에도 불구하고 춘향이라는 한 여성을 함께 좋아하게 되면서 불거지는 갈등을 잘 표현하고 있다고 평가했다. 세 번째, 〈방자전〉은 액자 구조를 취하고 있기 때문에 서사 전개의 안정감을 더해 주면서 이야기의 신빙성을 더해 주는 특징을 보여 준다고 평가했다. 〈방자전〉은 〈춘향전〉의 서사 구조를 비틀고 변형하면서 새로운 개념을 갖춘 작품으로 재탄생한 것이라고 할 수 있다. 이와 같은 원동력은 〈춘향전〉이 가지고 있는 탄력적 개방성 때문이라고 파악했다.

위의 예처럼 연구 자료를 읽고 그 자료가 전달하려는 중심 내용이 어디에 있는가를 파악해서 글 쓰는 사람이 다시 정리해서 옮겨 놓아야 한다. 연구 자료를 정리할 때는 연구 대상이 되는 논문의 중심 내용을 압축해서 설명해야 한다. 반드시 진행해야 할 사항은 자신이 그 논문과 다르게 생각하는 관점이 무엇인가를 파악하는 것이다. 이러한 작업을 통해서 기존의 연구 자료가 다루지 못한 틈을 발견하게 되고, 그것이 새로운 주제가 될 수 있다. 즉, 연구 자료를 검토하고 정리하는 기본적인 목적은 기존에 다루어진 연구를 살피는 것도 있지만, 더 나아가서 자신이 가진 관점이 타당한지 밝히는 일이기도 하다. 그렇기에 연구 자료를 검토할 때에는 자료에 압도되거나 일방적인 흐름을 따라서 읽기만 하면 안 된다. 비판적 시각을 가지고 미처 다루지 못한 틈을 찾는 것 또한 연구 자료를 검토하고 정리하는 주된 목적이다.

자료 검토와 연구 과정에서 범하기 쉬운 실수

- 빨리 하겠다는 생각이 앞서 기존 연구 문헌을 소홀히 검토하는 것.
- 지나치게 2차 자료와 문헌에 의존하는 것.
- 기존 연구의 결론에만 초점을 맞추어 읽음으로써 연구 방법, 특징 등의 다른 중요한 정보를 놓치는 것.
- 연구 주제와 직접적으로 관련된 단행본이나 학술지에만 관심을 두고 비관련 학술지, 신문, 잡지 등의 기타 자료는 소홀히 다룸으로써 연구 주제와 관련된

정보를 놓치는 것.

- 기존 문헌의 검토 범위가 적절하지 못한 것: 검토의 범위를 너무 넓게 잡는 경우, 방대한 분량에 낙심하여 수박 겉핥기식 연구를 진행할 우려가 있으며, 검토의 범위를 너무 좁게 잡으면 연구 주제와 직접적으로 관련되지는 않더라도 더 나은 연구 설계에 도움이 될 수 있는 정보를 가진 자료를 간과할 수 있음.
- 참고 자료를 잘못 기록하여 필요한 참고문헌을 찾을 수 없게 되는 것.
- 정리하는 내용에 너무 많은 것을 기재하는 것: 이는 종종 연구 주제에 대한 이해가 부족하다는 사실을 보여 주며, 아직 무엇이 중요하고 중요하지 않은지 구분하지 못한다는 사실을 방증함.

인용, 주석, 참고문헌

인용

① 인용이란

인용은 다른 사람의 글이나 자료, 책의 내용 중 일부를 빌려 오는 것이다. 다른 사람의 권위를 빌어 자기주장의 타당성이나 정당성을 확보할 수 있어 학술적인 글에서 매우 많이 활용된다. 인용할 때는 다음과 같은 점에 유의한다.

첫째, 인용할 가치가 충분한 자료를 인용해야 한다. 인용하는 자료는 권위가 있어야 하며, 무엇보다 자신의 논지 전개에 결정적인 역할을 해야 한다.

둘째, 인용이란 남의 것을 빌려 오는 것이므로, 아무리 사소한 것이라도 인용의 근거를 분명히 밝혀 자기 것이 아님을 확실히 해야 한다. 출처를 명확히 밝히지 않거나 자기의 글과 인용한 글이 명확히 구분되지 않으면 의도치 않게 표절이 될 수 있으므로 유의해야 한다.

셋째, 인용된 자료는 원전과 일치해야 한다. 따라서 가능한 원전에서 인용해야 하며, 원문의 내용이나 형식을 마음대로 바꾸어서는 안 된다.

넷째, 인용은 가능한 짧게 해야 한다. 지나치게 자주 인용하거나 인용문이 지나치게 길면 본말이 전도될 가능성이 있으며 독창성 없는 글이 되고 만다.

② 인용하는 방법

직접 인용 원문을 그대로 옮겨 적는 방식이다. 수학, 과학 등의 공식을 제시할 때, 법조문이나 법규, 문학 작품이나 사료 일부를 제시할 때 등 원문의 표현이나 내용을 직접적으로 밝힐 필요가 있을 때 활용한다. 단어나 핵심 어구, 3행 이내의 짧은 인용의 경우에는 큰따옴표(“”)를 사용하여 인용한 부분을 표시해 준다. 인용 내용이 길어 40자를 넘기거나 3줄 이상이 될 때는 새로운 단락을 만들되 위아래로 한 행 띄기, 양쪽 들여쓰기, 글자 크기 줄이기 등을 통해 인용된 부분이 본문과 구별되도록 한다.

직접 인용의 예1

청년 세대를 위한 복지국가의 확대라는 측면에서 대안도 제시했다. (재)훈련 시스템을 도입하고, 국가가 관리하는 취업 및 창업 알선기관을 확장해야 한단다. 당연한 말이지만 비정규직 위주의 유연화를 지양하잔다. 사회안전망을 확충하자는 말도 덧붙였다. 그리하여 “도발적이고 새로운 아이디어를 가진 담대한 젊은이가 성장할 수 있는 사회”를 만들어 보자고 호소한다. 지은이는 이 대안을 ‘사회적 자유주의’라 이름 붙였다. 고삐 풀린 자본의 횡포로 약해질 대로 약해진 사회와 공동체를 되살리기 위해 국가의 힘을 빌리자는 뜻을 담았다.

- 이권우, 〈희생할 것인가, 추방당할 것인가〉, 《경향신문》, 2019. 08. 26.

직접 인용의 예2

귀덕어미로 대표되는 젖어미들 또한 장승상 부인과 함께 심청의 양육자로서의 어머니이다.

젓잇넌 녀인덜은 쳘셕인덜 아니 쥬랴 눅칠월 더운 볏의 지심ᄆᆡ넌 녀인이며 ᄇᆡᆨ셕탄 시ᄂᆡ물의 셰답ᄒᆞᄂᆞᆫ 져 녀인덜과 방아소ᄅᆡ 쩔거덩 쩔거덩 소ᄅᆡ나면 예가 젓좀 쥬오 그 녀인덜 하ᄂᆞᆫ 말이 그 아희 이리 다려오시오 젓슬 마니 머여쥬며 하는 말이 그 아희 이리 다려오 참참이 구명도싱 오작이나 난쳐하올이가 오날 닉일 연일 오시면 우리 아희넌 못머여도 그 아희 셜마 굴무릿가 빅부루게 먹여쥬니(밑줄 필자)

위의 예문들에서 볼 수 있듯이 이들 여인들은 자신의 헌신과 사랑을 '자궁 가족'에 한정하지 않는다. 밑줄 친 "우리 아희넌 못머여도 그 아희 셜마 굴무릿가"라는 표현에서 남의 아이도 자기 아이 못지않게 아끼는 긍정적인 모성을 발견할 수 있다. – 진은진, 「〈심청전〉에 나타난 모성성 연구 – 〈효녀실기심청전〉을 중심으로」, 『판소리 연구』 제15권, 판소리학회, 2003, 250쪽.

주석을 달지 않는 경우는 본문에서 저자나 서명 등을 간략히 밝혀 주면 된다. 그러나 논문이나 보고서의 경우, 인용이 끝나는 부분에 어깨번호를 붙이고 각주나 미주에서 출처를 밝혀 주어야 한다.

간접 인용 원저자의 글을 자신의 용어로 바꾸어 인용하는 방법이다. 내용을 요약해서 제시할 필요가 있을 때, 개념을 쉽게 설명하거나 원문 표현을 자기 글의 스타일로 바꾸어야 할 때, 인용할 자료의 내용을 개념화하여 재진술할 때, 혹은 서술하는 과정에서 더 정확한 학술적 문장과 표현으로 바꾸어야 할 때 간접 인용을 활용한다. 간접 인용은 자신의 표현으로 요약하거나 풀어 써야 하므로 인용한 자료의 핵심 내용을 정확하게 읽고 해석하는 것이 매우 중요하다.

간접 인용의 예1

독서여행 2부에서는 『최후의 전환(The Ecology of Law)』에 대한 토론이 이어졌다. 물리학자이자 시스템 이론가 프리초프 카프라와 법학자이자 커먼즈(공유재) 전문가 우고 마테이가 함께 쓴 『최후의 전환』은 인간과 지구 생태계를 위기에 빠뜨린 근대 기계론적 세계관을 정면 비판한다. 특히 이성과 과학 중심주의의 세례를 받은 근대 법학이 개인 소유권과 국가 주권을 강화해 착취적이고 파괴적 행동 양식을 확대하는 데 결정적 역할을 해 왔다고 지적한다. 두 저자는 시민의 힘으로 생태적 법질서를 수립하고 공유재를 되살려 내야 더 나은 미래가 도래할 것이라고 말한다. – 이문재, 〈국립대 도서관에서 1박2일〉, 《경향신문》, 2019. 11. 10.

간접 인용의 예2

Kondrak(2002)에서는 동적 프로그래밍 기법을 적용해서 두 어휘의 유사한 소리를 대응시키고, 역사비교언어학 연구를 통해서 알려진 언어 변화 규칙을 적용하여서 동근어(cognate)를 추론해 내는 알고리듬을 고안해 냈다. 방언 연구의 경우 지역별로 나타나는 어휘들의 차이를 측정할 수 있도록 동적 프로그래밍 기법을 적용한 연구가 이루어졌는데, Heeringa(2004)가 그 대표적인 예이다. 이 연구들은 '전승과 변모'라는 과정을 통해서 확산되어 가는 필사본의 계통 관계를 드러내거나, 유사성과 차이성에 기초하여 차이를 측정하는 연구들이다.
– 최운호 · 김동건, 「군집분석 기법을 이용한 텍스트의 계통분석 – 수궁가 '고고천변' 대목을 대상으로」, 『인문논총』 제62집, 서울대학교 인문학연구원, 2009, 204쪽.

간접 인용을 할 때는 '(원저자)는 ~라고 주장하였다', '(원저자)는 ~라고 분석하였다', '(원저자)는 ~라고 설명한다' 등의 표현을 쓰는 것이 보통이다. 주석을 다는 경우에는 저자의 이름 뒤에, 인용한 내용이 끝나는 부분에 주석을 단다. 간접 인용의 예2는 내주의 예다. 각주나 미주 등의 외주를 쓸 경우, 같은 위치에 위첨자로 어깨번호를 붙인다.

주석과 참고문헌

인용한 자료의 출처를 밝히는 방식이 주석과 참고문헌이다. 칼럼이나 가벼운 에세이에는 인용한 자료의 출처를 밝히지 않으나 논문이나 보고서, 학술 서적 등의 경우에는 연구에 참조한 자료의 출전을 밝혀 주는 것이 원칙이다.

주석과 참고문헌은 연구를 진행하는 데 학문적 도움을 준 원저자에게 표하는 감사인 동시에 해당 주제와 관련한 연구를 진행하려는 독자(연구자)에게는 좋은 자료로서 가치를 지니기도 한다. 또 주석과 참고문헌을 통해 밝혀진 참고 자료는 해당 저서나 논문의 수준을 평가하는 기준이 되기도 한다.

주석과 참고문헌 작성방식은 전공과 학문 분야, 학술지에 따라 다르므로 논문을 투고하고자 한다면 해당 학회의 논문 작성 규정을 잘 숙지하여 적용해야 한다.

보통 대학교 도서관 홈페이지에는 대표적인 논문 작성 규정을 소개해 놓고 있어 참고할 수 있다.(하단 예시는 경희대학교)

APA(American Psychological Association) Style

MLA(Modern Language Associations) Style

Chicago Manual of Style

CBE(Council of Biology Editors) Style

IEEE(Institute of Electrical and Electronic Engineers, Inc.) Style

ACS(American Chemical Society) Style

최근에는 Endnote, RefWorks, Mendeley 등 주석과 참고문헌을 자동으로 표기해 주는 소프트웨어가 개발되어 있기도 하나 오류가 많은 편이어서 자신이 투고하고자 하는 학회의 투고 규정을 꼼꼼히 검토할 필요가 있다.

① 주석(note)

논문을 가장 '논문답게' 만드는 것이 바로 주석이다. 주석은 전문성이 필요한 까다로운 형식을 특징으로 하고 있기 때문이다. 이러한 이유로 움베르토 에코는 "수많은 주가 있는 논문이나 책들은 박식함을 자랑하는 속물근성의 예"라고 비판하기도 했다. 그러나 연구란 기존의 연구를 바탕으로 하게 된다. 이 때문에 연구를 진행하고 논문을 쓰는 데 도움을 받은 자료를 꼼꼼히 밝히는 일은 학술적 저술에서 가장 중요한 작업이라 할 수 있다.

② 참조주와 내용주

인용한 자료의 출전을 명시하거나 본문의 내용을 보충하여 설명할 때 주석을 사용한다. 가장 대표적인 것은 인용한 자료의 서지를 밝히는 참조주(서지주)로, 논문에서 가장 빈번하게 사용되는 주석의 유형이다. 내용주는 본문에 제시된 용어나 개념에 대한 부연 설명을 할 때 사용하는 주석이다. 본문에 쓰게 되면 전체적인 흐름을 방해할 우려가 있을 때 내용주로 처리한다. 따라서 내용주는 독자가 읽지 않더라도 본문의 내용을 이해하는 데 지장이 없어야 한다. 내용주는 각주로 처리되는 것이 일반적인데, 저자의 소속이나 정보, 감사의 말 등을 밝히는 저자 주도 내용주에 속한다.

내용주 예시

하이에크 사회정의론 옹호*

정연교**

하이에크(Friedrich Hayek)에 따르면 사회정의[1]는 실패할 수밖에 없다. 추구할 명분이나 이유도 없다. 대개 경제적 불평등이나 '기울어진 운동장' 등을 핑계 삼아 부의 재분배를 주장하지만, 사회정의는 경제적인 의미에서는 물론, 윤리적인 관점에서도 정당화가 가능하지 않다. 하지만 그가 소위 사회적 정의 문제에 대해 전적으로 부정적인 입장을 취한 것은 아니다. 빈민구제를 포함한 최소한의 사회 안전망 구축이 우리의 도덕적 의무라고 주장하기 때문이다.

언뜻 보면 하이에크의 입장은 모순적으로 보일 수 있다. 특히 사회정의가 빈민구제와 같은 최소한의 사회 안전망 구축을 배제하지 않는다면, 그는 마치 한편으로는 국가가 빈민구제를 해야 한다고 주장하면서

* 이 글은 2013년 한국연구재단의 지원을 받아 수행된 연구 논문을 수정·보완했다(NRF-2013S1A5A2A03045274).

** 경희대학교 철학과 명예교수.

1 여기에서 '사회정의'는 분배적 정의와 동일한 의미를 지닌다. 특히 "사회 구성원들이 사회의 생산물 중 특정한 몫을 상이한 개인들이나 그룹들에게 할당할 수 있게 하는 방법으로 조직되어야 한다는 요구"이다(Hayek, 2017b: 23).

하이에크 사회정의론 옹호 167

- 정연교, 「하이에크 사회정의론 옹호」, 이한구 외, 『자유주의와 민주주의의 새로운 모색』, 경희대학교 출판문화원, 2020, 167쪽.

③ 내주와 외주

주석이 어디에 위치하느냐에 따라 내주와 외주로 나뉜다. 내주는 본문에 괄호를 사용하여 저자와 간행 연도만 간략히 밝히는 방식이어서 비교적 널리 활용되는 반면 독자들은 출처에 대한 정보를 참고문헌 목록에서 확인해야 하는 번거로움이 있다. MLA 양식과 APA 양식에서는 내주를 권장하고 있다.

내주 예시

우리는 특히 동양사회에서도 존경해 마지않는 여러 철학자들이 오리엔탈리즘과 사상적으로 연관된다는 사실에 주목할 필요가 있다. 독일 계몽주의의 아버지 격인 임마누엘 칸트(Immanuel Kant)조차도 문화제국주의의 토대가 된 뷔퐁(Buffon)의 풍토 이론을 그대로 수용하면서 기껏 독일을 북방한대가 아니라 온대지방에 집어넣는 일을 했을 뿐이다(안성찬, 2011: 77). "온대권에 사는 주민들, 특히 그 한가운데 살고 있는 주민들이 세계의 다른 어떤 인종보다 육체적으로 더 아름답고, 더 부지런하고, 더 쾌활하고, 정열에 있어서도 더 중용적이며, 두뇌도 더 뛰어나다"(Kant, 1923: 153). - 이한구, 「현대 문명의 두 패러다임에 대한 비판적 고찰」, 이한구 외, 『현대 문명의 전환』, 경희대학교 출판문화원, 2020, 47쪽.

외주는 주석의 위치에 따라 각주와 미주로 나뉘는데, 각주는 해당 면의 본문 밑에, 미주는 논문의 끝이나 해당 장의 마지막에 배열한다. 각주의 경우, 출처에 대한 정보, 즉 저자명, 논문명(또는 도서명), 잡지면, 권수, 출간 연도, 쪽수를 기재해야 하는 불편함이 있지만, 독자들은 해당 쪽에서 출처의 정보를 바로바로 확인할 수 있다는 편리함이 있다. '시카고 매뉴얼'에서는 각주를 권장한다. 이공계열 논문의 경우 미주를 사용하거나 주석을 참고문헌으로 대신하는 경우가 흔하다.

각주 예시

간디의 서양 문명 비판[2]

간디의 서양 문명 비판은 서양 문명이 힌두교나 불교 등의 가르침처럼 인간의 이상적인 덕성을 키우지 못하므로 비종교적이고 부도덕하다는 인식에 근거하고 있다. 이런 의미에서 그의 비판은 근본주의적이다. 간디는 힌두교도이지만 1927년 스리랑카 콜롬보의 한 대학에서 불교도들에게 연설한 적이 있다. 거기에서 간디는 독실한 종교 연구를 위한 조건으로 자제의 다섯 규칙을 제시했다. 첫째, 범행(梵行, brahmacharya) 곧 순결, 둘째는 진리(satya)이고, 셋째는 불상해(ahimsa), 넷째는 불투도(asteya)이고, 마지막으로 무소유(aparigraha)다.[3] 간디가 힌두교나 불교를 연구하기 위한 예비 조건으로서 권유한 행위의 다섯 규칙, 곧 덕목은 불교의 오계와 거의 유사하다. 간디는 마지막 대목에서 비천한 생명도 귀하게 여기는 것이 부처의 가르침이라고 덧붙였다. 그는 생명 사랑의 원리, 곧 아힘사(ahimsa)라는 종교적이고 포괄적인 교설이 개인의 덕목만이 아니라 한 사회의 특성이 되어야 한다고 믿고 이를 정치철학의 차원에까지 끌어올렸다.

서양 문명 비판

간디의 서양 문명 비판은 『힌드 스와라즈』에 잘 나타나 있다. 퍼거슨은 102년 뒤 『시빌라이제이션(civilization): 서양과 나머지 세계』(2011)에서 그 핵심 구절을 인용하며 비판한다.[4] 그런데 퍼거슨이 비판하는 이 구절은 간디가 『힌드 스와라즈』에서 소위 '문명의 참된 시금석'이라고 부르며 비난한 바로 그 부분이다.[5] 간디가 보기에 현대 문명의 목표는 육신의 복리(bodily welfare) 증진에 있다고 보았다. 창 대신 기관총을 들게 된 것, 육체노동으로 농사짓던 사람들이 증기기관을 이용해 부를 축적하게 된 것, 돈과 사치품의 유혹에 빠진 것, 이런 것들이 간디가 관찰한 현대 문명의 모습이다.[6] 그는 의회제도도 노예 상태의 상징이라고 비난했다. 의회가 제정한 법률이 제국주의적 행위를 옹호하거나 허용한다고 보아서였을 것이다. 간디는 도덕과 종교에 주목하지 않는 서양 문명은 암흑기의 문명이라고 논했다.

간디가 본 '진정한 문명'은 다음과 같다: "문명은 인간에게 의무의 길을 가르쳐주는 행동양식(mode of conduct)입니다. 의무 수행과 도덕 준수(observance of morality)는 서로 맞바꿀 수 있는 말입니다. 도덕을 준수한다 함은 우리의 마음과 정염에 대한 지배력을 얻는 일입니다. 그렇게 할 때 우리는 우리 자신을 압니다. 구자라트어에서 문명이란 말은 '선행(good conduct)'을 뜻합니다."[7] 의무와 도덕을 가르쳐주는 행동양식, 그리고 마음과 정염에 대한 지배력을 얻고 자신을 아는 것, 이것이 간디에게 진정한 문명의 목표였다.

---

2 간디, 이토, 안중근 관련 부분은 필자의 글, 〈간디, 이토, 안중근: 문명의 충돌〉, 《철학과 현실》(2014, 여름호)의 일부를 참조했다.

3 간디, 라가반 이예르 편, 허우성 옮김, 『문명·정치·종교』, 나남출판, 2018, 811~812쪽.

4 Niall Ferguson, Civilization: The West and the Rest , New York: The Penguin Press, 2011, p. 141 ; 구세희 · 김정희 옮김, 『시빌라이제이션: 서양과 나머지 세계』, 21세기북스, 2011, 242쪽.

5 간디, 같은 책, 381~384쪽.

6 같은 책, 285~288쪽.

7 같은 책, 411쪽.

- 허우성, 「자유주의 문명의 경계에서」, 이한구 외, 『자유주의와 민주주의의 새로운 모색』, 경희대학교 출판문화원, 2020, 200~201쪽.

각주의 경우, 매번 완전주석의 형태로 서지사항을 적는 방식은 매우 번거로운 일이므로 이미 완전주석의 형태로 소개된 문헌을 다시 소개할 때는 약식주석을 활용하여 주석 달기의 수고를 줄이기도 한다.

약식부호	의미	동일한 용어
Ibid.	'같은 자리에'라는 뜻을 가진 라틴어 'ibidem'의 약어. 바로 위에서 완전주석으로 소개된 자료를 연이어 다시 인용할 때 사용.	상게서(上揭書), 상게 논문(上揭 論文) 위의 책, 위의 논문 같은 책, 같은 논문
op. cit.	'인용된 작품에서'라는 뜻을 가진 'opere citato'의 약어. 바로 위의 것을 제외한 다른 자료를 다시 인용할 때 사용. 따라서 반드시 저자명과 페이지를 함께 쓴다.	전게서(前揭書), 전게 논문(前揭 論文)
loc. cit.	'인용된 자리에서'라는 뜻을 가진 라틴어 'loco citato'의 약어. 바로 위나 앞 자료의 동일한 페이지를 인용할 때 사용. 따라서 페이지를 함께 쓰지 않는다.	상게문(上揭文), 위의 글 전게문(前揭文), 앞의 글

약식 주석 예시

1. 강원국, 『대통령의 글쓰기』, 메디치미디어, 2014, p. 87.
2. 움베르토 에코, 김운찬 옮김, 『논문 작성법 강의』, 열린책들, 1994, pp. 239-264.
3. Ibid., p. 174. [각주 2와 동일한 책, 다른 페이지의 경우]
4. 강원국, op. cit., p. 53. [각주 1과 동일한 책, 다른 페이지의 경우]
5. 신형기 외, 『과학 글쓰기』, 사이언스북스, p. 167.
6. Loc. cit.. [각주 5와 책과 페이지가 동일한 경우]
7. 정희모·이재성, 『글쓰기의 전략』, 들녘, 2005, p. 119.
8. Ibid.. [각주 7과 책과 페이지가 동일한 경우]
9. 움베르토 에코, loc. cit.. [각주 2와 책과 페이지가 동일한 경우]

미주 예시

과 손실을 균형 있게 바라보지 않는다는 것이 아니라 손실 자체를 인식하지 않는다는 것이다. 공동체가 다시 번영하려면 시장의 성공에 박수만 치지 말고, 시장에 기반을 둔 사회 질서가 실패한 부분을 직시해야 한다. 아직 다수의 국가가 빈곤하기에 경제 성장이 필요하다. 마하트마라는 별명으로 널리 알려진 모한다스 카람찬드 간디Mohandas Karamchand Gandhi는 하느님이 인도 군중에게 따뜻한 환대를 받으려면 빵의 모습을 하고 나타나야 한다는 글을 쓴 바 있다(1931). 반면, 재화와 서비스가 풍부한 선진국에 사는 우리는 그 정도로 간절하게 식량을 원하지 않는다. 어쩌면 우리는 성장 엔진을 정지해야 할지도 모른다—경제 성장이 인간과 자연 관계에 위협이 되기 때문이 아니라[1] 인간관계에 위협이 되기 때문에.

경제학자는 공동체에 책임도, 관심도 없다고 주장함으로써 공동체에 관한 고민을 사회학자, 인류학자, 역사학자에게 떠넘길지 모른다. 문제는 경제학의 기본 가정이 공동체를 우리의 시야에서 사라지게 할 뿐 아니라 우리가 부득이 관심을 가질 수밖에 없는 갖가지 현실에 대한 경제학자의 이해력을 제한한다는 점이다. 모든 경제학자가 공동체에 관심을 기울일 필요까지는 없다고 쳐도 저축과 투자의 결정 요인, 경제 성장에서 소득 분배의 중요성, 시장이 사람들에게 이로운 이유 등을 연구하면서 공동체 이슈를 회피하기란 어렵다. 이 모든 분야에서 경제학의 기본 가정은 공동체를 파괴할 뿐 아니라 경제 분석도 망친다.

내가 현대 경제학의 넓고 깊은 지적 탐구를 지나치게 단순화한 구시대적 경제학을 상정해 공격하는 '허수아비' 때리기 오류•를 저지르고 있다고 지적할 독자도 있을 것이다. 이에 나는 두 가지 답변을 준비했다. 첫째, 경제학의 탐구 내용은 최신 경제학 이론보다도 경제학

30 공동체 경제학

미주의 경우, 각주와 동일하게 주석 번호를 붙이기는 하지만 차이를 두기 위해 위첨자를 쓰지 않고 대괄호 등을 사용한다.

미주

1장 경제학, 시장, 공동체

1. 그럴 수도 있고 아닐 수도 있다. 3장을 참고하라.

2. 학계에서 생존하기 위한 행동 경제학자의 조심스러운 태도는 이해할 만하다. 《행동 경제학 최신 연구》의 편집자 서문은 행동 경제학을 개척한 저자들이 초기에 직면한 주류 경제학계의 냉담한 태도를 보여준다. "일반적인 태도는 적대심과 회의주의였다. ……. "이건 경제학이 아닙니다"라는 짤막한 심사평과 함께 학술지 논문 심사에서 퇴짜를 맞는 일이 드물지 않았다(Camerer et al. 2004, xxi)."

3. "말하고 있는 내용을 측정해서 숫자로 표현할 수 있다면 뭔가 알고 있는 셈입니다. 반면 측정할 수 없고 숫자로 표현할 수 없는 생각은 빈약하고 불충분한 지식일 뿐입니다(Institution of Civil Engineers 강연, 1883년 5월 3일, Thomson(Baron Kelvin) 1889, 73)."

4. 오스카마이어 브랜드에 무슨 잘못이 있으랴. 문제는 어떻게 인도 식료품 산업이 미국의 품질 기준만큼 발전하게 하느냐다. 경쟁? 그것도 한 방법이겠지만, 미국 식료품의 품질이 높은 원인 중 하나로 정부 규제의 역할을 빼놓을 수 없다. 20세기 초, 고기 포장과 관련한 불미스러운 사건이 터지자 미국 정부는 국내에서 생산·판매되는 모든 식품·의약품의 효능과 안전성을 관리하는 식품의약국(FDA)을 만들었다. 이런 미국 역사를 보면 멕시코 정부도 고기 포장 산업의 위생 기준을 강화하라는 여론의 압박을 받을 것 같지만, 실제로는 그렇지 않다(비록 다수의 멕시코 서민은 비싼 오스카마이어 햄을 살 여력이 없지만). 부자와 중산층은 미국산 수입 햄을 구매할 선택권이 있기에 식품 위생을 강화하라는 여론 형성이 미약하다. 이미 앨버트 허시먼이 《이탈, 항의, 충성》에서 이러한 계층별 소비 패턴을 지적한 바 있다. 부자와 중산층이 **이탈**할 수 있기에 대중의 **항의**가 힘이 약해진다.

5. 본문에 인용한 보험에 대한 미라보의 견해는 '프랑스 혁명'의 원인에 대한 막연한 서술과 함께 다음 책에 수록됐다. Pierre Richard, *Histoire des Institutions d'Assurance en France*(1956, 37) 다른 저자(Michèle Ruffat, 2003, 189)도 해당 인용문의 화자를 미라보라고 밝혔으며 다음과 같이 출처를 적시했다. L. Gallix, *Il Était une Fois l'Assurance* (Paris: L'Argus, 1985, 265)

6. 이는 데니스 로버트슨이 최초로 한 생각이 아니다. 애덤 스미스는 우리가 매일 식사를 기대할 수 있는 이유는 빵집·푸줏간·양조장 주인의 자비심 때문이 아니라 우리가 시장 거래를 통해 그들에게 이익을 줄 수 있기 때문이라고 설명하며 이기심이 공익에 도움이 된다는 사상에 큰 획을 그었다(Smith 1937(1776), 14). 우리는 시장에 경제적으로 의존함으로써 한정된 자비심을 절약한다. 무슨 목적으로? 어쩌면 로버트슨의 대답처럼

490 **공동체 경제학**

- 스티븐 A. 마글린, 윤태경 옮김, 『공동체 경제학』, 경희대학교 출판문화원, 2020, 30쪽, 490쪽.

④ 참고문헌(reference) 작성법과 예시

참고문헌은 보고서나 논문 말미에 제시한다. 참고문헌의 범위는 본문에서 인용된 자료를 비롯하여 인용은 되지 않았더라도 연구를 구상하거나 논문을 작성하는 과정에서 문제해결에 도움을 준 자료로 한정한다. 따라서 국어사전이나 백과사전, 포털 사이트 등은 도구서로 간주해 참고문헌에 기재하지 않는다. 참고문헌 목록은 글쓴이의 주장에 권위 있는 근거를 제공해 줄 뿐만 아니라, 그와 유사한 주제를 연구하려는 사람에게 관련 문헌에 대한 정보를 제공해 준다. 참고한 문헌의 서지사항을 기재한다는 점에서 형식적인 면에서는 인용주와 비슷하다. 따라서 이공계 논문의 경우, 주석을 달지 않고 참고문헌을 미주로 대신하기도 한다.

참고문헌을 배열할 때는 다음과 같은 원칙에 따른다.

- 참고문헌은 본문부와 구별되는 부분이므로 본문부와 연계되는 번호를 붙이지 않는다. 단, 참고문헌을 미주로 대신하는 이공계 논문의 경우, 주석 번호에 해당하는 번호를 붙여 번호순으로 배열한다.
- 텍스트(1차 자료)와 참고 논저(2차 자료)를 배열할 경우 1차 자료를 먼저 표시한다.
- 동양 문헌을 서양 문헌보다 먼저 배열한다.
- 동양 문헌은 필자 이름을 가나다순, 서양 문헌은 필자 이름을 알파벳 순으로 배열한다.
- 공동 저서의 경우, 대표 필자만 적고 나머지는 '외(外)'로 표기한다.
- 한 필자의 문헌을 여러 개 나열해야 할 경우, 연도순으로 배열한다. 이때, 처음에만 이름을 적고 나머지는 줄표를 그려 동일인임을 표시한다.
- 한 필자가 단독 집필 문헌과 공동 집필 문헌이 있다면 단독 집필 문헌을 먼저 제시한다.

참고문헌 예시

- 김형범 · 김희권, 「유전자가위를 이용한 유전자교정 및 유전자치료」, 『BT NEWS』 22권 1호, 한국생물공학회, 2015.
- 류찬열, 「대학의 글쓰기 어떻게 할 것인가?」, 『문예운동』 105호, 문예운동사, 2010.
- 마크 허만(감독), 〈줄무늬 파자마를 입은 소년〉, 에이사 버터필드·잭 스캔론(주연), 2008.
- 서미경, 「정신장애인의 인권보장과 제한에 관한 연구」, 『한국 사회복지학』 55호, 한국 사회복지학회, 2003.
- 움베르토 에코, 김운찬 옮김, 『논문 작성법 강의』, 열린책들, 1994.
- 웨인 부스 외, 양기석 옮김, 『학술논문작성법』, 나남출판, 2000.
- 이권우, 〈희생할 것인가, 추방당할 것인가〉, 《경향신문》 2019. 08. 26.
- 이문재, 〈국립대 도서관에서 1박2일〉, 《경향신문》, 2019.11.10.
- 이한구 외, 『현대 문명의 전환』, 경희대학교 출판문화원, 2020.
- 이한구 외, 『자유주의와 민주주의의 새로운 모색』, 경희대학교 출판문화원, 2020.
- 진은진, 「〈심청전〉에 나타난 모성성 연구 - 〈효녀실기심청전〉을 중심으로」, 『판소리 연구』 제 15권, 판소리학회, 2003.
- 최운호 · 김동건, 「군집분석 기법을 이용한 텍스트의 계통분석 - 수궁가 '고고천변' 대목을 대상으로-」, 『인문논총』 제62집, 서울대학교 인문학연구원, 2009.
- Grazer, Brian, and Charles Fishman, *A Curious Mind: The Secret to a Bigger Life*, New York: Simon & Schuster, 2015.
- Satterfield, Susan, "Livy and the Pax Deum.", *Classical Philology 111*, no. 2 (April 2016): 165–76.
- Smith, Zadie, *Swing Time*, New York: Penguin Press, 2016.
- Thoreau, Henry David, "Walking.", *In The Making of the American Essay*, edited by John D'Agata, 167–95, Minneapolis: Graywolf Press, 2016.

4장

위기와 전환

미래는 어디에 있는가

위기와 전환: 인간

'호모 파토스'를 재발견하다

'코로나19의 시대', 마스크를 쓰고 사회적 거리두기를 실천하며 생활 방역을 강조하는 전 세계적인 '역병의 시대'에 인간은 무기력하기만 하다. 물론 언제나 인간은 문제적 존재였다. 지난 세기 두 차례에 걸쳐 세계대전을 치르며 살육을 저지른 것도 인간이며, 지구 생명체의 일부이면서 주인 행세를 하며 지구온난화를 초래하여 기후 재앙을 앞당기고 있는 것도 인간이다.

최근에는 알파고와 이세돌의 바둑 대결 이래로 인공지능이 인간의 지능을 압도하게 될 미래의 현실을 걱정스레 목도하고 있다. 이렇게 보면 인간은 스스로 위기를 자초하는 존재인지도 모른다. 그렇다면 이제 인간은 무엇으로 인간일 수 있는가? 언제, 어디서, 어떻게, 왜 인간일 수 있는가? '인간'에 대한 우리의 고민은 여기에서 시작해야 한다.

인류는 다양한 관점에서 스스로를 정의해 왔다. 사회적 동물(호모 폴리티쿠스), 언어를 사용하는 존재(호모 로퀜스), 도구적 인간(호모 파베르), 놀이하는 인간(호모 루덴스), 욕망하는 존재(호모 에로티쿠스), 직립보행 하는 인간(호모 에렉투스), 경제적 인간(호모 이코노미쿠스), 공생하는 인간(호모 심비우스) 등등. 그 가운데서도 가장 끈질긴 생명력을 가진 학명이 사유하는 인간(호모 사피엔스)이다. 사유의 힘이 '만물의 영장'이라는 특권적 지위를 인간에게 부여했다고 판단하기 때문이다.

인간은 여전히 발견 혹은 발명 중이다. 철학자 르네 데카르트는 '사유하는 인간의 정체성'에 대한 질문이 인간을 인간답게 만드는 '확실성의 진리'를 탐색하는 출발점임을 강조한다. 사회학자 앤서니 기든스에게 자아정체성은 성찰적 기획과 창조적 서사를 통해 재구축되는 텍스트의 일종이며, 피에르 레비가 파악하는 디지털 시대의 새로운 정체성은 '집단 지성'의 공동체적 실천이다. 생물학적 관점에서 현생 인류는 유인원에서 진화한 '호모 사피엔스'로 규정되며, 심리학적 관점에서는 개인적·사회적 트라우마를 지닌 상처받은 존재들이다. 이렇듯 인간을 조망하는 다학문적 관점들을 활용하여 이제 '인간의 감정'을 읽어 내야 할 때다.

그간 감정은 이성과 합리의 그늘에 가려져 진면목이 드러나지 않았다. 프로이트에 의하면 '생각이 엔진이라면 감정은 가솔린'이다. 감정이 없다면 인간은 인간일 수 없다는 것이다. 인문학적 관점에서 '21세기적인 감정'은 '언어, 몸짓, 표정, 감각' 등을 통해 구체적인 사회 환경에서 '감지하는 것의 총체'로서, '내면과 외면, 사적과 공적, 개인과 사회, 육체와 정신'의 이분법적 시각을 해체하고 재구성하는 수행적 개념으로 활용된다. 정신분석학적 관점에서 '감정'이란 말실수, 꿈, 신체적 통증 등을 통해 억압된 무의식을 드러낸다. 감정의 다양한 스펙트럼을 통해 자아와 가족, 사회적 관계에서 발생된 트라우마를 응시하고 성찰함으로써 정상성을 회복하도록 인도하는 중개 개념이다.

21세기는 '호모 파토스'의 시대다. 아리스토텔레스의 수사학에서 말하는 세 가지 설득 요소로서의 로고스(이성), 에토스(윤리)와 병립하는 개념으로서의 '파토스(감성)'가 아니다. '학명으로서의 호모 파토스'는 개인의 주관성을 넘어 사회적 윤리와 집단적 감성을 함께 성찰할 때 가시화된다. 사적 차원의 감정적 발산을 넘어 공동체의 공유된 감정을 실천하고 해소하려는 존재가 바로 '호모 파토스'이다. 파토스적 인간은 개인과 사회에서 파생되는 교집합적 감정을 사유하고 배치하여 개선하려는 수행적 존재다. 일찍이 맹자는 인간의 네 가지 본성, 즉 사단(四端)을 '측은지심(惻隱之心), 수오지심(羞惡之心), 사양지심(辭讓之心), 시비지심(是非之心)'에 있다고 설파한 바 있다. '생명체와 타인을 향한 연민'과 '불의를 넘어 부끄러움을 아는 마음', '공경과 양보를 아는 겸손함'과 '옳고 그름을 판별하는 마음' 등이 그 핵심적인 성정이다. 바야흐로 '감정의 시대'다. 동서양을 막론하고 공감과 연대의 윤리에 대한 관심이 높아지고 있다. 나의 내면을 응시하고 당신의 불안과 근심을 공유하며, 우리의 흔들리는 감정을 조망하면서 더 따뜻하고 온전하게 온축(蘊蓄)되도록 개선해 가는 '감정의 수행', 그것이 호모 파토스의 숙명이다.

예문 1

감정의 사회적 문법

'생각이 엔진이라면, 감정은 가솔린이다.' 프로이트의 말이다. 가솔린은 평범한 액체로 보이지만, 점화가 되면 무시무시한 힘을 내뿜는다. 감정도 거의 존재감이 없다가 느닷없이 터져 나오는 속성을 지니고 있다. 파울 클레의 그림은 우리 안에 억눌려 있는 어둠을 묵직하게 묘사하고 있다. 생각이라는 엔진에 원료가 되는 감정의 본질과 성분에 대해서 인간은 거의 아는 바가 없다. 그 에너지의 이동 경로, 사회적으로 광범위하게 걸쳐 있는 연결망에 대해서도 아주 기본적인 설계도만 겨우 파악했을 뿐이다. (중략)

감정은 사회적으로 구성된다

"최고 존엄을 모독했다." 북한이 남한을 비난할 때 썼던 표현이다. 대통령의 발언이나 국가의 어떤 정책, 그리고 일부 언론의 논조가 자기들의 비위에 거슬릴 때, 북한은 극심한 인신공격을 받은 듯 격앙된다. 국가 간의 외교에서 이렇게 감정을 날것 그대로 표출하는 경우는 흔치 않다. 그러나 공식적으로 드러내지 않을 뿐이지 국제 관계에서 감정은 매우 중요한 변수로 작용한다. 그것은 몇몇 정치 지도자나 외교전문가들만의 기분 문제에서 그치지 않고, 해당 국가 국민들의 일반 정서로 확대된다. 그 가운데는 특정한 사건으로 인해 유발되는 일시적 감정이 있는가 하면, 상당히 오래 지속되는 만성적 감정도 있다.

프랑스의 정치학자 도미니크 모이시는 『감정의 지정학』이라는 책에서 20세기가 이데올로기의 시대라면 21세기는 정체성의 시대가 될 것이라고 주장한다. 그러면서 글로벌 미디어를 통해 사람들의 정체성이 불안정해지고 감정이 쉽게 동요되는 상황에 주목한다. 그는 대륙에 따라 공유되는 감정의 색깔을 3등분하여 지정학적으로 분석한다. 두려움에 젖어 있는 서양, 굴욕감에 시달리는 이슬람, 희망에 부푼 아시아라고 지구촌의 정황을 도식화하면서 세 가지 감정의 본질을 대비시킨다.[1)]

그러한 감정의 지리학을 통해서 우리는 문명의 흐름을 폭넓게 조감할 수 있다. 특히 이슬람권의 동향을 굴욕감이라는 코드로 풀어내는 접근은 구미 세계와의 긴장과 대립이 왜 자꾸만 격화되는지에 대한 중요한 실마리를 던져 준다. 오랫동안 문화적으로 그리고 군사적으로도 유럽보다 한 수 위에 있었던 이슬람권은 근대에 접어들면서 세계사의 주도권을 잃어버렸다. 서구가 산업화와 민주화를 선도하며 자유와 풍요를 구가해 온 동안, 이슬람권은 '영광스러운 과거'와 '좌절된 현재'의 간극을 확인했다. 그리고 서구에 군사적으로 밀리고 문화적으로도 소외감을 느끼면서 자신감에 상처를 입었다. 반면에 서구는 자신의 문명이 쇠퇴일로에 있음을 절감하고 사회 내부에서 빈발하는 폭력 앞에서 속수무책이다. 게다가 외부 세력에 의한 테러에 노출되어 있어서 두려움이 더욱 가중된다. 알카에다 조직의 지도자였던 빈 라덴은 9.11 테러에 대해, 이슬람 세계가 유럽과 미국에게 당한 '80년의 모욕과 경멸'을 서양도 맛보게 하는 길이었다고 말한 바 있다.

이렇듯 국제 정세를 감정의 맥락에서 조명하려는 시도는 거시적인 것과 미시적인 것 사이의 연결 고리를 제공해 준다. 이는 사회과학적으로 중요한 의미를 갖는다. 이제 사회의 흐름을 포착하려면 감정이라는 요인을 면밀하게 주시해야 한다. 그것은 개인적 차원에 머물지 않고 거대한 구조와 맞물려 서로를 재생산한다. 일상을 빚으면서 역사를 구성한다.

하지만 서양의 근대 학문은 감정을 소홀히 다뤄 왔다. 이성 중심으로 세상을 바라보면서 비합리적인 영역을 외면했다. 그리고 감정을 오로지 개인의 내밀한 문제로만 보았다. 특히 사회과학은 공적인 세계의 구성 원리를 밝히고 그 질서와 변동을 설명하는 데 주력하느라 사사로운 영역에서 복잡하게 얽혀 있는 감정을 무시했다. 거시적인 구조에 집중하면서 미시 세계에서 오밀조밀하게 움직이는 마음은 거의 외면했다. 그리고 그것을 생리 현상에 더 가까운 것으로 여겼다. 그러나 감정은 생리적인 또는 개인적인 차원에서만 풀이될 수 없다. 그것은 일정한 사회와 문화의 조건 속에서 형성되고 작동한다.

사회학자 뒤르켐(Émile Durkheim)은 자살이 지극히 개인적인 행위인 듯하지만 실제로는 사회적인 현상이라는 것을 『자살론』에서 논증했다. 그러한 문제의식을 감

---

1) 도미니크 모이시, 유경희 옮김, 『감정의 지정학』, 랜덤하우스, 2010, 22쪽 참조.

정에도 적용해 볼 수 있겠다. 우리가 어떤 상황에서 무엇을 어떻게 느끼는가는 상당 부분 사회적으로 구성된다. 예를 들어 장례식장에서 이별의 슬픔을 눈물로 표현하는 것이 일반적이지만, 정반대로 축제의 웃음으로 가득 차는 경우도 있다. 노예들이 많이 모여 살았던 뉴올리언스에서는 흑인들의 장례식이 흥겨운 재즈와 발랄한 춤의 행렬로 펼쳐진다. 고통스러운 삶으로부터의 해방을 축하하던 전통이 이어지는 것이다. 그와 비슷하게 전라남도 진도의 장례식장에서도 우스꽝스러운 춤판과 연극이 벌어지고 구경하던 조문객들의 폭소가 터진다. 같은 문화권 안에서도 죽은 자를 떠나보내는 감정이 사뭇 다른 것이다.

감정이 사회 상황과 밀접하게 맞물려 있다는 것은 역사를 들여다보면 더욱 분명해진다. 과거에는 동서양을 막론하고 범죄자를 공개 처형할 때 많은 군중이 둘러서서 구경했다. 일제 강점기의 기록사진에도 독립운동을 하다가 붙잡힌 사람들을 교수형에 처하는데, 그 주변에 많은 사람들이 우두커니 서서 바라보는 장면이 담겨 있다. 중세 서양에서는 범죄자들을 잔혹하게 처형할 때 비슷한 일이 벌어졌는데, 지금 같으면 차마 눈 뜨고 못 볼 장면을 축제처럼 즐기기까지 했다.[2] 로마 시대에도 검투사들의 선혈 낭자한 살육 대결을 귀족들은 스포츠처럼 즐겼다. 현대사회의 권투나 이종격투기도 본질적으로 같은 속성을 지닌다고 할 수 있을지 모르지만, 신체가 절단되고 고통으로 죽어 가는 모습을 손뼉 치며 지켜볼 사람은 많지 않으리라. 동일한 상황에 대한 감정적인 반응이 시대에 따라 다른 것이다.

그렇듯 역사를 감정의 프리즘으로 살펴보면 새롭게 포착되는 사실(史實)들이 많다. 그런데 우리가 접하는 대다수 역사책은 그 부분에 소홀하다. 특히 학교에서 배우는 역사의 경우, 거창한 정치권력이나 경제 및 신분제도 그리고 사상 등을 중점적으로 다룬다. 그 결과 사람들이 구체적으로 어떻게 하루하루를 살아갔으며 일상을 지탱하는 감정이 무엇이었는지 알아내기 어렵다. 사료가 없는 탓도 있다. 『조선왕조실록』처럼 궁중 상황에 대한 치밀하고 방대한 기록은 남아 있지만, 일반 민중의 생

2) 중세사학자 하위징아는 이렇게 쓰고 있다. "형 집행의 잔혹성에 있어서 우리를 놀라게 하는 것은 범죄 자체의 사악함이라기보다는 오히려 민중들이 거기에서 맛보는 동물적이고도 짐승 같은 쾌락이며 축제와도 흡사한 기쁨이었다"(하위징아, 최홍숙 옮김, 『중세의 가을』, 문학과지성사, 1997, 30쪽).

활상을 알 수 있는 자료는 턱없이 부족하다. 19세기 말 이후로 넘어오면, 상대적으로 다양한 자료들이 확보되어 당대의 삶과 정서에 대한 입체적인 조명이 좀 더 용이한 듯하다. 예를 들어 근대 개화기의 신문 논설을 통해 지식인들의 사회 인식을 분석하는 연구가 있다.[3] 당시에 세계의 동향을 주시했던 선각자들은 서양을 보편적인 규범으로 놓고 조선을 비춰 보면서 개탄했는데, 거기에 깔린 감정은 수치심과 분(憤)이었다고 한다.

서양사에서는 생활사 방면으로 꽤 다양한 연구들이 축적되었다. 20세기 중반 이후 사회사가 활발하게 개척되었고, 프랑스의 아날학파는 심성사(心性史)를 기후사, 신체의 역사, 물질의 역사 등과 함께 전체사의 일환으로 자리매김했다. 그 대표적인 저술 업적들 가운데 하나로 필립 아리에스의 『아동의 탄생』[4]을 들 수 있다. 근대사회에 들어오면서 아동이라는 세대 범주가 새롭게 등장하고, 그에 상응하는 제도와 문화가 형성되어 온 과정을 상세하게 추적하고 있다. 예를 들어 중세 서양에서는 '부모는 자녀를 사랑해야 마땅하다.'라는 관념이 존재하지 않았다. (흔히 그것을 오해하여, 당시에는 부모들이 아이들을 사랑하지 않았다고 잘못 해석하기도 한다.) 그러다가 근대사회에 접어들어 부모가 자녀에 대해 애정을 가져야 한다는 감정 규칙이 성립했다고 아리에스는 분석한다.

이처럼 감정은 시대에 따라 다양한 양상을 띤다. 그것은 순전히 개인적인 것도 아니고 생물학적으로 결정되는 것만도 아니다. 그것은 오랜 기간 동안 이어지고 광범위하게 공유되는 삶의 바탕이다. 일시적인 파동이 아니라, 장기 지속(longue durée)의 관성이다. 예를 들어 피부색에 따라 달라지는 우리의 태도를 생각해 보자. 그 기원을 찾는 일은 쉽지 않은 작업이지만, 적어도 1백 년 이상 지속된 집단 감정이고 앞으로도 상당 기간 변하지 않으리라 예상된다. 반일 감정이나 나이에 따른 서열 관념 등도 비슷한 정도의 관성으로 지속되고 있다고 할 수 있다. 그에 비해 짧은 주기로 변화하는 현상도 많다. 특정 외모에 대한 선망, 동성애나 비혼에 대한 정서적 반응 등이 그것이다.

감정을 사회적인 지평에서 분석하고 역사적인 차원에서 이해해야 하는 까닭은 무

3) 김미정, 「수치와 근대」, 『사회와 이론』 통권 21-1집, 2013.

4) 필립 아리에스, 문지영 옮김, 『아동의 탄생』, 새물결, 2003.

엇인가. 지금 우리에게 익숙한 마음의 습관들을 멀리서 바라볼 수 있기 때문이다. 일상을 지배하는 감정의 덩어리들을 폭넓은 시선으로 조망하면서 상대화하기 위해서다. 그것은 여러 사회의 습속이나 관행을 입체적으로 대조하는 문화인류학적인 렌즈와도 일맥상통한다. 당연시되는 감정이 일정한 사회문화적 조건 속에서 형성된 마음의 습관이라는 것을 알아차리고, 정서의 얼개를 비판적인 눈으로 평가할 수 있는 것이다. 그 작업을 통해 우리는 인간의 행복을 도모하는 문화가 어떠해야 하는지를 감정의 차원에서 새롭게 구상할 수 있다. – 김찬호, 『모멸감: 굴욕과 존엄의 감정사회학』, 문학과지성사, 2014, 21쪽, 30~36쪽.

글쓰기 연습

- 윗글을 정독한 뒤 각 단락의 핵심문장(소주제문장)을 찾아보자.
- 핵심문장을 중심으로 단락별 소제목을 작성해 보자.
- 핵심문장을 중심으로 전체 내용을 한 단락으로 요약해 보자.
- 윗글에서 저자가 참조한 참고문헌을 찾아 각주를 다는 연습을 해 보자.

생각하고 토론하기

- 한국 사회에서 1세기 이상 지속된 집단 감정에는 무엇이 있을지 하나를 찾아 그 배경을 조사해 보자.
- '생각이 엔진이라면 감정은 가솔린'이라는 프로이트의 경구를 음미해 보고, 자신의 구체적 경험을 사례로 들어 조별로 토론해 보자.
- '두려움, 굴욕감, 희망'으로 서양과 이슬람, 아시아 등을 구분한 모이시의 방법을 차용하여, 본인이 개인적으로 생각하는 유럽과 아시아, 미국과 중국과 일본에 대한 감정을 표현해 보자.

예문 2

감정의 문화정치

문화연구의 대상으로서 감정과 감정 관계

최근 감정 연구 혹은 '감정학(emotion studies)'이 인문학의 새로운 화두로 등장하고 있다. 감정에 대한 학문적 관심은 정신과 이성을 우위에 두고 육체와 감정을 열등한 것으로 취급해 온 근대 사유 체계에 대한 비판적 인식과 연결되어 있다. 육체와 감정은 가변적이고 믿을 수 없는 것이라는 식의 관념은 육체와 감정이 인간의 가장 본원적이고 내밀한 차원이라는 점을 무시하게 만들었다. 하지만 20세기 후반 이성 중심적 근대 사유 체계에 대한 도전이 일어나면서 몸의 복권이라 부를 수 있는 현상이 대두한다. 문제는 이런 몸의 복권이 일어나는 동안에도 감정에 대한 연구는 지연되어왔다는 점이다. 감정을 육화된 감각 정도로 인식하는 관념이 여전히 지배적이었기 때문에 감정을 육체적 감각이나 느낌과 연결되어 있지만 그것으로 환원되지 않는 독자적 영역으로 설정하고 감정이 한 사회와 문화에서 작동하는 복합적 과정을 규명하는 작업은 제대로 이루어지지 못했다.

문화적 타자로 존재해 온 감정에 새로운 의미를 부여하기 시작한 것은 인간 삶에서 도덕적 영역과 심미적 영역이 차지하는 역할에 조명이 이루어지고, 감정이 외부 자극에 대한 단순한 생리적·본능적·감각적 반응이 아니라 사회적 의미를 담고 있는 일종의 '해석 활동'이라는 것이 인정되면서부터다. 외부 세계에 대한 신체의 '감각(sensation)'이 '느낌(feeling)'으로, 그리고 그 느낌이 구체적 '감정(emotion)'으로 인지되고 해석되고 명명되는 것은 사회적 담론과 상징적 의미망을 통해 이루어진다는 시각이 도입되면서 감정은 문화론의 연구 대상이 된다. 감정은 주체가 놓여 있는 구체적 맥락과 상황에 대한 이해와 판단을 포함하는데, 이는 사회적으로 습득되고 공유된 것이다. 감각과 감정은 서로 연결되어 있지만 양자 사이엔 간극과 차이가 있다. 모든 신체감각이 감정으로 표현되는 것은 아니며, 모든 감정이 지각 가능한 감각으로 나타나는 것도 아니다.(이를테면 수치심을 느끼면 얼굴이 붉어지지만 자부심을 느낀다고 항상 신체 반응이 나타나는 것은 아니다.) 많은 경우 감정은 '무언가에 대해' 혹은 '무언가에 반응하여' 보이는 지향적(intentional)·목적적(purposive) 활동이지 날 것 그대로의 느낌이 아니다(이를테면 내가 화가 나는 것은 '그가' 화를 돋웠기 때문이다). 외부 대상이나 세계에 대한 '감각'이 '인지(cognition)'와 '판단(judgment)' 및 '평가(appraisal)'와 결합하여 복합적으로 일어나는 활동이자 실천이라는 점에서 감정은 단순한 감각의 차원을 넘어선다.

물론 감정 체험에 육체적 감각이 중요한 역할을 하는 것은 사실이다. 육체적으로 경험되는 후각, 미각, 촉각, 통각, 청각, 시각 등은 말없이도 감정을 표현한다. 이런 감각적 반응들은(인간 자신을 포함하여) 특정 대상(물체, 인간, 관계, 상황, 관념) 혹은 하이데거가 '세계 내 존재(being in the world)'라 부르는 것에 대한 감정을 육체적으로 드러내는 통로다. 주지하다시피 하이데거에 따르면 우리는 의식이나 의지의 담지자로서의 '주체'가 아니라 특정한 세계 속에서 다른 존재자들과 함께 살아가는 '세계 내 존재'로서의 '현존재(Dasein)'(거기 있음)이다. 거기 세계 속에 던져진 존재로서 인간은 '느낌' 혹은 '정조(mood)'를 통해 세계에 대한 자신의 태도를 구조화한다. 이 정조 속에서 인간은 세계 속에 '처해진' 자신을 발견하면서 '세계 안에 있음'의 실감(實感)을 얻게 된다. 현존재의 이런 구조를 하이데거는 '심정성(心情性, Befindlichkeit)'(처해 있음), 즉 정서적으로 체험되는 세계이해라고 불렀다. 이런 현상학적 관점에서 보자면 감각 속에 체화된 감정(embodied emotion)은 인간의 세계이해의 기초이고 인간 행동의 동기를 이루며, 인간에게 '자기 느낌(self-feeling)'을 부여하는 실존적 자아 체험을 구성한다. 이 육화된 감정은 의식적으로 통제하거나 관리할 수 있는 성질의 것이 아니다. 격정적 정념(passion)의 경우처럼 감정은 때로 우리가 통제할 수 없는 격렬한 힘으로 우리를 사로잡는다. 우리는 분노에 '휩싸이거나' 사랑에 '빠지거나' 공포에 '짓눌린다.' 우리를 휩싸거나 빠뜨리거나 짓누르는 힘들을 우리가 의식적으로 소유하거나 통제할 수는 없다. 우리는 이 힘들에 수동적으로 내맡겨진다. 인간은 이 육화된 감정들 속에서, 그것들을 통해서 다른 존재자들과 함께 살아가는 현존재로서 세계 속에 거주한다. 바로 이 육화된 감정들이 우리의 '산경험(lived experience)'이자 '실존(existence)'을 구성한다.

그러나 하이데거가 심정성이라는 조건을 언급할 때나 '불안'이나 '권태' 등 근본 정조(Grundstimmung)를 말할 때 그는 현존재의 일반적 구조에 대해 말하고 있는 것이지 특정 시대, 특정 지역, 특정 문화에서 구체적으로 경험되는 감정을 말하는 것은 아니다. 따라서 지금-여기가 우리의 감정에 영향을 미치고 우리의 감정 체험을 구성하는 방식에 대해서는 또 다른 물음을 던져야 한다. 이는 하이데거의 현상학적 시각이 포괄하지 못하는 문제의식을 요구한다. 그것은 가장 넓은 의미에서 권력의 통치, 즉 "사람들 일부나 전체의 품행을 형성, 지도하거나 그에 영향을 미치려고 하는 활동의 형태"(고든, 15)로서의 통치가 우리에게 어떤 방식으로 수행되는가에 대한 물음이다. 통치의 기술이 주조한 '시대 경험'으로서 감정은 언제나 진정성을 담보하지 않는다. 경험적인 것이 본질적인 것은 아니며 순수한 것도 아니다. 우리의 경험 속에는 권력의 기술이 만들어 낸 사회적 의미망이 깊이 각인되어 있기 때문이다.

육체적 감각을 특정 감정으로 해석하고 판단하는 것은 단순한 감각을 넘어 사회문화적 의미와 사회적 권력관계의 영향을 받는다. 감정은 문화적으로 구성된 판단이다. 이런 문화론적 시각에서 감정은 "비록 만질 수는 없지만 언어·몸짓·표정·감각 등을 통해 구체적 사회 환경에서 실행되거나 수행될 때 우리가 감지하는 것의 총체"로 정의된다(Harding and Pribram, 11~12). 사회적 의미를 담고 있는 상징적 기호를 통해 표현되거나 해석되고 있기 때문에 감정은 개인의 은밀한 내면적 느낌일 뿐만 아니라 사회관계를 구성하는 역동적 힘이자, 사회적 타자들과의 관계를 통해 형성되는 상호 주관적 현상으로 확장될 수 있다. 감정은 개인을 구성하면서 동시에 사회공동체 및 그 관행과 신념을 구성한다. 이런 점에서 감정은 개인적인 동시에 집합적이다. 비록 감정을 사회제도나 담론적 의미 그 자체로 환원할 수는 없지만 그 효과에 있어서 감정은 사회적이며 실제적이다. 이로써 흔히 감정에 부여된 '개인적'이라는 한계가 벗겨지고 감정을 사회문화적 기제 및 역사적 변이와 연동시킬 수 있는 길이 열린다. 동시에 내면/외면, 사적/공적, 개인/사회, 육체/정신의 이분법에서 감정을 전자에 묶어 두었던 시각도 도전받으며, 근대 지식 체계를 규정했던 이 이분법 자체가 해체되거나 재구성되기에 이른다.

'문화'를 좁은 의미의 예술적 · 문학적 산물만이 아니라 일종의 "전체적 삶의 방식"으로 확대하면서 시작된 문화연구가 처음부터 감정에 주목했던 것은 아니다. 사람들의 일상적 삶의 방식을 규정하는 이데올로기와 권력의 작용방식을 해석하고, 구체적인 사회적 국면에 개입하여 변화를 이루어 내려는 것이 문화연구의 정치적 충동이었다면, 문화연구가 주목한 일차 대상은 이데올로기였다. 1960년대 후반 이후 문화연구는 이데올로기를 계급적 허위의식이 아니라 "한 개인이 자신의 실제 존재 조건과 맺는 상상적 관계의 재현"으로 확장함으로써 인간의 정체성이 형성되는 의식적·무의식적 재현 양식으로 이데올로기를 재해석했다(Althusser, 109). 하지만 이런 시각의 확장이 일어나는 동안에도 감정이 개인적, 집합적 정체성 형성에 담당하는 역할에 주목하지는 못했다.

문화연구가 감정연구와 결합하지 못한 데는 몇 가지 이유가 있다. 『감정-문화연구의 독본』이라는 앤솔로지를 펴내면서 감정연구를 문화연구의 틀 속으로 데려오는 데 큰 기여를 한 제니퍼 하딩(Jennifer Harding)과 디드르 프리브람(E. Deidre Pribram)에 따르면, 대략 세 가지 요인이 작용했다고 한다(1~2). 첫째, 감정은 개인적인 것으로 가득 차 있고 '경험'이라는 범주와 마찬가지로 엄밀한 지식의 범주가 되기에는 여러모로 문제가 많다는 생각이 학계를 지배했기 때문에 학문적 논의에서 배제되었다. 둘째, 감정은 여성이나 흑인을 비롯하여 흔히 비이성적이라 여겨진 주변 집단들과 너무 오래 연관되어 왔다. 따라서 지식 생산에서도 주변화되었다. 셋째, 지금까지 감정연구를 주도해 온 (진화)생물학, 인지심리학, 정신분석학은 감정을 개인의 신체나 심리에 위치시켰기 때문에 감정을 사회문화적이고 역사적인 현상으로 읽어내지 못했다.[1] 문화연구가 감정을 중요한 논의 주제이자 문화현상으로 포괄해 들이지 못하는 동안 감정연구는 문화인류학, 사회학, 역사학, 여성학 등 다른 학문 분과에서 활발하게 이루어져 왔다. 이 학문 분과들에게 감정은 개인적이고 내면적 현상이라기보다 집단적인 사회문화 과정의 산물로 이해되었다. 하딩과 프리브람은 이제 문화연구에 오랫동안 지연된 '감정론적 전환'을 시도할 필요가 있다고 주장한다. 이 전환을 통해 문화연구가 개인을 사회와 접합시키는 기제이자 사회적 권력관계를 추동하는 힘으로서 감정을 포괄해 들임으로써 새로운 방향성과 구체성을 얻을 수 있다는 것이다.

---

1) 이를테면, 다윈의 진화론에 기반을 둔 진화심리학은 감정을 인간이 외부 자극 및 환경에 적응하기 위해 발전시킨 신체의 대응 양식으로 보면서 이를 보편적인 생리 현상으로 파악한다. 특히 공포나 분노 같은 기본 감정들을 적대적 외부 환경의 위험에 대처하고 개체의 욕구 만족에 장애가 되는 대상을 파괴하는 데 기여한 일종의 생존 기술로 이해된다.

문화연구의 감정론적 전환을 역설하는 이들의 주장은 이 책의 구상에도 중요한 지적 자극으로 작용했다. 문화연구가 사회구성체의 일부로서 개인의 일상적 삶에 일어난 미세한 변화를 포괄해 들이기 위해서는 개인의 실존적 자아 인식과 맞닿아 있는 감정 체험을 논의 속으로 들여와야 한다는 것은 지극히 당연한 요구다. 감정 경험을 문화연구의 논의 지평에서 배제한다면 주체와 주체화가 일어나는 공간으로서 일상성에 대한 온전한 이해는 일어나기 어렵다. 이데올로기 연구의 중요한 일부로서 감정을 포괄해 들여야 할 과제가 문화연구 앞에 놓여 있는 셈이다. 이 과제의 수행을 통해 의식적 앎에 집중되어 있던 기존 이데올로기론에도 시각의 전환이 요청된다. 이런 점에서 로렌 벌런트(Lauren Berlant)의 주장처럼 감정 연구는 "이데올로기 이론사의 한 국면이다. 감정론적 전환은 새롭고 인지 가능한 방식으로 우리가 아는 것과 우리에게 충격을 주는 것을 우리가 느끼는 것과 만나게 하는 쪽으로 관심을 돌려놓는다"(53). 개인이 한 사회 속에서 살아가는 일상의 세계는 균열과 틈새로 구멍이 숭숭 뚫리고 현실과 환상이 뒤엉켜 있는 모순 지대이다. 한 개인이 내밀하게 느끼는 감정 체험이 일상이라고 알려진 집합적 경험 속에서 일반화되는 과정을 이해하지 못한다면, 이른바 주체성(subjectivity)과 주체화 과정(subjectification)에 대한 이해도, 그것을 변화시키려는 실천적 노력도 일어나기 힘들다. 불평등한 권력관계가 생산·재생산되고 또 그에 대한 저항과 변화가 일어나는 일상의 삶-이곳이 바로 이데올로기가 작동하는 영역이다-에서 감정이 수행하는 역할을 문화연구가 포괄해 들여야 하는 이유가 여기에 있다.

하지만 지금까지 감정 연구는 '감정이란 무엇인가'하는 문제-이를테면 감정이 정신의 기능인지 신체의 기능인지, 혹은 개인적인 것인지 사회적인 것인지, 본성적인 것인지 문화적으로 습득된 것인지 등등-에 지나치게 매몰되어 왔던 관계로 감정이 실제 개인적·집합적 삶에서 어떻게 작용하며, 또 사회적 권력관계의 생산과 재생산에 어떤 역할을 수행하는지에 관해서는 제대로 논의하지 못했다. 이런 한계를 돌파하려면 감정연구의 초점을 옮겨야 한다. 여러 측면에서 단순화의 문제를 안고 있긴 하지만 사라 아메드(Sarah Ahmed)가 감정의 문화정치학에 기여한 측면이 여기에 있다. 아메드는 감정연구의 초점을 감정의 '존재론적' 위상에서 '수행적' 측면으로 옮김으로써 이런 한계에서 벗어날 길을 마련했다. 즉, 그는 감정을 사람들이 '가지고 있는' 물체(thing)로 사유하는 것에서 감정이 '행하는' 용법(use)을 사유하는 것으로 이론의 초점을 옮겼다(5). 이로써 광의의 '감정 사용법'을 문제 삼을 수 있게 되었다. 이를 통해 문화연구가 감정연구에 개입할 여러 통로가 열렸다. 이런 시각의 전환은 동시에 감정을 이른바 '진정성(authenticity)'의 범주에서 벗겨 내는 탈신비화를 수행한다. 다시 말해 감정은 이성보다 더 순수하게 내면의 '진리'를 드러내는 영역이라기보다는 사회문화적 헤게모니 구조 내에서 형성되는 공통 감각과 상식(common sense)이 형성되는 공간이다. 그런 까닭에 감정은 개인의 정체성이나 사회관계를 드러내는 창구인 만큼이나 그것들을 모호하게 흐리거나 은폐할 가능성도 상존한다. 이제 우리는 감정을 본질주의적 진리 계기와 연동시키지 않으면서도 다음과 같은 질문들을 던질 수 있게 되었다. 감정이 사회관계에 얽혀들 때 어떤 의미를 획득하는가?(감정의 의미구성 및 재구성) 산 경험이자 역동적 에너지로서 감정은 사회관계와 사회구성체에서 어떻게 순환되고 유통하는가?(감정 관계와 감정의 순환 경제) 지배적 권력관계는 주체의 감정을 어떻게 구성하고 활용하는가?(감정 규칙, 감정 관리, 감정노동) 새로운 공동체 구성의 정서적 자원이자 태도로서 어떻게 타자와 공존할 수 있는 주체적 감정을 길러낼 것인가?(감정의 자력화(empowerment), 감정민주주의, 감정 윤리학) 문화적 재현은 개인의 감성에 일어난 미세한 변화를 어떤 형식으로 드러내고 있는가?(감정 변화와 문화 재현 양식의 상관성) 이런 질문들에 답함으로써 문화연구는 주체가 구성되는 과정에 대한 한층 섬세한 이해에 이를 수 있을 뿐 아니라 주체의 감정적 변화를 통한 사회변화의 단초를 마련할 수 있을 것이다.

감정은 지배담론과 불평등한 사회적 관계가 재생산되는 정서적 매개인 동시에 그것을 해체할 수 있는 유동적 에너지이자 상호 주관적 과정이다. 이런 점에서 감정은 불가피하게 문화정치학의 일부이다. 한 사회의 작동 기제를 이해하고 문화의 지층에 묻힌 역동적 에너지에 접근하기 위해서는 의식적 언어나 세계관으로 표현되기 이전의 느낌을 이해하는 것이 필요하다. 하지만 그 필요성에 비해 학술적 연구는 극히 일천하다고 고백하지 않을 수 없다. 영미 영문학계에서는 감상 소설이나 멜로드라마, 고딕 소설 등 지금까지 주로 여성적 장르로 폄하되어 온 문학 형식들에 대한 페미니스트들의 재해석을 통해 감정의 문제가 쟁점으로 떠올랐지만, 보다 포괄적 시각에서 감정의 성격을 해명하고 이를 문화 생산물과 연결시키는 작업은 2000

년대 들어 본격적으로 이루어지고 있다. 국내 학계에서 감정의 문화정치학은 이제 막 시작되었다고 할 수 있다. 최근 10년간 몸에 대한 연구는 폭발적으로 늘어났지만 감정 관련 연구는 일단 수적으로 빈약할 뿐 아니라 그나마 개별 작가나 장르 연구를 통해 부분적으로 이루어지고 있다. 최근 2~3년 사이 대중 인문학의 한 형태로 감정 문제가 부상하여 독자들에게 반향을 일으키고 있지만, 아직 흥미로운 주제로 소비되고 있는 것 이상으로 연구가 진척되고 있다고 말할 수는 없다. 이 공동 저서는 한국 인문학의 결핍 지점으로 남은 감정 연구를 문화론의 시각에서 시도해 보려는 시도다. – 이명호 외, 『감정의 지도 그리기』, 소명출판, 2015, 5~13쪽.

글쓰기 연습

- 윗글을 정독한 뒤 각 단락의 핵심문장(소주제문장)을 찾아보자.
- 핵심문장을 중심으로 단락별 소제목을 작성해 보자.
- 핵심문장을 중심으로 전체 내용을 한 단락으로 요약해 보자.
- 윗글에서 저자가 참조한 참고문헌을 찾아 각주를 다는 연습을 해 보자.

생각하고 토론하기

- 저자는 격정적 정념처럼 격렬한 힘으로 우리를 사로잡는 감정으로 '분노와 사랑, 공포'를 언급하고 있다. 이러한 감정에 대해 개인의 구체적 경험이나 혹은 문자 텍스트(소설이나 시 등)와 영상 텍스트(영화, 드라마 등) 사례를 들어 조별로 이야기해 보자.
- 감정이 '개인을 구성하면서 사회 공동체의 관행과 신념을 구성한다.'(개인적인 동시에 집합적인 특성)고 했을 때, 구체적인 사례를 하나 찾아 자신의 의견을 적어 보자.
- '감정 민주주의'가 무엇인지 생각해 보고, '감정의 민주화'를 위해 어떤 노력이 필요한지 자신의 생각을 적어 보자.

예문 3

호모 센티멘탈리스의 탄생

프로이트와 클라크 강의

나는 대규모 문화 변동에다 특정한 날짜를 가져다 붙이는 관행을 원래 불신하는 데다, 문화 사회학자로서 그러한 관행에 반대하는 태도를 배워 왔다. 그럼에도 불구하고 미국의 감정 문화가 변모한 연도를 고르라고 한다면, 나는 1909년을 고를 수밖에 없다. 지그문트 프로이트(Sigmund Freud)가 미국을 방문해 클라크 대학에서 강연했던 해가 바로 1909년이다. 입문적 성격의 5회 강연에서 프로이트는 다양한 수준의 청중을 상대로 정신분석학의 핵심 개념들(적어도 미국 대중문화에서 커다란 반향을 불러일으키게 되는 개념들)을 소개했다. 말실수 개념, 무의식이 운명을 결정하는 데 어떤 역할을 한다는 개념, 꿈이 정신생활(psychic life)의 핵심이라는 개념, 욕망은 많은 경우 성적인 특징을 띤다는 개념, 가족은 정신(psyche)의 기원이자 정신적 병리 현상들의 궁극 원인이라는 개념 등이 그것이다. 정신분석학에 대해 수많은 사회학적·역사적 분석이 행해져 왔는데, 이런 분석들을 보면 한 가지 이상한 점이 있다. 정신분석학의 지성사적 기원들은 무엇이었는가, 정신분석학이 자아를 문화적으로 구축하는 데에 어떤 영향을 미쳤는가, 정신분석학은 학문 개념들과 어떤 관계인가 등에 대해서는 상세하고 복잡한 논의들이 나와 있는 반면, 단순하고 자명한 한 가지 사실, 곧 정신분석학이 감정생활을 재구성했다는 사실에 대해서는 아무런 논의가 없었다는 점이 바로 그것이다. 정신분석학, 그리고 정신분석학의 반체제성을 추종하는 온갖 정신 이론들은 (물론 표면적으로는 감정생활을 해부하는 데만 관심이 있었던 것처럼 보여도) 일차적으로는 감정생활을 재구성한다는 사명을 띠고 있었다. 좀 더 정확히 말해서, 임상심리학의 갖가지 분파들-프로이트 심리학, 자아 심리학(Ego psychology), 인본주의 심리학(Humanist psychology), 대상관계 심리학(Object-Relation psychology)-은 20세기를 통틀어 미국의 문화 풍경을 지배해 온 이른바 새로운 감정양식-치료학적 감정양식-을 정식화했다.

'감정양식'이란 무엇인가? 『철학의 새로운 경향(Philosophy in a New Key)』이라는 수

전 랭어(Susan Langer)의 유명한 저서에 따르면, 철학사의 각 시대는 "저마다의 편향"이 있으며, 철학이 이러저러한 문제를 "이 시대 혹은 저 시대의 문제로 규정"하는 근거는 문제의 내용이 아니라 "문제를 다루는 양태"-랭어에 따르면 "테크닉"-이다. 나는 20세기 문화가 감정생활을 다루었던 방식들을 치료학적 감정양식이라고 부르겠다. 20세기 문화는 감정생활의 병인론(etiology)과 형태론(morphology) 방향의 "편향"을 보였으며, 그런 감정들을 이해하고 조절하는 특수한 "테크닉"-언어적 테크닉, 학문적 테크닉, 상호작용에서의 테크닉-을 고안했다. 근대적 감정양식은 전간기(1차대전에서 2차대전까지)의 비교적 짧은 시기에 출현했던 치료학 언어에 의해서 구성되어 왔다(전부 다는 아니라도 대체로는 그러했다). 위르겐 하버마스의 표현을 빌리면, "19세기 말에 하나의 학문 분야(정신분석학)가 단 한 사람(프로이트)의 손에서 출현했다." 하버마스의 말에 살을 붙이자면, 이 학문 분야는 순식간에 단순한 학문 분야를 넘어서 하나의 분화된 지식체(body of knowledge)가 되었다. 정신분석학이라는 새로운 문화 실천 세트는 자아, 감정생활, 나아가 사회관계에 대한 구상들을 재편할 수 있었는데, 이는 정신분석학의 독특한 위치(엘리트문화 대 대중문화라는 이중적 영역에 위치하는 동시에 학문 생산 영역에 위치함) 덕분에 가능한 일이었다. 로버트 벨라(Robert Bellah)는 '프로테스탄트 종교개혁'이 "정체성의 상징들을 가장 근본적인 차원에서 재정식화했다."고 말했다. 치료학 담론에 대해서도 같은 말을 할 수 있다. 바로 그런 정체성의 상징들이 재정식화됨으로써 새로운 감정양식이 출현하게 된 것이다.

새로운 감정양식이 출현한다는 것은 대인관계에 대한 새로운 구상, 곧 자아와 타인들 간의 관계를 사유하고 그러한 관계의 여러 가능성을 상상하는 새로운 방식이 정식화된다는 것이다. 실제로 대인관계는 (민족(nation)이 그렇듯) 사회적 친밀함이나 소원함에 의미를 제공하는 상상적 각본에 따라서 움직인다. 곧 우리는 대인관계들을 이러한 각본에 따라서 사유하고 욕망하고 논의하며, 또 우리는 이러한 각본에 따라서 대인관계를 배신하거나 대인관계를 위해 투쟁하거나 대인관계를 놓고 협상을 벌인다. 따라서 나는 다음과 같은 주장을 펴겠다. 프로이트는 자아와 자기 과거 간의 관계를 새롭게 구상함으로써 '자아와 자신 간의 관계(the relationship of the self)'와 자아와 타인들 간의 관계를 재정식화했다는 점에서 문화에 지대한 영향을 미쳤다. 대인관계에 대한 이런 구상들은 미국 대중문화에서 끊임없이 등장하게 되는 여러 개념들 및 문화 모티브들에서 정식화되었다.

가령 첫째로, 정신분석학의 구상에 따르면 자아는 핵가족을 그 기원으로 한다(곧 자아의 이야기와 역사는 핵가족 내부에서, 핵가족으로부터 시작된다). 과거에 가족은 나라는 존재를 모종의 연표와 사회질서 안에 '객관적으로' 자리매김하는 방법이었지만, 정신분석학과 함께 가족은 전기적 사건-상징적인 차원에서 내가 평생 동안 짊어져야 하는 사건이자 나의 개체성을 고유하게 표현하는 사건-이 되었다. 아이러니한 일은, 결혼의 전통적 기반이 무너지기 시작하던 바로 그때, 가족은 자아에 한층 더 집요하게 달라붙게 됐다는 것이다. 단 이때의 가족은 '이야기', 곧 자아를 펼치는 '플롯'이었다. 가족은 자아가 시작되는 기원인 동시에 자아가 벗어나야 하는 멍에였다는 점에서 새로운 자아됨의 내러티브를 만들어 내는 데 가족의 역할은 더 중요해졌다.

둘째로, 정신분석학의 새로운 구상에서 자아는 일상생활의 영역-스탠리 카벨(Stanley Cavell)에 따르면 '평온무사한(uneventful)' 영역-내부에 확고히 자리 잡혀 있다. 『일상생활의 정신병리학(Psychopathology of Everyday Life)』을 예로 들어 보자(이 책은 1901년에 출판되었으며 이 책에 나오는 여러 개념들이 클라크 강의에 두루 포함되어 있다). 이 책에서 프로이트는 주변에서 흔히 볼 수 있는 지극히 평범한 일, 곧 착오행위(parapraxis)-말실수-라는 토대 위에 새로운 학문을 세우겠다고 했다. 프로이트에 따르면, 말실수는 우리의 자아에 대해서, 그리고 자아의 가장 깊은 곳에 감추어진 욕망들에 대해서 지극히 중대한 의미를 담고 있는 어떤 것이었다. 프로이트의 자아 이론은 정체성에 대한 관념적·영웅적 정의를 벗어나 정체성을 일상생활의 영역, 특히 직장과 가정에 자리매김했고, 그런 면에서는 부르주아 문화혁명의 요체였다고 할 수 있다. 그러나 프로이트의 구상은 여기서 한발 더 나아갔다. 곧 프로이트의 손에서 자아는 자기를 찾아 주고 구축해 줄 무언가를 기다리는 존재로 설정됨으로써 새로운 후광을 얻었다. 평범하고 일상적이었던 자아가 신비롭고 좀처럼 도달할 수 없는 존재가 되었다. 프로이트에 대한 전기적·철학적 해설서에서 피터 게이(Peter Gay)가 주장했듯이, "많은 사람들이 '정상적' 성행위라고 칭하는 것은 알고 보면 기나긴(종종 중단되는) 순례의 종착지다. 목적지에 도달하지 못할 사람들도 많다. 성숙한 성충동, 정상적인 성충동은 일종의 **성취**이다"(강조는 인용자의 것). 자아는 서로 대립하는 두 문화 이미지인 정상과 병리를 종합함으로써 평범했던 자아를 상상 속에 존재하는 매력적인 대상으로 만들었다. 프로이트는 문화적으로 두 가지 점에서 놀라운 성과를 거뒀다. 우선 프로이트는 그때까지 병리라고 규정되던 것을 정상의 범주에 집어넣는 방식으로 정상의 영역을 확장했다(예를 들어 프로이트는 성적 발달이 동성애와 함께 시작된다고 보았다). 이어 프로이트는 정상성 그 자체를 문제로 만들었으며 이로써 정상성을 도달하기 힘든 목표로 설정했다. 다시 말해 프로이트는 정상성을 각종 문화 자원들을 동원해야 겨우 도달할 수 있는 어떤 것으로 만들었다(예를 들어 이성애는 이제 당연한 사실이 아니라 도달해야 하는 목표가 되었다). 미셸 푸코(Michel Foucault)의 주장에 따르면 19세기의 정신병 담론은 정상과 병리 사이에 제도적으로 넘을 수 없는 경계를 세웠다. 그렇다면 프로이트는 그런 경계를 체계적으로 흐려 놓은 인물이다. 요컨대 프로이트의 손으로 세워진 것은, 새로이 캐스팅된 병리적 인물들로 우글대는 새로운 종류의 정상성이요, 결말이 열려 있는 자아 프로젝트요, 막연하면서도 강력한 자아 목표이다.

셋째로(중요성에 있어서는 첫째와 둘째에 못지않다), 프로이트는 이러한 새로운 구상의 핵심에 성, 성적 쾌락, 섹슈얼리티를 놓았다. 프로이트가 등장하기 전까지는 섹슈얼리티를 규제하는 방편으로 다량의 문화 자원들이 동원되었는데, 이를 고려하면 프로이트가 억제되어 있던 당대의 상상력에 불을 지폈으리라는 것은 충분히 짐작할 수 있다(프로이트의 손으로 세워진 열린 결말의 자아 프로젝트에서 성과 섹슈얼리티는 병리를 야기할 수 있는 강력한 무의식적 원인인 동시에 성숙한 발달의 신호였다). 섹슈얼리티가 현대 구상 속에 매끄럽게 통합될 수 있었던 데는 그럴 만한 이유가 있었다. 곧 매우 현대적인 모티브인 섹슈얼리티는 역시 매우 현대적인 모티브인 언어와 결합함으로써 19세기 섹슈얼리티의 '원시주의적' 함의들을 벗어났다. 한편으로는 언어 안에 예상 밖의 새로운 섹슈얼리티가 들어와 있었고(예를 들면 '착오행위'-말실수-의 테마), 다른 한편으로는 섹슈얼리티 자체가 상당한 개념화·언어화 작업을 거쳐야 비로소 도달될 수 있는 문제, 곧 언어적인 문제가 되었다.

정신분석학의 구상이 미국에서 이처럼 엄청난 영향을 미치게 된 데는 여러 가지 제도적·조직적 이유들이 있다. 첫째, 미국의 가족은 점점 삼각형 구조-존 데모스(John Demos)에 따르면 "온실" 가족-를 띠게 되었는데 이러한 삼각형 구조는 오이디푸스 컴플렉스라는 프로이트의 삼각형 이론과 흡사했다. 둘째, 프로이트의 여러 이론들은 초기 및 중기 소비문화의 핵심이라 할 수 있는 진정성 찾기와 공명했다. 셋째, 학술기관, 의료기관, 저술기관 등에 속해 있던 각종 성원들이 프로이트의 여러 이론들을 수용하고 유포했다. 넷째, 의료 행위와 대중문화 사이의 제도적 경계가 뚜렷하지 않다 보니, 의사들이 프로이트주의 등과 같은 새로운 개념의 대중화를 담당했다. 마지막으로, 의학과 대체의술 사이에서 격렬한 논쟁이 벌어졌고, 프로이트의 패러다임을 통해 양자의 화해가 이루어지는 것처럼 보였다. 미국 제도들이 프로이트의 개념들에 열광했던 데는 여러 가지 복잡한 이유가 있었지만, 아쉽게도 여기서 그것을 길게 말할 수는 없다. 여기서는 간단하게 정신분석학의 독특한 입장을 지적하고 끝내겠다. 정신분석학은 한편으로는 심리학, 신경학, 정신병학, 의학 등 여러 가지 분화된 실천을 연결하고 다른 한편으로는 고급문화와 저급문화를 연결하는 입장에 있었으며, 바로 그런 이유에서 미국 문화의 온갖 지점들로 널리 확산될 수 있었다. 미국 문화의 여러 지점 중에 정신분석학의 흔적이 특히 눈에 띄는 곳이 바로 영화와 실용서다.

실용서는 1920년대에 영화와 함께 문화산업으로 부상했고, 나중에는 심리학의 개념들을 유포하고 감정 규범들을 설명하는 가장 튼튼한 발판이 된다. 실용서는 여러 가지 요건들을 한꺼번에 충족시켜야만 한다. 첫째, 실용서란 일반적인 어법을 사용해야 한다. 다시 말해 법칙 비슷한 언어로 법칙 비슷한 명제를 진술해야 한다. 그래야 실용서의 권위를 확보할 수 있다. 둘째, 다양한 내용의 문제들을 다루어야 한다. 그래야 일정하게 소비되는 상품이 될 수 있다. 셋째, 초윤리적 태도를 견지해야 한다. 다시 말해 섹슈얼리티나 사회관계에서의 처신과 관련된 문제에 대해서 중립적 관점을 제공해야 한다. 그래야 가치와 시각을 달리하는 다양한 독자층을 확보할 수 있다. 끝으로, 신용할 수 있는 적법한 출처를 밝힐 수 있어야 한다. 정신분석학과 심리학이 실용서 산업의 노다지가 됐던 것은 바로 이런 이유에서였다. 상술하자면, 정신분석학과 심리학은, 첫째로 과학의 후광에 둘러싸여 있었으며, 둘째로 온갖 개별 내용들에 적용될 수 있었으며(온갖 개별적 특수성에 맞출 수 있었으며), 셋째로 온갖 문제들을 다룰 수 있는 덕에 제품 다각화가 가능했으며, 넷째로 금기시된 주제에 대해서 냉정한 과학의 시선을 제공하는 것처럼 보였다. 소비시장이 확장되면서, 출판산업과 여성 잡지는 바로 이런 유의 언어-이론과 이야기를 동시에, 일반성과 특수성을 동시에, 가치판단의 배제(non-judgmentality)와 규범성을 동시에 제공할 수 있는 언어-에 매달렸다. 실용서가 독자에게 직접적인 방식으로 영향을 미치는 것은 아니지만, 그럼에도 실용서는 자아에 필요한 어휘와 사회관계들을 놓고 타협을 벌이는 데 필요한 어휘를 제공한다는 점에서 중요한 의미를 갖는다. 이러한 실용서의 중요성이 아직은 충분히 인식되지 않고 있다. 한편으로 오늘날의 문화 질료들은 많은 경우 충고, 지침, 처방의 형태로 우리에게 주어지며, 다른 한편으로 여러 사회 거점에서 자아는 내가 만든(self-made) 자아-여러 문화 레퍼토리들을 이용하여 행동의 방향을 결정하는 자아-로 나타난다. 이런 점을 고려할 때, 실용서가 자아의 자기 이해에 필요한 어휘를 구성하는 데 중요한 역할을 했으리라는 것은 쉽게 짐작할 수 있다. - 에바 일루즈, 김정아 옮김, 『감정 자본주의-자본은 감정을 어떻게 활용하는가』, 돌베개, 2010, 23~32쪽.

글쓰기 연습

- 윗글을 정독한 뒤 각 단락의 핵심문장(소주제문장)을 찾아보자.
- 핵심문장을 중심으로 단락별 소제목을 작성해 보자.
- 핵심문장을 중심으로 전체 내용을 한 단락으로 요약해 보자.
- 윗글에서 저자가 참조한 참고문헌을 찾아 각주를 다는 연습을 해 보자.

생각하고 토론하기

- 프로이트는 『일상생활의 정신병리학』에서 '말실수'를 통해 자아의 무의식적 욕망을 발견해 낸 바 있다. 자신의 말실수 경험(없다면 영화나 드라마, 문학 작품에서의 꿈 등을 활용)을 통해 의식과 달리 무의식적 소망을 드러내 본 경험을 이야기해 보자.
- 정상과 병리는 시대마다 기준이 다를 수 있다. 20세기 이전에는 병리(비정상)였으나 20세기 이후로는 정상이 된 사례를 찾아 그 이유를 적어 보자.
- 1920년대에 영화와 실용서라는 문화산업 시장에 정신분석학(또는 심리학)이 활용되어 효과적으로 '감정 규범'을 설명할 수 있었던 배경이 무엇인지 생각해 보자.

위기와 전환 : 세계

자본주의, 다시 깊은 성찰이 필요하다

21세기 인류는 또 한 번의 '거대한 전환'을 예고하고 있다. 19세기 이후 세계를 관리·통제해 온 과학과 기술, 자본주의 제도와 시스템의 불합리성이 다시금 새롭게 노출된 것이다. '기후 변화와 에너지 전환', '생태 환경의 보존과 개발', '부와 소득의 불평등', '제국적 생산양식', '플랫폼 자본주의와 디지털 경제' 등과 관련된 논의는 '거대한 전환'을 위한 구체적 목록들이다. 그것들이 '거대한' 이유는 자본주의 세계의 모든 지대에서 동시다발적으로 진행되는 까닭이다.

문명사의 관점에서 보면 '전환'의 논리는 언제나 '위기' 상황을 전제로 한다. 문명의 위기란 일반적으로 전환의 필요성에 대한 알리바이로 작용하는 경우가 많다. 이런 측면에서 21세기의 '거대한 전환'은 곧 자본주의 체제의 '거대한 위기'와 밀접하게 관련된다. 20세기 이래의 '체제는 모두 자본주의의 서로 다른 버전'이기 때문이다.

자본주의는 경제체제이며, 그 자체로는 가치중립적이다. 하지만 자본주의는 경제를 넘어 정치, 사회, 문화, 자연, 인간 존재 등 세계 속의 모든 것에 큰 영향을 끼친다. 자본주의의 영향력은 막대할 뿐 아니라 교묘하게 이중적이다. 피터 버거의 말처럼 "자본주의는 해방하는 동시에 억압한다." 한편 자본주의는 인간이 느끼고 생각하며 행하는 것, 인간을 둘러싼 모든 것을 '자본'으로 변환한다. 노동, 생산물(물건, 지식, 예술 작품 등), 자연물, 풍경, 시공간, 감각 등은 모두 자본이 되며, 자본의 명령으로 생산되고 소비하는 상품이 된다. 이에 따라 막강한 자본화의 대열에 끼지 못한 존재는 누구든, 무엇이든 쓸모없는 '잉여'로 전락한다. 가상공간 속의 존재라고 해도 결코 예외가 없다.

울리히 브란트와 마르쿠스 비센은 '제국적 생활양식'이라는 개념을 도입하여 전 지구적 자본주의 시대의 인간과 자연에 대한 착취 구조와 그 실천적 대응방식에 대해 다각적으로 접근한다. 그들의 책 『제국적 생활양식을 넘어서』의 핵심 내용은 자본주의 중심부에서의 일상생활이 지속적으로 높은 수준을 유지하기 위해 '다른 곳'의 생태학적·사회학적 자원을 이용하고 있다는 것, 더욱이 '제국적 생활양식'은 점점 더 보편화하고 심화하는 양상을 보이기에 '연대적 생활양식'으로의 전환과 같은 좀 더 근본적인 변화와 대안이 필요하다는 것으로 이해해 볼 수 있다.

토마 피케티는 부와 소득의 불평등 문제를 정형화하여 정치·경제학적으로 접근한다. 그는 불평등은 사회정의라는 민주주의의 기초를 붕괴시킴으로써 '세습자본주의' 사회를 초래할 것이라고 경고한다. 자본에 의해 부가 축적되기 때문에 빈부의 격차는 점차 심해질 수밖에 없다는 것이다. 이어서 그는 불평등을 심화시키는 '세습자본주의'를 바로잡기 위해 누진적 재산세와 소득세, 상속세를 제안한다. 특히 소득과 부의 불평등을 해소할 수 있는 가장 이상적인 방법은 부에 대한 누진적 글로벌 과세와 자본에 대한 정치적 통제임을 주장한다.

그러나 신중섭은 피케티의 주장을 철학적 관점에서 판단했는데, 이를 요약해 보면, 피케티가 지지하는 재분배 국가는 도덕을 위장한 부정의(不正義)일뿐 아니라 경제성장을 방해한다는 것, 불평등을 문제 삼을 때 개인의 자유와 경제적 자유는 훼손된다는 것, '정당한 불평등'은 필요하다는 내용으로 정리된다.

메그나드 데사이 역시 마르크스가 자본주의의 종말을 주장하고 사회주의의 도래를 예언했다는 그간의 편견과 오해를 반박한다. 오히려 마르크스야말로 정치·경제학 연구를 통해 자본주의의 역동성을 일찌감치 감지한 '사회천문학자'였다는 것이며, 현재적 자본주의의 역동성이야말로 마르크스주의자들에게 내리는 복수일 뿐이라는 것이다.

21세기 이후의 미래 자본주의가 어디까지 진화할지를 예측하긴 어렵다. 다만 분명한 사실은 이제까지 그랬던 것처럼, 자본주의는 끊임없는 자기 수정과 영구 '전환'을 선보이며 쉽게 사라지지는 않을 것이라는 점이다. 지난 300여 년간 보여 준 자본주의 제1의 법칙은 무엇보다도 세계에의 무한 적응능력에 있었지 않았던가. 다시 깊은 성찰이 필요한 시간이다.

예문 1

제국적 생활양식의 개념 정의

명백히 헤게모니의 진실은 그 헤게모니를 행사해야 할 집단들의 이해관계와 경향을 고려하는 것을 전제한다. - 안토니오 그람시

이 개념의 핵심 사상은 자본주의 중심부에서의 일상생활이 본질적으로 다른 곳에서의 사회관계와 자연 관계의 형성에 의해, 즉 전 지구적 척도에서 노동력과 자연 자원 및 흡수원에 대한 원리적으로 무제한적인 접근에 의해, 따라서 자신이 자기 환경에 방출하는 것보다 더 많은 특정 물질을 받아들이는 생태계(이산화탄소의 경우에는 열대 우림이나 대양 같은)에 의해 가능해진다는 것이다. 자본주의 중심부에서의 삶에 결정적인 것은 다른 곳, 특히 남반구 사회들이 조직되고 자연에 대한 그들 사회의 관계가 형성되는 방식이다. 왜냐하면 이것은 북반구 경제에 필요한, 남반구로부터의 노동과 자연의 이전이 보장되어 있는지 여부에 근본적으로 좌우되기 때문이다. 역으로 북반구에서의 제국적 생활양식은 다른 곳의 사회들을 결정적인 위계적 방식으로 구조화한다. 우리는 철저히 의식적으로 애매모호한 '다른 곳'이라는 표현을 선택했다. 가정용 제품, 의료기기 또는 운송 및 물과 에너지 공급의 기반 시설에 들어가는 원료의 출처, 그 원료를 추출하거나 섬유와 식품을 생산하는 노동조건 그리고 이를 위해 필요한 에너지 소비는 수많은 필수 일상 용품의 구매와 소비 또는 이용에서는 보이지 않는다. 여기에는 또한 예를 들어 인쇄 매체나 디지털 매체 같은 '문화적 식품'도 속한다. 구매와 이용의 자명성을 비로소 가능하게 만드는 것은 바로 이러한 사회적이고 생태학적인 전제의 비가시성이다. 농촌사회학자 필립 맥마이클(Philip McMichael)은 식품의 원산지와 생산을 모호하게 함으로써 시공간적으로 무제한적인 식품의 이용 가능성을 정상화하는 이 전략을 "어디에서도 오지 않는 먹거리(Food from nowhere)"라고 명명했다. 겨울에 독일의 학교 급식실에서 제공하는 중국산 딸기, 불법 이주자들이 안달루시아에서 북유럽 시장을 위해 생산하는 토마토, 그리고 북반구 소비자를 위해 태국이나 에콰도르의 맹그로브 숲을 파괴해 가며 양

식하는 새우를 예로 들 수 있다.

우리가 제안한 '제국적 생활양식' 개념은 북반구 주민의 정치적, 경제적, 문화적 일상 구조와 실천에 깊이 자리하고 있으며 점차적으로는 또한 남반구의 신흥 경제국에도 유입되고 있는 생산과 분배와 소비 규범을 가리킨다. 생각할 수 있는 것은 물질적 실천뿐만 아니라 특히 그것을 가능케 하는 구조적 조건 및 그것과 결합한 사회적 이상과 담론이다. 이를 간단히 정식화하면 이렇다. 즉 다양한 제국적 생활양식으로 이루어지는 '좋은' 그리고 '올바른' 삶의 기준은 일상에 각인된다. 제국적 생활양식이 비록 포괄적인 사회관계와 특히 물질적이고 사회적인 하부구조의 일부분일지라도 말이다.

이런 측면에서 생활양식에 대한 우리의 구상은 우리가 자본주의사회 구성체 같은 모순적인 사회 구성체는 일상적 실천과 상식에 자리 잡고, 그에 따라 이를테면 '자연적'인 것이 될 때에만 재생산할 수 있다고 가정하는 안토니오 그람시의 전통에 서 있다. '제국적'이라는 형용사를 가지고 우리는 그람시를 넘어서 생활양식의 전 지구적이고 생태학적인 차원을 강조하고자 한다.

제국적 생활양식은 자본주의사회의 재생산에서 본질적인 계기다. 그것은 담론과 세계관에 근거해 세워지고, 실천과 제도 안에서 공고화하며, 시민사회와 국가의 사회적 대결의 결과다. 그것은 불평등과 권력 및 지배에, 때로는 폭력에 토대하며, 동시에 이런 것들을 산출한다. 그것은 주체들로부터 분리되어 있지 않다. 오히려 주체들의 상식을 산출하고, 그들에게 규범을 제공하는 동시에 행위할 수 있는 능력을 부여한다. 여성과 남성으로서, 이익을 극대화하고 스스로를 다른 사람보다 우월하다고 느끼는 개인으로서, 특정한 형태의 좋은 삶을 추구하는 자로서 말이다. "헤게모니적 세계관의 전유와 주체의 구성은 일치한다. 바로 헤게모니는 강요와 등치될 수 있는 것이 아니라 합의에도 의거하기 때문에, 헤게모니적 세계관의 상식으로서의 통합은 단순히 강요되는 것이 아니라 오히려 자기 활동성도 있다." 그러나 이러한 것은 또한 생활양식이 여전히 논쟁의 여지가 있음을 의미한다. 생활양식에는 언제나 대안적이고 전복적인 해석과 실천이 유입되며, 요구와 대안적 원망이 통합된다. 그런 측면에서 각각의 모든 생활양식은 언제나 복종과 전유의 모순적인 동시성을 포함한다.

제국적 생활양식 개념은 사람들의 일상을 사회구조와 결합한다. 그것은 지배적인 생산과 소비 규범의 사회적이고 생태학적인 전제 및 이러한 전제에 내포된 지배 관계를 가시화할 것을 요구한다. 그리고 그것은 어떻게 지배가 신식민지적인 남북 관계에서, 계급과 젠더 그리고 인종주의화한 관계에서, 소비와 생산의 일상적 실천에서 정상화함으로써 더 이상 그러한 지배로서 지각되지 않는지 설명하고자 한다. 따라서 생활양식 개념은 생산양식 개념도 포함하며, 생산의 기술적 조건 및 기업과 노동조직의 형식을 지배적인 소비 규범에 대한 그것들의 관계로 받아들인다.

그리하여 이 개념은 의미론적으로나 부분적으로는 이론적으로도 가까운 두 개념, 즉 생활 영위(Lebensführung) 개념 및 라이프스타일(Lebensstil) 개념과 구별된다. 일상적 생활 영위라는 잘 다듬어진 사회학적 개념은 개인이 다양한 일상적 요구를 어느 정도 일관된 삶의 계획으로 통합하는 방식과 관계가 있다. 그것은 "한 사람이 삶의 다양한 영역에서 날마다 실행하는 다양한 실천적 활동의 배열 또는 연관을 가리킨다." 생활 영위의 구체적 모범과 관련해 중요한 것으로 여겨지는 것은 물질적, 문화적, 사회적 자원에 대한 접근과 그 소유 가능성이다. 이것들은 불평등하게 분배되어 있으며, 따라서 불만과 비판의 출발점이다. 여기서 생활 영위 개념과 생활양식 개념이 만난다. 그럼에도 불구하고 생활 영위 개념에서는 대체로 '행위자의 등 뒤에서' 그리고 단연코 전략적이고 권력 형식을 지닌 행동의 결과로 형성되는 사회적 조건이 여전히 그늘에 가려져 있다. 그런 까닭에 우리의 생활양식 개념은 물질적일 뿐만 아니라 문화적이기도 한 생활 영위 조건의 생산과 분배의 양태를 좀 더 강하게 설명에 포함한다. 또한 위기의식과 지배적이거나 대안적인 문제도 좀 더 크게 주목을 받는다. 마지막으로 생활 영위 개념이 사람들이 어떻게 신자유주의적으로 각인된 노동 과정과 소비 강제의 기대에 대처하고 그것을 자기 삶의 계획으로 받아들이는지 파악하는 것을 목표로 삼는 데 반해, 제국적 생활양식 개념은 신자유주의적 조건하에서 일상적 생활 영위가 어떻게 사회적·생태학적으로 파괴적인 결과를 외부화함으로써 성공적일 수 있는지에 대해 묻는다.

우리가 라이프스타일 개념과 거리를 둘 때는 그것이 개인화 논쟁의 맥락에서 이용되고 계급 구조나 젠더 관계와 인종 관계 및 자본주의사회의 국민국가적 체제를 끌어내는 선택의 자유의 계기를 포함하는 경우다. 그에 반해 우리의 생활양식 개념은 개인에게서 각각의 선택의 자유를 부정하지 않으면서 사회구조에 내포된 비대칭을 강조한다. 라이프스타일 개념을 피에르 부르디외의 전통에서 사용하면, 그것은 우리의 생활양식 개념에 좀 더 가깝게 다가온다. 요컨대 그 경우 이 개념은 가령 취향의 선호에서 신체적으로 드러나는 불평등한 사회관계에 관한 생각을 함축한다. 취향과 그로부터 결과하는 행동의 '미묘한 차이'에서는 사회적 불평등이 재생산되고, 개인의 신체에 새겨지며, 이러한 방식으로 이를테면 '자연'이 된다. (중략)

연대적 생활양식

제국적 생활양식의 변화는 다양한 지점에서 착수해야만 한다. 즉 자본주의적 팽창과 땅 차지하기를 밀어내고 연대적 생활양식을 가능케 하는 다른 정치적 규칙 및 사회적 자명성과 이상을 창출해야 한다. 중요한 것은 또한 주체성의 변화와 사람들이 경험할 수 있는 부정의의 감소 그리고 세력 관계의 변동이다. 문제는 자본주의적 팽창과 땅 차지하기를 뒷받침하고 사회를 위계화하는 훈육적인 실천 저편의-영양, 주거, 의복, 건강 등-삶의 구체적 차원이다.

연대적 생활양식이 사회적으로 보편화하는 과정은 동시에 사회적 조건의 변화로서, 그리고 사람들의 사고와 행위의 자기 변화로서 수행된다. 비판은 대안의 발전을 위해 중요하다. 왜냐하면 한편으로 미래의 것은 기존의 것으로부터 출현해야만 하고 이를 위해 일반적으로 먼저 후자를 일단 파악해야만 하기 때문이다. 다른 한편 제국적 생활양식은 수많은 사람의 욕망과 몸에 새겨져 있다. 따라서 대안은 자신의 생활양식과의 대결, 그리고 제국적 생활양식 저편의 대안적 경험에 대한 허용으로부터 성립한다. 철학자 미셸 푸코는 기존의 관계와 이 관계로의 자신의 편입에 대한 실천적 비판의 이러한 형식 및 다른 주체성의 형성을 "그런 식으로 통치되지 않는 기술" 및 "자발적인 불복종의 기술"이라고 불렀다.

비록 푸코가 그것을 무엇보다도 우선 개인에 대해 생각했다 하더라도, 우리 생각에 그것은 노동조합과 사회 전체 같은 집단적 행위자에게도 적용된다. 그것은 변화하는 틀 조건과 다른 세력 관계 및 사회적 방향 정립 그리고 좋은 예와 더불어 자신의 생활양식에 대해 기꺼이 의문을 제기하고자 하는 의지를 필요로 한다. 왜냐하면 다음은 분명하기 때문이다. "우리는 근본적으로 아무것도 변화시킬 수 없으며, 기껏해야 아마도 몇 가지 사소한 것을 개선하기 위해 몇 개의 나사를 돌릴 수 있을 뿐이라는-하지만 약간 좋은 것은 전혀 좋은 것이 아니라는- 치명적인 생각은 사회적 정체로 이어진다. 만약 우리가 더 이상 아무것도 변화시킬 수 없다면, 우리는 뒤떨어질 것이고, 다원주의는 시민이 마지막 자리로 물러서서 자기에게 제공되는 광경에 대해 기껏해야 동의하며 고개를 끄덕이거나 좀 더 흔히는 자기의 의견을 헤아리지 않는다고 낙담해 머리를 흔드는 구경꾼 민주주의가 될 것이다."

비판적-해방적 전환이라는 의미에서의 변화는 우선 문제가 있는 발전에 제동을 거는 것을 의미한다. 땅 차지하기와 인간과 자연의 상품화에 의한 자본주의적 팽창의 계속적인 과정과 국제적 수준에서, 예를 들어 캐나다-EU 포괄적 경제무역협정(CETA)에 의해 제도화해야 하는 것과 같은 신자유주의적 속박의 권위주의적 정책 그리고 제국적 생활양식의 부정적 결과의 외부화 및 갈등 해소의 증대되는 폭력성과 군사화에 브레이크를 걸어야 하는 것이다.

나아가 수많은 필요한 방어 투쟁을 넘어서서 전략적으로 문제되는 것은 제국적 실천을 억제하고 몰아내는 것이다. 이는 또한 근본적인 사회적 전환이 녹색 경제에 관한 논쟁에서 널리 퍼져 있는 가정과 달리 결코 승리하는 자만을 아는 것은 아니라는 걸 의미하기도 한다. 많은 사람은 서로 다른 크기로 잃을 것이며, 잃지 않을 수 없다. 왜냐하면 그들이 행하는 것은 보편화할 수 있는 게 아니라 다른 사람들의 희생으로 이루어지는 것이기 때문이다. 베른트 조머(Bernd Sommer)와 하랄트 벨처(Harald Welzer)는 이러한 필연성을 적절하게도 "현재와 미래에 살아가는 사람들의 삶의 기회를 대대적으로 침해하는 경제 전략으로부터 오늘날 이익을 얻고 있는 집단과 개인들의 특권 박탈"이라고 부른다. 하지만 이것은 예를 들어 물질적이고 인생과 관련한 안전이나 덜 소외된 노동 같은 좋은 삶의 다른 요소들을 위한 공간을 비로소 열어 준다.

그리고 마지막으로 문제되는 것은 연대적 생활양식과 관련한 해방적인 행위를 비로소 가능케 하는 공간과 동맹의 확대다. 그러므로 방어 투쟁과 지배적인 파괴적 동역학을 몰아내는 것을 넘어서서 연대적 생활양식을 위한 단초를 촉진하고 공고

화해야 할 것이다. - 울리히 브란트·마르쿠스 비센, 이신철 옮김, 『제국적 생활양식을 넘어서』, 에코리브르, 2020, 68~72쪽, 205~208쪽.

글쓰기 연습

- 윗글에서 각 단락의 핵심문장(소주제문장)을 찾아보자.
- 핵심문장을 중심으로 단락별 소제목을 작성해 보자.
- 핵심문장을 중심으로 전체 내용을 한 단락으로 요약해 보자.
- 윗글의 출처인 『제국적 생활양식을 넘어서』를 정독한 후, 비판적 독후감을 2장(A4) 분량으로 작성해 보자.

생각하고 토론하기

- '제국적 생활양식'의 일반적 사례를 우리 삶의 주변에서 살펴보고, 그것의 사회적·생태학적 전환의 필요성에 대해 조별로 논의해 보자.
- '어디에서도 오지 않는 먹거리(Food from nowhere)'가 함축한 의미에 대하여 자신의 생각을 적어 보자.
- '제국적 생활양식' 개념과 생활 영위(Lebensführung) 및 라이프스타일(Lebensstil) 개념의 차이를 각자 정리해 보자.
- '제국적 생활양식'의 근본 원인을 비판적으로 제시하고, 이에 대한 극복 방안을 '연대적 생활양식'이라는 저자의 개념을 차용하여 각 조별로 자유롭게 이야기해 보자.

예문 2

자본주의의 미래 - 막판 게임인가, 아니면 유일한 게임인가?

진정으로 글로벌한 또 하나의 문제는 생태계 문제이다. 지구온난화를 낳는 오존층의 파괴와 온실가스의 과다 배출은 개별 주권국가는 말할 것도 없고 국가 간 체제마저도 명백히 넘어선 문제들이다. 산업 공정과 소비 패턴이 환경에 미치는 악영향에 대한 각성은 1960년대 초에 레이첼 카슨의 『침묵의 봄』과 함께 시작되었다. 당시의 시야는 대부분 일국적이었다. 많은 선진국과 몇몇 발전도상국에서 환경 단체들이 정부와 싸움을 벌이는 수준이었다. 그러다가 1972년의 스톡홀름 회의에서 시작하여 지속 가능한 개발에 관한 브룬트란트 보고서(1989)와 리우 유엔환경회의(1992)에까지 오면서 환경운동은 공공 정책 논의에서 중요한 위치를 점하게 되었다.

환경문제를 철저한 시장 실패로 보는 시각도 있다. 이윤을 추구하면서 기업은 기업 활동으로 인해 환경이 치르는 대가를 진지하게 고려하지 않는다는 것이다. 그리고 소비자 또한 유지할 수 없는 소비 패턴을 추구하도록 시장이 조장하고 있다는 것이다. 여기에는 일말의 진실이 있다. 그럼에도 또한 시장은 같은 문제에 대한 유효한 해결책임이 판명될 수도 있다. 세금과 보조금을 매개로 하여 소비자와 기업에 대한 인센티브를 조절함으로써 환경문제는 개선될 수 있으며, 이것은 확실히 정부 명령보다 효과적인 해결책일 것이다. 에너지 효율이 최대한 개선된 것은 1973년 원유 가격이 네 배나 인상-1979년에 또 한 차례 인상이 뒤따랐다-된 것의 결과였다.

환경 피해를 확실하게 줄일, 제품 및 공정에 부과되는 매우 엄격한 규제가 또한 있어야 한다. 시장이 어떠한 종류의 규칙이나 규제 없이 작동한다고 생각하는 것은 순진한 오해이다. 금융시장은 어디서든 강력한 규제를 받으며, 사기와 도산과 횡령 등등에 관한 법 조항들에 매여 있다. 아마도 가장 환경을 손상시킨 산업 정책이 시행된 곳은 소련과 동유럽이었을 것이다. 거기에 시장은 없었고, 계획 당국은 환경문제를 무시하기 십상이었다.

그러나 더 심각한 문제는 그 범위 면에서 진정으로 글로벌한 것들이다. 유엔 체계는 그 각종 회담에도 불구하고 이 문제를 해결하는 데 비효과적이었다. GATT/WTO

의 경우에서 보듯이, 효과가 있었던 것은 정부와 기업이 한데 모여 글로벌 질서를 놓고 협상을 하는 것이었다. 염화불화탄소(CFC; 상품명 프레온가스)에 관한 몬트리올 의정서는 오존층 문제에 대한 최초의 성공작이었다. 의정서는 CFC를 사용하는 냉장고 등의 생산 기술에 제한 조항을 두었다. 여기서 산업계는-막강한 글로벌 기업을 포함하여- 이들 제한 조항을 받아들임으로써 협력했다.

지구온난화 문제는 더 다루기 힘든 것으로 판명되고 있다. 1998년의 교토 의정서는 지구온난화 문제에 대처할 일정표를 제시한 또 하나의 글로벌한 의정서-유엔의 틀 밖에서 체결된 의정서-였다. 그러나 이번 경우에는 온실가스를 대단위로 배출하는 대상이 단순한 기업이 아니라 주권국가라는 점이 달랐다. 현재 검토 중인 대안 가운데 효과가 있을 것으로 보이는 해결책은 공해배출권 거래제의 도입이다. 이것은 시장 실패에 대해 코스가 제시한 방식의 해결책이다. 오염 안 된 환경에 소유권을 도입하라. 그리고 이 소유권을 공해배출권 형태로 할당하라. 이 방안의 채택은 쉽지 않을 것인데, 왜냐하면 시장의 논리가 국가 간 체제의 논리와 충돌할 것이기 때문이다. 주권국가는 은행이라면 당연히 직면할 경쟁 압력으로부터 자유롭다. 외채 탕감의 경우에 그랬듯이, 이 경우에도 시장 논리가 권력의 논리보다 더 친절하고 더 효과적이다.

자본주의는 친절하거나 자애로운 체제가 아니다. 자본주의는 부의 창조 면에서 이제까지 발견된 가장 효과적인 생산양식이다. 자본주의는 그 어떤 절대적 목표도 가지고 있지 않은데, 이는 자본주의가 수백만 자본가들의 이윤 추구 노력을 통해서 작용을 하기 때문이다. 자본주의는 그 부수적 효과로 경제성장과 번영과 고용을 낳는다. 자본주의는 또한 끊임없이 변화하는 경향을 보이며, 그 때문에 많은 고통과 파괴를 야기한다. 그러나 지난 200년에 걸쳐 자본주의는 후생 복지에서 이전의 모든 밀레니엄이 이루어 낸 것보다 더 큰 성과를 거두었다. 그 한 예로 1800년에 비해 지금은 훨씬 더 많은 사람들(약 6배)이 살고 있고, 당시보다 평균수명도 10년에서 20년 정도 더 길다. 이런 의미에서 맬서스는 틀렸다. 물론 그렇다고 해서 맬서스주의자가 계속 그를 추종하는 것을 포기하지는 않았지만 말이다. 수명을 잠재적 후생 복지를 재는 척도로 삼을 수 있다면, 오늘날 60억 명의 사람들이 평균 60년을 사는 데 비해 1800년에는 10억 명의 사람들이 평균 40년을 살았다는 사실은 자본주의의 성공을 증명하고도 남음이 있다. 1800년에는 그 10억 명의 3분의 2 정도는 빈곤하였다. 오늘날에는 많아야 60억 인구의 4분의 1만이 빈곤하다. 그러나 빈곤의 감소는 자동적인 것도 아니며 당연시될 수 있는 것도 아니다.

새로운 천부적 자유 체제가 생활수준의 보편적 향상을 가져다주는 대가로 불평등을 부과한다고 애덤 스미스가 말했을 때 그의 말은 틀리지 않았다. 역사상 그 어느 때보다도 많은 사람들이 지난 200년 사이에, 특히 1945년 이래 빈곤에서 벗어났다. 빈곤을 없앨 수 있다는 생각 자체가 전자본주의 단계에서는 생겨날 수가 없었을 것이다. 그러나 자본주의는 빈곤을 없애는 수단을 제공하지만, 이 수단은 자본주의 발전 과정에서 직접적으로 혹은 골고루 공급되지 않았다. 산업혁명 100년 뒤인 19세기 말에 와서야 비로소 절대적 빈곤이 자본주의의 심장부-영국-에서 해결되기 시작했다. 공적 관심사로서 빈곤은 이제 사라졌다. 기능 장애를 일으킨 전간 시기에 빈곤이 더 심해졌던 사적 경험이 있었을지라도 말이다.

빈곤이 부유한 나라에서 쟁점으로 다시 출현한 것은 케인스주의 황금 시대의 절정기-1960년대- 때였다. 이때에 와서는 절대적 빈곤이 아니라 상대적 빈곤에 초점이 맞추어졌다. 탈식민지화한 나라에서는 경제성장이 국가 발전을 위한 최우선 과제였다. 빈곤 감소는 단지 의도하지 않은 결과였을 뿐이다. 몇몇 나라들-특히 아시아의-이 개방경제 및 시장 지향 정책을 채택하기 시작한 1980년대와 1990년대에 와서야 비로소 경이적인 성장이 일어났다. 이들 아시아 나라는 문자 해독 교육과 양질의 의료를 공급하는 지혜가 있었다. 수세기 동안 가장 인구가 많고 가장 빈곤한 대륙이었던 아시아가 가장 주목할 만한 그리고 전혀 예견하지 못한 방식으로 빈곤으로부터 솟아오르기 시작한 것이다.

중국은 아마도 애덤 스미스의 명제를 가장 잘 입증해 주는 사례일 것이다. 1949년의 중화인민공화국 수립에서 1978년에 이르기까지 중국은 빈곤하지만 평등을 지키는 노선을 걸었다. 소련형 경제에서 산업상의 많은 진보가 일어났지만, 모택동 정책의 전횡성은 대기근과 문화대혁명기의 수많은 파괴를 가져왔다. 그러나 인민공사 체계에서 문자 해독 교육과 견실한 의료 공급을 위한 기초가 놓여졌다. 중국이 두 자릿수 성장률을 경험하기 시작한 것은, 인민공사를 개편하여 농업에서 좀 더 개인주의적인 책임 체제를 도입하고 경제를 외국인 자본에 개방하며 향진(鄕進) 기업을 장려한 1978년 이후였다. 중국의 GDP는 지난 22년 사이에 여덟 배나 증가했다. 지역간 불평등과 소득불평등이 증가하였지만, 그럼에도 빈곤은 감소하였다. 중국은 슬픈 인권 기록을 가진 일당 국가로 여전히 남아 있다. 그러나 빈곤하지만 평등한 사회에서, 그리 빈곤하지는 않지만 좀 더 불평등한 사회로 넘어갔다.

애덤 스미스에 대한 마르크스의 도전은 아직 응전을 받아 보지 못한 채로 남아 있다. 마르크스는 자본주의가 가지고 있는, 결핍을 제거할 잠재력을 아주 잘 알고 있었지만, 자본주의사회에서 빈곤뿐만 아니라 불평등도 제거될 수 있다는 점은 보지 못했다. 그렇지만 1840년대의 그의 초기 저작에서 『자본론』으로 대표되는 성숙한 저작에 이르는 사이에, 체제가 곧 사멸할 것이라는 마르크스의 확신은 줄어들었다. 그러나 슬프게도 그의 성숙한 분석이 아니라 청년기의 수사(修辭)가 그의 유산이 되어 버렸다. 자본주의가 곧 사멸할 것이라는, 소련에서 창조된 새로운 질서에 의해 패퇴하고 말 것이라는 예언과 함께 수많은 범죄가 그의 이름으로 저질러졌다. 자본주의가 지속되는 한 그 제약 없는 발전이 반동적인 대안보다 더 바람직한 진보형 생산양식일 것이라는 사상은 묻혀 버렸다. 이제 그 사상이 모질게 되돌아왔다. 자본주의는 진정으로 글로벌해졌으며, 그 한계에 아직 도달하지 않았다. 그렇다면 마르크스는 어떻게 되는가?

자본주의의 뒤를 이어 무엇이 올 것인지 세부적으로 예언하기를 마르크스가 꺼려했던 것을 상기해 보라. 그것은 사회주의일 것이었으며, 공산주의가 얼마 후에는 그 뒤를 이어 올 것이었다. 그러나 어떻게 그것이 올 것인가, 그리고 어떤 모습일 것인가, 어떻게 작동할 것인가 하는 질문은 모두 마르크스가 건드리지 않고 그냥 놓아둔 문제이다. 20년 동안 정치경제학 비판-자본주의가 어떻게 작동하는가 하는 분석-에 전념한 후 그는 결코 청년기 수고(手稿)에서 자신이 제기했던 문제로 돌아가지 않았다. 단순히 자기 조직적일 뿐 아니라 의식적으로 자기 조직적인 사회를 만들 수 있을 것인가? 그 자신의 작동에 대해 완전히 자기 의식적이면서 또한 그 작동을 지도할 수 있는 사회, 개인들이 자신의 노동으로부터 혹은 그 자신으로부터 소외되지 않고 오히려 자신들의 자기 해방에 참여하며 유적 존재로서 자신의 완전한 잠재력을 깨닫는 사회, 즉 달리 말해서 자본주의를 넘어선 사회주의(Socialism beyond Capitalism)에 도달하는 것이 가능한 일인가?

마르크스는 이 문제에 답하는 과제를 뒤로 하고 자본주의를 연구하는 쪽으로 방향을 틀었다. 그리고 당시 사회주의자들이 사회주의가 바로 코앞에 온 것처럼 사람들을 기만하고 있다며 그들을 통렬히 비난했다. 그러나 이런 잘못된 생각들이 그의 사후에 다시 출현하여 1917년 이후 무시무시한 결과를 낳았다. 이제 세계 역사에서 그 슬프고 폭력적이고 야만적인 에피소드는 끝났다. 그것은 마르크스의 복수였다. 그렇다면, 마르크스는 정녕코 자신이 바라던 보답을 받게 될까? 정말로 자본주의를 넘어선 사회주의는 존재할 것인가? – 메그나드 데사이, 김종원 옮김, 『마르크스의 복수』, 아침이슬, 2003, 528~534쪽

글쓰기 연습

- 윗글에서 각 단락의 핵심문장(소주제문장)을 찾아보자.
- 핵심문장을 중심으로 단락별 소제목을 작성해 보자.
- 핵심문장을 중심으로 전체 내용을 한 단락으로 요약해 보자.

생각하고 토론하기

- 21세기 '자본주의의 부활과 국가사회주의의 죽음'이라는 글의 내용을 중심으로, 책 제목인 '마르크스의 복수'의 상징적 의미를 생각해 보자.
- '환경문제를 철저한 시장 실패로 보는 시각'이 가능할 수 있는 이유에 대하여 조별로 논의해 보자.
- 오래전 마르크스는 "내가 아는 한 나는 마르크스주의자가 아니다."라고 역설한 바 있다. 이 진술을 토대로 교조적 마르크스주의의 역사적 오류와 한계에 대한 관련 자료를 찾아보자.

예문 3

장기적으로 본 능력과 상속

오늘날 자본의 전반적인 중요성은 18세기와 크게 다르지 않다. 단지 그 형태만이 변화했다. 자본은 이전에는 주로 토지였지만 이제 산업자본, 금융자본, 부동산이다. 우리는 또한 100년 전보다는 극심함이 훨씬 덜하지만 부의 집중이 여전하다는 것을 살펴보았다. 인구의 절반은 여전히 어떤 자본도 소유하고 있지 않다. 그러나 전체 부의 4분의 1에서 3분의 1을 소유하는 세습적 중산층이 존재하고, 최상위 10퍼센트는 이제 소유할 수 있는 자본의 3분의 2를 점하고 있다(100년 전 이 수치는 10분의 9였다). 우리는 또한 자본수익률과 경제성장률의 상대적인 변화, 즉 둘의 차이인 $r-g$가 지금까지 관찰된 변화의 많은 부분을 설명할 수 있음을 살펴보았다. 여기에는 인류의 전체 역사에서 관찰되었던 매우 높은 부의 집중을 설명하는 축적의 논리가 포함된다.

이 축적의 논리를 더 잘 이해하기 위해서는 자본 형성에서 상속과 저축의 상대적인 역할이 장기적으로 변화해 온 과정에 관해 더 자세히 살펴봐야 한다. 일정 수준의 자본 집중이 매우 다른 방식으로 발생할 수 있기 때문에 이것은 중요한 쟁점이다. 전 세계적으로 자본의 규모는 똑같이 유지되었다. 그러나 자본이 과거에는 주로 상속되었지만 이제는 스스로 벌어들인 소득 가운데 일부가 저축되어 평생 동안 누적된다는 의미에서 그 심층적인 구조는 극적으로 변화한 듯하다. 그러한 변화를 설명해 주는 것 중 하나는 기대 수명의 연장인데, 이는 사람들이 퇴직 이후를 대비하여 구조적으로 자본축적을 늘리게 했을 수 있다. 그러나 자본의 속성상 일어났다고 추정되는 이러한 거대한 전환은 실제로는 생각만큼 극적이지 않았다. 사실 몇몇 국가에서는 이러한 변화가 전혀 나타나지 않았다. 21세기 들어 상속은 과거에 그것이 했던 역할에 필적할 만큼 다시금 중요한 역할을 차지하게 될 가능성이 높다.

더 정확히 말해 나는 다음과 같은 결론을 제시할 것이다. 자본수익률이 현저하게 그리고 지속적으로 경제성장률보다 높은 경우, 거의 필연적으로 (과거에 축적된 자산의) 상속이 (현재 축적되는 자산인) 저축을 압도한다. 논리적으로만 생각하면 그 반대가 될 수도 있지만, 이 방향으로 향한 힘들이 극도로 강력하다. 어떤 의미에서 부등식 $r > g$는 과거가 미래를 잡아먹어 버리는 경향이 있다는 것을 뜻한다. 노동을 하지 않고도 과거에 만들어진 자산이 노동을 통한 저축으로 만들어진 자산에 비해 자동적으로 더욱 빠르게 성장한다. 거의 필연적으로 이는 과거에 만들어진 불평등, 즉 상속을 더 지속적이고 과도하게 중요한 것으로 만드는 경향이 있다.

만약 21세기가 인구 감소와 경제의 저성장 및 자본에 대한 국제적 경쟁의 격화를 배경으로 한 높은 자본수익률의 시대가 된다면 혹은 어쨌든 이러한 조건들이 성립되는 국가들에서는, 아마도 상속이 19세기만큼이나 다시 중요해질 것이다. 이러한 방향으로의 변화는 최근 수십 년간 성장이 상당히 정체된 프랑스와 다른 많은 유럽 국가에서 이미 뚜렷하게 나타난다. 미국에서는 현재로서는 기본적으로 유럽보다 높은 인구증가율 덕분에 이러한 경향이 덜 뚜렷하다. 그러나 유엔의 인구 예측 중간값 시나리오가 보여 주듯이(이는 다른 경제적 예측에 의해 확인된다.) 21세기에 들어 모든 지역에서 인구 증가가 어느 정도 정체된다면, 결국 상속이 전 세계 곳곳에서 더욱 중요해질 것이다.

그러나 이것이 21세기 불평등의 구조가 19세기와 같다는 것을 의미하지는 않는다. 21세기의 경우 부분적으로 부의 집중이 덜 극심하고(적어도 단기적으로는 중소 규모의 자본소득자들이 더 많고 극도로 부유한 자본소득자들은 적을 가능성이 높다.) 또한 노동 소득의 계층구조가 확대되고 있으며(슈퍼경영자의 등장과 함께), 마지막으로 부와 소득이 과거에 비해 더 강하게 연관되어 있기 때문이다. 21세기에는 슈퍼경영자와 '중간 규모 자본소득자'가 같은 사람일 가능성이 높다. 새로운 능력주의 질서는 이런 계층의 등장을 촉진할 것이고, 아마도 저임금과 중간 임금노동자들, 특히 재산이 있다 해도 쥐꼬리만큼 밖에 없는 이들에게는 손해를 입힐 것이다.(중략)

글로벌 자본세

21세기의 세계화된 세습자본주의를 통제하려면, 20세기의 재정 국가와 사회적 국가 모델을 재고하여 오늘날의 실정에 맞게 조정하는 것만으로는 충분하지 않을 것이다. 분명 지난 세기의 사회-민주주의적 제도와 재정적-자유주의적 프로그램을 적절히 보완하는 일은 필수적이다. 이미 앞선 두 장에서 살펴봤듯이, 우리가 주목한 것은 20세기에 창안되었지만 미래에도 틀림없이 핵심적인 역할을 계속 수행해야만 할 사회적 국가와 누진적 소득세라는 두 가지 기본 제도다. 그러나 민주주의가 현 세기의 세계화된 금융자본주의를 다시 통제하려면, 오늘날의 문제를 해결할 수 있는 새로운 수단을 개발해야만 할 것이다. 여기서 이상적인 수단은 매우 높은 수준의 국제적 금융 투명성과 결부된 누진적인 글로벌 자본세가 될 것이다. 이와 같은 세금은 끝없는 불평등의 악순환을 피하고 세계적인 자본 집중의 우려스러운 동학을 통제하는 방법이 될 수 있다. 실제로 어떤 정책 수단과 규제를 도입하기로 결정하든지 간에 이러한 이상에 견주어 평가해야 할 것이다. (중략)

글로벌 자본세는 유토피아적인 이상이다. 이 세계에서 가까운 시일 내에 그와 같은 세금에 합의하는 나라들이 있을 거라고 생각하기는 어렵다. 이 목적을 이루려면, 세계의 모든 자산에 적용할 수 있는 세율표를 만들고 세수를 어떻게 배분할지를 결정해야 한다. 이런 아이디어는 유토피아적이기는 해도 몇 가지 점에서 유용하다. 첫째, 가까운 장래에 이러한 이상과 닮은 어떤 제도도 시행되지 않는다 하더라도 그것은 다른 대안들을 평가할 유용한 준거점이 될 수 있다. 확실히 글로벌 자본세는 매우 높은 수준의, 분명히 비현실적인 수준의 국제 협력을 필요로 한다. 그러나 이 방향으로 나아가려는 나라들은 지역적인 차원에서(예컨대 유럽 차원에서) 점진적으로 이를 실현할 수 있다. 이와 같은 일이 일어나지 않는다면 민족주의적 색채의 방어적 반응이 나타날 가능성이 매우 높다. 예를 들어 자본 통제 조치의 부과와 더불어 여러 형태의 보호주의로 복귀하는 것을 목격하게 될 수도 있다. 그러나 그런 정책들은 그다지 효과적이지 않기 때문에 실패로 끝나거나 국제적 긴장을 심화시킬 수 있다. 보호주의와 자본통제는 실제로 이상적인 규제 형태, 즉 글로벌 자본세의 만족스러운 대안이 아니다. 글로벌 자본세는 세계 경제를 효과적으로 규제하고, 국가 간, 그리고 국가 내에서 그 이득을 공정하게 분배하면서 경제의 개방성을 유지할 수 있다는 장점을 가진 해법이다. 한 세기 남짓 전에 소득세가 거부되었던 것과 똑같이 많은 사람이 글로벌 자본세를 위험한 환상이라고 거부할 것이다. 그러나 좀 더 면밀히 살펴보면, 이 해법은 다른 대안들보다는 훨씬 덜 위험한 것임을 알 수 있다.

글로벌 자본세를 즉각 거부하는 것이 더욱 유감스러운 이유는, 이러한 이상적인 해법은 단계별로, 처음에는 대륙이나 지역 수준에서 그 다음에는 지역 간의 긴밀한 협력을 통해 충분히 실현 가능하기 때문이다. 미국과 유럽연합 사이의 은행 자료를 자동적으로 공유하는 것에 관련된 최근의 논의에서 이런 접근방식의 본보기를 볼 수 있다. 게다가 다양한 형태의 자본 과세가 대부분의 나라에서, 특히 북미와 유럽에서 이미 실행되고 있으며, 이는 분명히 출발점이 될 수 있다. 중국과 다른 신흥국들이 시행하는 자본통제는 모두에게 유용한 교훈을 주고 있다. 그러나 이런 현행 조치들과 이상적인 자본세 사이에는 중요한 차이점들이 있다.

우선, 현재 논의 중인 은행 자료의 자동 공유 방안은 포괄적이지 못하다. 여기에는 모든 유형의 자산이 포함되지 않고, 구상 중인 처벌 규정들은 기대하는 결과를 내기에 명백히 불충분하다(미국의 새로운 은행 규제들은 유럽에 도입되어 있는 그 어떤 규제보다도 더 야심찬 것인데도 그렇다). 논의는 이제 시작되었을 뿐이지만, 불투명한 금융거래로 번성하는 은행들과 특히 국가들에 비교적 무거운 제재를 부과하지 않는다면 가시적인 성과를 낼 가능성은 낮다.

금융 투명성과 정보 공유 문제는 이상적인 자본세와 밀접하게 관련되어 있다. 모든 정보가 무엇을 위해 이용될 것인지에 대한 명확한 개념이 없다면 현재의 자료 공유 제안은 소기의 성과를 얻기 어려울 것이다. 내 생각에는 개인 자산(즉 개인이 통제할 수 있는 순자산가치)에 매년 부과하는 누진세가 목표가 되어야 한다. 그래서 지구상에서 가장 부유한 사람들에 대한 세금은 개인의 순자산(《포브스》나 다른 잡지들에 발표되는 것과 같은 금액)을 바탕으로 해야 할 것이다. 이런 세금을 걷게 되면 우리는 그 잡지들에 실린 금액이 거의 정확한 것인지 아닌지를 알게 될 것이다. 그 외 사람들에게 과세 대상이 되는 부는 모든 금융자산(은행예금, 주식, 채권, 합자회사 지분 그리고 상장 혹은 비상장기업의 다른 형태의 지분을 포함한다.)과 비금융자산(특히 부동산)의 시장가치에서 부채를 뺀 금액으로 결정된다. 과세 기반에 대해서는 이쯤 해두자. 그러면 세율을 얼마로 할 것인가? 순자산이 100만 유로 이하인 경우에는 0퍼센트, 100만~500만 유로는 1퍼센트, 500만 유로 이상은 2퍼센트의 세율을 생각해 볼 수 있다. 또는 가장 큰 규모의 재산에 대해서는 훨씬 더 가파른 누진세를 고려할 수도 있다(예컨대 10억 유로를 넘는 자산에 대해서는 5퍼센트나 10퍼센트를 매길 수도 있다). 또한 그리

많지 않은 평균 수준의 부에는 최소한의 세율을 매기는 것이 유리할 수 있다(예를 들어 20만 유로 이하는 0.1퍼센트, 20~100만 유로는 0.5퍼센트를 부과할 수 있다).

이 문제들은 나중에 계속 논의할 것이다. 여기서 중요하게 기억해야 할 것은 내가 제안하는 자본세는 전 세계에 있는 부에 대해 매년 누진적으로 부과하는 세금이라는 점이다. 규모가 가장 큰 재산에는 더 과중하게 부과되며, 부동산, 금융자산, 사업용 자산 등 모든 자산 유형이 예외 없이 포함된다. 기존의 세금에서 중요한 측면들은 유지되더라도, 내가 제안하는 자본세에는 이런저런 나라에서 현재 부과하고 있는 자본세와 분명히 다른 점이 하나 있다. 우선 거의 모든 나라가 부동산에 과세한다. 영미권 국가에는 '재산세(property tax)'가 있고, 프랑스에는 '토지세(taxe foncière)'가 있다. 이들 세금의 결점 가운데 하나는 부동산에만 과세한다는 것이다(금융자산은 간과되고, 부채와 상관없이 부동산의 시장가치에 대해 과세한다. 그래서 부채가 대단히 많은 사람에게도 부채가 없는 사람과 똑같이 과세된다). 게다가 부동산은 일반적으로 단일세율 또는 그에 가까운 세율로 과세된다. 대부분의 선진국에 여전히 이와 같은 세금이 있으며 이는 특히 영미권 국가에서는 대개 국민소득의 1~2퍼센트를 차지하는 중요한 세원이다. 더욱이 (미국을 비롯한) 일부 국가에서 재산세는 시장가치 변화에 따라 자동적으로 조정되는 상당히 복잡한 평가 절차에 의존하는데, 이 절차는 일반화되고 다른 유형의 자산에도 확대 적용되어야 한다. 또한 (프랑스, 스위스, 스페인 그리고 최근까지 독일과 스웨덴을 포함한) 일부 유럽 국가에도 총부에 대한 누진세(부유세를 말함)가 존재한다. 표면적으로 이들 세금은 내가 제안하는 이상적인 자본세의 취지에 더 가깝다. 그러나 실제로는 온갖 면제 조항으로 구멍이 뚫려 있다. 많은 자산 품목이 과세 대상에서 제외되고 다른 자산들은 시장가치와 아무런 관련이 없는 자의적인 가치로 평가된다. 바로 그 때문에 몇몇 나라가 이러한 세금들을 폐지하려는 움직임을 보였다. 21세기에 적절한 자본세를 설계하기 위해서는 이러한 다양한 경험에서 얻은 교훈에 주의를 기울이는 것이 중요하다.

내가 제안한 자본세의 이상적인 세율 체계는 무엇이며, 그러한 세금을 통해 걷을 수 있는 세수는 얼마나 될 것이라고 기대할 수 있는가? 이 질문에 답하기 전에, 여기서 제안한 세금이 결코 기존의 모든 세금을 대체하려는 것이 아님을 명심할 필요가 있다. 자본세는 현대의 사회적 국가가 의존하는 다른 세원을 적당히 보충해 주는 정도 이상은 아닐 텐데, 그 세수는 고작해야 국민소득의 3~4퍼센트 정도다(그래도 가볍게 볼 것은 아니다). 자본세의 주된 목적은 사회적 국가의 재원을 조달하는 게 아니라 자본주의를 규제하는 것이다. 첫 번째 목적은 부의 불평등이 끝없이 증가하는 것을 막는 것이고, 두 번째 목적은 금융 및 은행 제도의 위기를 피하기 위해 금융과 은행 시스템에 효과적인 규제를 가하는 것이다. 이 두 가지 목표를 달성하기 위해, 자본세는 우선 민주적 투명성과 금융 투명성을 확보해야 한다. 즉 누가 전 세계에 어떠한 자산을 소유하고 있는지가 명확해야만 한다. - 토마 피케티, 장경덕 외 옮김, 『21세기 자본』, 글항아리, 2014, 451~453쪽, 617~622쪽.

글쓰기 연습

- 윗글에서 각 단락의 핵심문장(소주제문장)을 찾아보자.
- 핵심문장을 중심으로 단락별 소제목을 작성해 보자.
- 핵심문장을 중심으로 전체 내용을 한 단락으로 요약해 보자.

생각하고 토론하기

- 덴마크 시민들은 세금 납부를 자랑스러워한다고 한다. 덴마크와 우리나라의 조세 제도를 비교해 보고 각각 장단점이 무엇인지 찾아보자.
- 우리나라에서 '세습자본주의'가 가장 두드러진 사례를 찾아보고 그 원인이 무엇인지 살펴보자.
- 글로벌 자본세에 관한 찬반양론을 찾아보고 비교표를 작성해 보자.

예문 4

피케티 경제학 비판

불평등을 보는 시각 문제

피케티는 세 가지 정책 목표에서 소득분배 문제를 유일한 정책 목표로 접근하였고, 경제성장과 빈곤 문제에 대한 고려는 하지 않았다. 먼저 불평등만을 보는 정책 시각에 어떤 문제가 있는지 논의해 본다. 소득불평등 지표는 사회 구성원들 간 소득의 상대 관계를 보여 주는 것이며, 절대 소득수준 변화와는 무관하다. 100여 년 전에 비해 인류는 절대 빈곤에서 벗어날 정도로 전체 사회의 절대적 소득수준은 높아졌으며, 이는 분명 시장경제 체제가 인류에 준 축복이다. 이를 증명하는 자료는 굉장히 많으며, 몇 가지 지표를 통해 알 수 있다. 국제연합(UN)의 새천년 개발목표(Millennium Development Goal) 자료에 의하면 전 세계에서 하루 1달러 이하로 사는 절대 빈곤층 사람 비율이 1990년에 비해 2013년에 반으로 줄어들었다. 또한 헝가리 남녀 평균수명의 변화를 보면, 자본주의 체제 도입 이전에는 65세, 73세였으나, 2010년 기준으로 각각 70세, 78세로 늘어났다.

인류의 소득수준은 자본주의가 본격적으로 작동하기 시작한 1800년대 이후부터 급격히 높아지기 시작했음은 잘 알려져 있는 사실이다. 그러나 상대적 소득 격차는 항상 존재할 수밖에 없다. 이것이 정책 목표가 되어야 하는가? 상대적 소득 격차를 해결하기 위한 정책 수단을 강구하면, 경제는 오히려 퇴보하는 것이 일반적인 현상이다. 절대 소득에 정책적 관심을 두어야지, 상대 소득 문제는 아무리 경제가 발전해도 해결할 수 없다.

사회구성원의 전체 소득분포가 유일한 정책 목표가 되어서는 안 되지만, 빈곤은 분명 정책으로 해결해야 한다. 소득분포는 구성원 100% 소득수준의 결과일 뿐, 정부가 전체 국민들의 소득수준에 대해 관심을 둘 필요는 없다. 또한 상위 계층의 소득수준에 대해 관심을 가져야 하는지에 대한 논리도 희박하다. 특정 상위계층의 소득수준 지표를 통해 사회 구성원들의 '배 아픔 정서'를 부추길 뿐이다. 정부에서 관심을 가져야 할 사항은 빈곤 해결이다.

빈곤 정책은 전체 국민 중의 일부 계층을 정책 대상으로 하기 때문에 상대적으로 쉬우나, 소득분포 정책은 모든 국민들을 대상으로 하기 때문에 정책이 효과를 보기도 어렵다. 소득불평등을 개선하는 방법은 크게 두 가지로, 부자 소득을 정부가 억제하는 방법과 빈곤층의 소득을 높이는 방법이다. 피케티 주장은 부자의 소득과 자본에 세금을 높여서 불평등을 개선하자는 것이며, 빈곤층 소득을 높이는 정책을 통해서 불평등 구조를 개선하는 방법에 대해서는 언급이 없다.

불평등 실태에 대해 많은 사람들이 관심을 가지고 때로 흥분하는 이유는, 부자 계층의 몫은 다른 계층의 희생을 바탕으로 이루어졌다는 잘못된 생각을 바탕으로 하기 때문이다. 즉 불평등 자료의 이면에는 경제를 제로섬게임(zero-sum game)으로 보는 심각한 인식의 문제가 존재한다. 특정 계층의 점유율이 높아져, 다른 계층의 점유율이 떨어졌다 해도, 그 사회의 경제성장이 높으면, 점유율이 낮아진 소득 계층의 삶의 질은 오히려 더 높아질 수 있다. 경제는 제로섬게임이 아닌 포지티브섬게임(positive-sum game)으로 다른 계층의 희생이 없어도 전체 계층의 절대 소득 크기는 동시에 증가할 수 있다.

1960년대 한국의 불평등 수준이 지금보다 양호했지만, 현재 우리 사회의 경제적 삶 수준이 훨씬 양호하다. 극단적인 가정으로 불평등이 없었던 1960년대와 불평등 수준이 높아진 현대를 삶의 시간으로 선택할 수 있다고 하면, 과연 1960년대를 선택하는 사람은 얼마나 될까? 하위 계층이 전체 소득에서 차지하는 비중이 낮아진다고 해서, 그들의 삶이 더 가난해지는 것은 아니다. 스티브 잡스(Steve P. Jobs)가 남긴 재산은 8조 원 규모이며, 이는 다른 사람들의 소득을 착취한 결과가 아니고, 새로운 경제 영역을 창조한 결과이다. 그의 부는 다른 사람들의 경제적 희생이 따른 것이 아니므로, 그의 재산 규모에 대해 누구도 이의를 제기하지 않는다.

피케티는 불평등을 심각한 문제로 보고, 세금을 통해 불평등을 개선해야 함을 제안하였다. 그러나 단순히 개선을 말했지, 어느 정도 개선해야 하는지에 대한 구체적인 수준은 제시하지 않았다. 불평등 수준을 비판하기 위해서는 어느 수준의 불평등이 정책 목표인가를 명확히 제시해야 한다. 예를 들어, 미국의 2003년 소득불평등 수준을 보면, 상위 1% 계층이 전체 소득의 약 20%를 차지하는데, 단순히 이 실증 자료를 제시하면서, 사람들의 '배 아픔 정서'를 효과적으로 대변한다. 그러러면 상위

1% 계층이 전체 소득의 몇 %를 차지해야 바람직한 사회인지에 대한 정책 목표를 제시해야 한다. 불평등 세상을 평등 세상으로 바꾸려면, 모든 사람들이 똑같은 소득을 가지면 된다.

완전한 소득평등은 모든 소득 계층 1%가 전체 소득의 1%를 차지하는 분포인데, 이러한 세상이 결코 정책 목표일 수는 없을 것이다. 경제학에서 소득분배 연구가 상대적으로 부진한 이유는 소득분배는 시장 기능이 작동한 결과일 뿐이지, 그 자체가 정책 목표가 될 수 없기 때문이다. 어떤 수준의 소득분배가 최적인지 제시하지 못하면, 불평등 완화는 구호적 주장일 뿐 구체적인 수치를 제시해야 하는 정책 목표가 될 수 없다. (중략)

조세정책에 대한 문제

피케티는 세금 정책을 형평성을 달성하는 수단으로만 보고 있지, 세수 확보나 특히 경제 효율성에 대한 시각은 결여되어 있다. 그의 표현을 빌리면, "자본과세의 주된 목적은 정부 재정을 충당하기 위함이 아니고, 자본주의를 규제하기 위함이다." 세금 정책은 세수 확보, 효율, 형평, 단순성 등 여러 가지 정책 목표를 동시에 추구하기 때문에 전문 지식이 필요하다. 현대 재정학의 많은 이론은 특히 효율성 문제를 가장 중요하게 접근하고 있다. 이는 경제학이 주관적 학문이 아닌 객관적 학문이므로, 효율성 문제에 치중할 수밖에 없기 때문이다. 형평성은 일반인들의 관심은 높지만, 형평에 대한 정의가 객관적이지 않고 다소 주관적이므로, 이를 정교한 경제학 틀 속에서 풀어 가기에는 한계가 있다.

피케티는 자본에 대한 세금을 높임으로써, 자본 불평등을 해소할 수 있다는 논리를 폈다. 즉 세 가지 법칙으로 불평등 구조를 설명했는데, 세금으로 인해 자본스톡, 자본소득, 자본수익률, 경제성장률에 미치는 영향이 없다는 가정을 바탕으로 한다. 자본에 대한 세금을 높이면, 자본수익률은 떨어지고, 경제성장률도 떨어진다. 이는 결국 자본스톡이 낮아지고, 결과적으로 자본소득도 떨어지게 된다. 결과적으로 자본 세금이 높아짐에 따라, 국가 경제가 퇴보함을 의미한다. 피케티의 이론 구조에서는 전체 소득 대비 자본, 경제성장률 대비 저축률 등 상대적 크기를 측정하므로, 국가 경제가 퇴보하는 효과를 보여 줄 수 없는 한계가 있다. 그러나 상식적으로 생각해도, 자본 세금이 높아짐에 따라 다른 경제 변수에 영향을 미치게 됨은 당연하다. 이 효과는 세계경제가 개방화됨에 따라 그 효과가 매우 높아지게 되었으며, 피케티는 이런 사실을 무시하고 있다.

세계경제의 변화는 개방화로 함축적으로 표현할 수 있으며, 1980년대부터 시작되었다. 개방화는 각국이 선택할 수 없는 정책 수단이 아니다. 따라서 1980년대를 기준으로 이전을 폐쇄경제, 이후를 개방경제로 나누므로, 조세정책을 접근하는 방법도 이 시점을 기준으로 확연히 달라져야 한다. 과거 폐쇄경제 하에서는 조세정책이 형평성 중심으로 이루어졌으며, 누진 구조가 강화되었고, 소득 중심의 세금이 매우 높았다. 그러나 개방화 경제로 변하면서 소득 중심의 세금 수준이 급격히 낮아지기 시작하였다.

예를 들면, 선진국 7개 국가들의 평균 법인세율 변화를 보면, 1981년에 44%에서 2009년 27%로 인하하였다. 소득세제도 최고한계세율이 점차로 감소하는 추세를 보여준다. 영국은 대처(Margaret H. Thatcher) 총리가 취임하기 전 1970년대에 소득세 최고한계세율이 80% 수준이었으나, 대처 정부는 거의 40% 수준으로 낮추었다. 전 세계적으로 소득 관련 세제의 세부담이 떨어지는 이유는 형평성을 경시해서가 아닌, 개방화로 인해 국가 간 세금 낮추기 경쟁(tax competition)이 일어났기 때문이다. 피케티 주장대로, 소득세 한계세율을 최고 80%로 올리면, 유능한 인력의 국제간 이동이 발생할 수밖에 없으며, 이는 프랑스에서 올랑드 대통령 집권 이후에 발생한 변화이다. 국가 간 노동이동을 막을 수 없는 개방화 시대에 형평성을 위해 세율을 높이면, 실제로 발생하는 현상은 고소득자의 해외 이동으로, 자국 내 세수뿐 아니라 형평성도 달성하지 못하는 결과를 가진다.

과거 사회주의 체제를 가졌던 러시아와 동유럽 국가들의 소득세제는 단일세율 체계로 바뀌었다. 피케티는 형평을 달성하기 위한 수단으로 고소득층에 높은 누진세 구조를 주장했지만 이미 형평 중심의 사회주의 국가들은 오히려 불공평한 단일세율 체계를 도입하였다. 예를 들면, 러시아는 2001년에 소득세제를 13% 단일세율 체계로 바꾸었다. 피케티는 소득불평등 수준이 심해지면, 민족주의, 보호주의 등이 강화되기 때문에 고소득층에 세금을 높임으로써 소득불평등 수준을 낮춰야 한다고 주장하였다. 그러나 소득평등 사회를 경험했던 과거 사회주의 국가들이 자본주의국가들도 하지 못하는 소득세제의 단일세율 제도를 도입하고 있는 현실이다.

자본주의국가 중에서도 형평을 강조하는 북유럽 국가들도 고소득층에 대한 세금 강화가 아닌, 세금 완화로 역행하는 방향으로 가고 있다. 예를 들면, 스웨덴은 2005년에 상속세를, 2006엔 부유세를 폐지하였다. 또한 소득세제는 모든 소득을 합산하여 누진세율을 적용하는 종합합산제도가 형평을 높이는 제도이지만, 북유럽 국가들은 1990년대부터 노동소득과 자본소득에 대해 각각 다른 세율을 적용하는 이중과세제도(dual income tax system)를 도입하였으며, 노동소득에 대한 세율이 자본소득보다 오히려 높은 구조이다.

피케티의 제안대로 높은 자본세를 부과하려면 모든 국가가 과세 자료를 공유해야 하는데 현실적으로 매우 어렵다. 국가별로 서로 상이한 경제 및 지역적 특성을 보유하고 있으므로, 모든 국가가 동조해서 과세 정보를 공유하고, 동일한 세금 정책을 적용하는 것이 비현실적이다. 조세 경쟁이 현실화된 국제 경제 환경에서, 동참하지 않는 국가의 이익이 엄청나게 크게 되므로, 과세 자료 공유에 대한 피케티의 제안은 본인 스스로도 인정하고 있지만, 유토피아적이다. – 현진권, 「배 아픔 정서를 부추기는 피케티 경제학」, 안재욱 · 현진권 편저, 『피케티의 『21세기 자본』 바로읽기』, 백년동안, 2014, 71~74쪽, 79~82쪽.

글쓰기 연습

- 윗글에서 각 단락의 핵심문장(소주제문장)을 찾아보자.
- 핵심문장을 중심으로 단락별 소제목을 작성해 보자.
- 핵심문장을 중심으로 전체 내용을 한 단락으로 요약해 보자.

생각하고 토론하기

- 우리나라 '빈곤 정책'에 대해 조사하고, 이것이 소득불평등을 개선하는 데 어느 정도 역할을 하는지 토론해 보자.
- 저자는 '부자 계층의 몫이 다른 계층의 희생을 바탕으로 이루어졌다는 것은 잘못된 생각'이라고 언급한다. 이에 동의하는가, 동의하지 않는가? 그 이유는 무엇인가? 조별로 자유롭게 이야기해 보자.

예문 5

정당한 불평등

불평등은 사회정의와 밀접한 관계가 있다. '사회정의'에 반대하는 자유주의자들은 불평등은 정당하며, 긍정적인 역할을 수행한다고 주장한다. 평등주의자들은 사회정의를 실현한다는 명분으로 여러 가지 정책을 시행하려고 하지만, 이런 정책들은 모두 의도하지 않는 부작용을 초래한다. 곧 자유를 침해하고 '경제적 편익'에 손상을 초래하고, 도덕 윤리를 파괴한다.

첫째로 평등주의 정책은 자유를 침해한다. 불평등을 해소하기 위한 평등주의적 정책은 언제나 자유를 침해한다. 피케티와 같이 심화된 불평등을 해소하기 위하여 누진적 조세정책을 도입하는 것은 미리 설정한 특정한 분배 유형을 강조하는 것이다. 특정한 목적의 설정 자체도 자유를 침해하는 것이지만, 그 목적을 달성하기 위해 특정 정책을 도입하여 시행하는 것도 자유를 침해한다. 노직(Robett Nozick)이 비정형적 정의 원칙을 지지하는 이유도 바로 여기에 있다. 부(富)가 원초적으로 정당하게 취득되었고, 정당하게 이전되었다면, 그 결과가 불평등하더라도 그것을 바로잡으려 해서는 안 된다. 결과의 평등 유무를 고려할 것이 아니라 현재의 부가 어떻게 형성되었는가에 대한 역사적 과정을 살펴 문제가 없다면 그 부는 정당하다.

둘째로 평등주의 정책은 '경제적 편익'을 손상시킨다. 불평등은 경험적인 맥락에서 정당화된다. 불평등은 바람직한 결과를 도출한다. 경제 부분에서의 불평등은 혁신과 유인의 원동력이다. 불평등은 경제적 편익의 원천이다. 만일 정부가 재분배를 통해 불평등을 해소하면, 부의 창조자들은 생산 의욕을 잃는다. 피케티처럼 부나 소득의 평등을 추구하면 국가 전체의 부가 감소한다. 경제 침체는 평등을 추구한 정책의 피할 수 없는 결과이다.

셋째로 평등주의 정책은 도덕과 윤리를 파괴한다. 평등의 추구는 윤리적으로 바람직하지 않은 결과를 초래한다. 평등주의의 강제적 정책 시행은 사회의 절제력을 파괴한다. 평등주의적 강제는 사회를 구성하고 있는 모든 집단이나 개인이 자신의 이익을 위해 더 많은 것을 요구하기 때문에 탐욕스러운 본능에 대한 제약이 약화된다. 자신의 이익을 확대하기 위한 집단과 집단, 개인과 개인 사이의 경쟁은 불평불만을 확대하고 사회적 응집력을 약화시킨다. 뿐만 아니라 분배를 위한 법률의 잦은 개정은 법에 대한 시민들의 신뢰를 손상시킨다. 법에 대한 신뢰가 실추되면 법을 회피하고 어기는 시민이 많아진다. 세금을 피하기 위해 여러 수단을 강구하게 되고 이것은 시민들의 법 인식에 부정적인 영향을 미친다.

자유주의자들이 반대하는 것은 부와 소득의 불평등을 시정하기 위한 분배적 평등을 반대하는 것이지 일반 규칙의 평등에 반대하는 것은 아니다. 규칙은 모든 사람에게 평등하게 적용되어야 하며, 공민권과 정치적 권리의 평등(equality of civil and political rights), 기회의 평등은 보장되어야 한다. 기회의 평등은 어떤 기회 구조가 바람직하다는 가정을 미리하지 않는다. (중략)

피케티와 자유주의 도덕의 침식

피케티의 『21세기 자본』이 세계적으로 큰 반향을 불러일으킨 이유는 분명하다. 부와 소득의 불평등의 지나치게 심화되었다는 그의 주장에 많은 사람이 공감을 표시하고 있기 때문이다. 『21세기 자본』 이후와 이전의 세계는 불평등을 보는 눈이 확연히 변할 것이다. 그동안 막연히 형이상학적인 주장으로, 때로는 부분적인 통계로 부와 소득의 불평등이 문제로 부각되긴 하였지만, 피케티처럼 장기간에 걸친 여러 나라의 자료를 분석하여 부와 소득의 불평등을 입증한 것은 처음이기 때문이다.

그러나 피케티가 주장하는 소득과 부에 대한 과도한 과세는 시민사회의 자기 책임의 원칙이라는 건전한 도덕을 파괴한다. 나아가 경제성장의 뿌리를 훼손하고, 경제적 자유와 개인의 자유를 감소시킨다. 인류 역사가 증거하듯이 정부의 힘이 발흥하면 인간의 자유는 쇠퇴한다.

자유주의자들이 일관되게 주장하여 왔듯이 국가의 부는 국가의 개입과 계획이 아니라 자유와 시장에 의해 가장 잘 성장한다. 공정한 정부가 개인과 사유재산을 보호하면, 국가의 '약탈적 손'이 아니라 시장경쟁을 통한 '보이지 않는 손'이 사회적 조화와 경제적 조화를 도출한다.

정부의 온당한 역할은 개인의 자유와 사유재산을 보호하는 것이다. 정부의 힘이 증가하고 억압적 세금에 의해 사유재산의 권리가 침탈당할 때 개인의 자유는 감소한다. 정의로운 법의 지배 아래서의 평등이 '사회정의'라는 모호한 기준에 의해 대치되었다. 피케티는 불평등 감소를 명분으로 개인의 자유와 사유재산권을 침해한다. 피케티가 말하는 정의는 소득과 부를 민주적으로 침해하는 것이다. 자본주의를 민주주의가 통제하는 국가를 피케티는 '사회 국가(social state)'라고 부른다.

피케티가 지지하는 재분배 국가는 도덕을 위장한 부정의(不正義)일 뿐 아니라 경제성장을 방해한다. 피케티처럼 자본에게 돌아가는 대가를 감소시킴으로써가 아니라 경제적 자유와 성장을 증가시킴으로써 가난한 사람들의 처지를 개선할 수 있을 것이다.

중국은 1978년 시장경제를 도입함으로써 단기간에 경제성장을 이룩하였다. 중국은 경제 자유화를 통해 시장을 개방하여 많은 사람들에게 부자가 될 수 있는 가능성을 열어 주고, 거대한 중산층의 형성을 가능하게 하였다. 소득의 불평등이 증가하였지만 국가의 권력은 감소하고, 경제적 자유와 개인의 자유가 진전됨에 따라 5억 명 이상의 인민들이 가난에서 벗어났다.

앞으로 나아갈 수 있는 기회에 대해 낙관적인 전망을 가짐으로써 중국 사람들은 자신들의 재능과 근면, 교육이 자신들이 경제적으로 나아질 수 있는 계기임을 깨닫게 되었다. 권력의 남용이나 절차적 불공정을 바로잡으려고 노력해야 한다. 그러나 분배적 정의감이나 부자에 대한 분노를 불태워서는 안 된다. 그런 사회는 발전하지 못한다.

시민들은 부자가 아니라 권력의 남용에 대해 분노해야 한다. 시장은 시민들의 적이 아니라 창조성과 진보의 엔진이다. 시장이 아니라 분배적 정의에 민감하게 반응하는 사회일수록 발전의 여지가 줄어든다.

불간섭과 자유의 원리에 기초한 시장, '자발성의 원리'에 기초한 시장은 정부의 권력에 기초한 피케티의 '사회 국가'와 극명한 대비를 이룬다. 중요한 문제는 동의와 강제, 개인과 국가 사이의 경계를 어디에 설정하는가이다. 정부 권력이 자유와 재산의 권리를 보호하는 것에 제한될 때 개인은 선택의 자유를 누리게 된다. 공정한 법의 지배에 기초한 사적 자유 시장이 개인의 책임을 강화하고 사람들의 삶을 개선했다는 사실을 역사는 증언한다. 피케티의 재분배 국가, 곧 '사회 국가'는 항상 그 반대를 초래하였다.

지금까지 살펴보았듯이 피케티의 불평등에 대한 실증적 분석과 대안 제시는 많은 문제점을 안고 있다. 불평등을 문제 삼을 때 개인의 자유와 경제적 자유는 훼손된다. 개인의 자유와 경제적 자유의 침식은 모든 사람에게 부정적인 결과를 초래한다. 개인과 경제적 자유의 존중이 부자와 가난한 사람 모두에게 혜택을 가져다준다. 인류를 부자와 빈자로 양분하면서 불평등을 문제 삼은 피케티의 정치경제학도 마르크스의 정치경제학처럼 인류에게 재앙을 초래할 수 있을 것이다. 우리는 불평등이 아니라 빈곤을 문제 삼고 그것을 해결하기 위해 노력해야 한다. - 신중섭, 「피케티의 『21세기 자본』에 대한 철학적 비판」, 안재욱 · 현진권 편저, 『피케티의 『21세기 자본』 바로읽기』, 백년동안, 2014, 44~46쪽, 50~53쪽.

글쓰기 연습

- 윗글에서 각 단락의 핵심문장(소주제문장)을 찾아보자.
- 핵심문장을 중심으로 단락별 소제목을 작성해 보자.
- 핵심문장을 중심으로 전체 내용을 한 단락으로 요약해 보자.

생각하고 토론하기

- 예문 3에 대해 예문 4와 예문 5의 저자는 매우 비판적 입장을 취한다. 특히 예문 4의 저자는 '정책 시각'의 편향성과 '조세정책에 대한 문제'를 구체적으로 제기하며 예문 3에 나타난 논리적 모순과 한계를 지적한다. 자신이 예문 3의 출처인 『21세기 자본』의 저자 토마 피케티라고 가정하고, 예문 4에 대한 반론의 준거를 생각해 보자.
- 예문 5는 피케티의 『21세기 자본』의 핵심 주제인 '불평등의 구조'에 대해 비판철학적 입장에서 접근하고 있다. 이 글에서 저자는 '정당한 불평등'과 '자유주의 도덕의 침식'이라는 근거를 들어 자신의 논리적 입점을 마련한다. 다시, 피케티의 입장에서 이에 대한 반론을 제시해 보자.
- 자본주의 체제에서 평등주의 정책과 자유의 가치는 양립할 수 없는 것인가. 아울러 궁극적으로 그것은 도덕과 윤리의식을 훼손하는가. 조별로 토론해 보자.

위기와 전환: 지구

기후가 모든 것을 바꾼다

인류는 지금 기로에 서 있다. 공생인가, 공멸인가. 지속가능성을 우선한다면 인류는 더 나은 미래를 맞이할 것이지만 현재와 같은 삶의 방식을 고수한다면 미래는 조만간 사라질지 모른다. 지난 세기 중반부터 무분별한 개발과 성장을 멈춰야 한다는 경고가 계속됐지만 인류는 브레이크를 밟지 않았다. 생산력 제일주의를 표방하는 산업문명이 '풍요와 편리'를 추구하는 인간(소비자)의 욕망을 부추겨 왔다. 이에 따라 '대량생산-대량유통-대량소비-대량폐기'의 악순환이 끊이지 않고 있다.

이 악순환 구조가 기후위기를 필두로 한 자원 고갈, 핵무기, 인구 폭증, 불평등 등 지구 차원 난제의 원인이다. 하지만 해결 기미가 보이지 않는다. 지구적 난제들이 서로 영향을 주고받으며 불확실성을 가중하고 있지만 국가와 국제사회, 신자유주의 시장경제는 적극적으로 대응하지 않는다. 물론 과학기술의 급속한 진전이 모든 문제를 극복할 것이라는 낙관론이 없지 않다. 인공지능(AI), 생명과학, 나노기술, 지구공학 등이 인류가 직면한 복합 위기를 해결할 것이라는 전망이다.

하지만 기상이변에 따른 대규모 자연재해가 지구 곳곳에서 잇따르면서 불안과 공포가 증폭되고 있다. 호주, 시베리아 등지에서 대형 산불이 빈발하고, 중동 지역에서는 이상고온현상에 시달리는가 하면, 북극해에서는 '얼음 없는 여름'이 목격됐다. 빙하가 급격하게 줄어드는 데 이어 극지방의 영구 동토층마저 녹아내리면 인류는 돌이킬 수 없는 파국을 맞이한다. 기상학자들은 인류문명이 지속가능성을 확보하려면 지구 평균온도를 산업혁명 이전 시기를 기준으로 1.5℃ 이상 상승시키지 말아야 한다고 역설한다.

서구 근대가 개막된 이래 인류는 '진보'를 당연하게 여겼다. 오늘보다 나은 내일이 가능하다는 믿음의 밑바탕에는 지구 자원은 무한하다는 그릇된 인식, 천지자연은 인간을 위해 존재한다는 인간중심주의가 깔려 있었다. 신의 권좌에 올라앉은 '근대인'에게는 무엇보다도 자기 성찰이 부족했다. 기계론적 세계관에 함몰된 채 이성과 지식을 도구화했다. 모든 생명은 형제자매이며 우주 안에 존재하는 모든 것은 서로 연결되어 있다는 생태적(전일적) 세계관을 인정하려 들지 않았다. 이것이 기후위기로 수렴되는 복합 위기의 근본 원인이다.

문제 제기는 지난 세기 중반부터 있어 왔다. 1962년 레이첼 카슨이 『침묵의 봄』을 발간해 살충제 남용의 위험을 고발한 데 이어, 1972년에는 로마클럽이 보고서 「성장의 한계」를 통해 경제성장이 지구환경에 미치는 악영향을 과학적으로 분석, 전망했다. 에른스트 슈마허는 1973년 『작은 것이 아름답다』를 발간, 인간과 환경을 위한 경제를 제안했다. 이와 함께 지구의 벗(1969), 그린피스(1971)와 같은 세계적 환경운동 단체가 활동을 개시했다.

작가 나오미 클라인은 기후 문제의 진실에 접근하기 위해서는 '탄소'가 아니라 '자본주의'에 초점을 맞춰야 한다고 강조한다. 지구를 뜨겁게 달구는 것은 탄소이지만, 탄소를 배출시키는 것은 산업문명의 엔진인 자본주의다. 자본주의의 역기능을 해소하지 않는 한 기후 문제는 해결할 수 없다. 개인의 심리부터 사회구조, 정치·경제 시스템, 국제 관계에 이르기까지 문명 차원에서 '거대한 전환'을 이뤄 내야 한다. 기후 문제야말로 모든 학문 분야가 연계하지 않으면 풀어낼 수 없는 '거대한 주제'다. 한두 가지 관점으로는 현황 파악조차 불가능하다.

선택할 시간이 얼마 남지 않았다. 공생인가, 공멸인가. 열쇠는 인류가 쥐고 있다. 공생의 길을 원한다면 방법은 하나다. 그간 익숙했던 모든 것과 결별하는 것이다. 지속가능성을 최우선 순위로 설정하고 개인의 삶의 방식을 개선하는 한편 정치제도와 경제체제를 혁신해 지구공동사회를 건설해야 한다. 기후위기를 극복하는 '최초의 인간'이 될 것인가, 아니면 기후재앙 앞에서 스러지는 '최후의 인간'이 될 것인가. 미래는 우리 손에 달려 있다. "기후위기를 극복하는 것은 더 나은 미래를 건설하는 것"이라는 기후학자 조천호의 말을 잊지 말자.

예문 1

완벽하지 않은 문제:
우리는 왜 기후변화가 너무나도 어렵다고 생각하는가

의사결정 분야를 연구하는 심리학자들은 종종 기후변화를 완벽한 문제라고 말하곤 한다. 심지어 너무 완벽해서 우리에게 일말의 가망도 없는 문제라 해도 과언이 아닐 정도라고 한다.

예일 기후변화 의사소통 프로젝트 책임자 토니 레이세로위즈는 "인간의 근원적인 심리에 이보다 더 안 맞는 문제를 만들기는 거의 불가능할 정도입니다."라고 말한다. 대니얼 길버트는 "정말이지 모든 면에서 기후변화에 불리합니다. 심리학자도 무기력을 만들어 낼 이보다 더 완벽한 시나리오를 떠올릴 수 없을 겁니다."라고 말한다. 그리고 대니얼 카너먼은 말할 것도 없이 '대단히 비관적'이다.

다른 학문 분야를 연구하는 사람들과 계속 이야기를 나누면서 나는 기묘하게도 기후변화가 그들이 보기에도 완벽한 문제가 되어 버렸다는 사실을 발견했다. 스턴 경 같은 경제학자들은 기후변화를 '완벽한 시장 실패'라고 설명한다. 도덕철학자 스티븐 가디너(Stephen Gardiner)는 기후변화를 '완벽한 도덕적 폭풍'이라 칭한다.

2005년 예일 대학교에서 열린 주요 회의에서 이런 관점이 역력하게 드러났다. 이 회의에서는 기후변화가 "현대사회의 대응능력의 한계를 시험하도록 거의 완벽하게 설계되었다. 유례없이 위압적인 힘이 모여 영향을 미친다는 점에서 '완벽한 문제'라고도 부를 수 있을 것이다."라고 결론 내렸다.

그렇다면 이 모든 관점에서 볼 때 기후변화는 정말로 완벽한 문제인가? 아니면 기후변화를 둘러싸고 형성된 담론이 너무나 완벽하게 그 담론을 만든 사람들의 이익을 구현하고 있기 때문에 그렇게 보이는 것일까? 기후변화를 '완벽한 문제'로 규정할 때 부정을 부추기는 무력감과 절망의 프레임이 촉발되기 때문에 이는 중요한 질문이다.

(인지를 방해하는 가장 큰 장애물 중 하나인) 근접성의 측면에서 기후변화는 중간 정도에 속하는 문제다. 시공간적으로 기후변화보다 한층 거리가 먼 위협은 언제나 존재

한다. 중부 웨일즈의 우리집 근처에는 지구와 충돌할 가능성이 있는 외계 물체를 추적하는 지구근접물체정보센터(Near Earth Objects Information Centre)가 있다. 아담하고 평범한 벽돌 건물의 이 센터는 은퇴 후 살기에 좋아 보인다. 소장인 제이 테이트(Jay Tate) 소령이 자신이 받는 군인 연금으로 센터를 운영하고 있다는 사실을 고려할 때 이는 그리 놀라운 일은 아니다. 어떤 기업도 관심이 없고(환경운동가 빌 맥키번이 자주 하는 말처럼, 그 누구도 운석 사업으로 550억 달러를 벌지는 못한다.), 너무나 요원하며, 대단히 불확실하고, 많은 사람에게 일어날 가능성이 매우 낮으며, 극소수만이 심각하게 여기는 위협을 관측하는 테이트 소장과 용맹한 자원봉사자 팀이 자금 지원을 받기는 어려워 보인다.

하지만 기이하게도 기후변화 부정론자들은 예외다. 기후변화를 부정하는 영국의 유명 싱크탱크 지구온난화정책재단(Global Warming Policy Foundation)의 이사장 베니 페이저(Benny Peiser)는 이 센터를 가장 강력히 지지하는 사람들 중 한 명이다. 기후변화 위험이 과장됐다고 끊임없이 주장하는 페이저는 10년 전, 너비 800미터 크기의 NT7이라는 소행성이 지구를 향해 다가오고 있다고 사방팔방에 경고하고 다녔다. 페이저가 소행성 걱정에 기여한 바를 인정하여 국제천문연맹은 너비 13킬로미터 크기의 한 소행성에 그의 이름을 붙였고, 7017 페이저 소행성은 미국항공우주국 웹사이트에 공식적으로 올라 있다. 반면에 페이저가 운영하는 웹사이트는 틈만 나면 항공우주국 소속의 기후과학자들을 비판한다.

미국 하원의원 다나 로라바커(Dana Rohrabacher) 역시 지구근접물체정보센터를 열렬히 후원하는 사람이다. 로라바커는 캘리포니아 출신 공화당원으로 '지구근접물체'가 '정말로 실재하는 위험'이라고 설명하면서 이에 대한 방어책을 논의하는 하원 청문회를 소집하고자 애써 왔다. 그러나 로라바커는 기후변화에 대한 그 어떤 대처도 필요하지 않다고 단호하게 말하고 있으며, 이산화탄소가 기후변화의 원인은 아니라고 단정적으로 말한다. 로라바커는 심지어 선사시대의 기후변동이 '공룡 배 속의 가스' 때문에 발생했다고 장난삼아 말하기도 했다.

기후변화 부정론자들이 뭐라고 하든 그들이 기후 과학을 부정하는 이유는 과학적으로 불확실하다거나 위협을 과장하기 때문이 아니다. 그보다는 그들의 걱정의 웅덩이 전체가 거대한 암석으로 가득 차 있다는 생각이 든다.

게다가 기후변화를 늦추기 위한 조치에 그리 감당 못할 비용이 드는 것도 아니다. 생활방식을 바꾸기가 망설여질 수도 있겠지만, 온실가스 배출이 적었던 시절이 어땠는지 다들 기억할 수 있을 것이고 그 시절이 그리 나쁘지 않았다는 점도 다들 알고 있다. 어떤 면에선 더 좋았다. 각종 지표에 따르면, 선진국 국민들의 행복 지수는 1970년대 초에 최고를 기록했다. 그때 미국인의 자동차 이용률은 지금보다 60퍼센트 낮았고 비행기 이용률은 80퍼센트 낮았다. 그때가 그렇게 나빴는가? 가족, 친구, 공동체, 신뢰, 기쁨, 흥분, 웃음, 열정, 아름다움과 같이 정말로 중요한 것들은 오히려 저탄소 사회에서 향상될 수 있었다. 그리고 섹스가 이산화탄소와는 무관하다는 건 말할 필요도 없다.

기후변화에 대처하기가 어렵기는 하겠지만 길게 보면 인지적으로 전혀 해결 불가능한 문제는 아니다. 아예 전례가 없거나 전혀 신뢰할 수 없는 출처에서 나왔거나 가장 친밀한 관계에 영향을 미치는 문제야 말로 어려운 문제이다. 1956년에 개봉한 공상과학 영화 〈우주의 침입자(Invasion of the Body Snatchers)〉는 흐트러진 차림의 마일즈 베넬 박사가 FBI를 찾아가 자기 친구들과 자녀들이 거대한 씨앗 꼬투리 속에 숨어 있는 외계인에게 신체를 강탈당했다고 필사적으로 설득하는 장면으로 끝난다. 그런 이야기를 누군가에게 믿게 만들기는 정말로 힘들다.

하지만 이상하게도 그런 이야기를 믿는 사람들이 있다. 2012년에는 뉴에이지 지도자 데이비드 아이크(David Icke)가 혼자서 11시간 동안 용자리에서 온 변신 파충류가 지구를 장악하고 있다고 떠드는 이야기를 들으려는 사람들이 영국의 최대 축구 경기장을 가득 채웠다. 현재 세계를 다스리고 있는 '렙토이드(Reptoid)'라고 하는 이 존재들은 인간의 모습을 하고 있으며, 그중에는 영국 여왕, 앨 고어, 부시 일가도 있었다. 아이크가 기후변화를 가리켜 '기념비적인 사기'라고 평한다는 사실을 감안할 때, 사람들은 자기 세계관에 부합하기만 하면 무엇이든 거의 다 믿을 수 있는 모양이다.

한 걸음 물러나 보면 기후변화에는 기를 죽이는 측면만 있는 것은 아니다. 기뻐할 정도는 아니더라도 다소 덜 낙담할 이유도 존재한다.

예를 들어 근대 국민국가가 출현한 이래 선진 세계에서 가장 오랫동안 평화가 지속되고 있으며, 기후변화에 대응할 수 있는 기술과 부, 교육 수준, 국제 협력을 갖춘 현시점에 기후변화가 일어나고 있다는 사실은 대단한 행운이다. 완벽한 타이밍은 아니지만 거의 그에 가까울 정도다. 더욱이 기후변화를 유발하고 있는 국가들도 기후변화의 영향을 벗어날 수 없게 될 것이다. 이는 분명 불행한 일이기는 하지만, 해당 국가들이 행동에 나설 가능성이 높아진다는 점에서는 긍정적이다. 만약 자국에 이익이 되지 않는다면, 가령 극단적으로 영향이 전부 아프리카 대륙에 집중된다면, 선진국들은 아무런 대처도 하지 않을 테니 말이다.

기후변화는 대단히 어려운 문제이지만 '완벽하게' 어렵지는 않다. 원칙적으로 우리는 이 문제에 대처할 수 있다. 이는 전적으로 정도의 문제이다. 인간은 똑똑하지만 충분히 똑똑한가? 인간은 협력하지만 충분히 협력하는가? 이 쟁점을 이해하고 이에 열정을 보이는 사람이 많이 있지만 충분히 많은가? 우리에게는 다소 시간이 있지만 충분한 시간인가?

기후변화를 인지적으로 '완벽한' 과제로 간주하는 근거가 조금이라도 존재한다면, 이는 기후변화에 내재된 구체적인 특징 때문이 아니라 기후변화의 다면적인 가치 때문이다. 다시 말해 기후변화에는 여러 의미로 해석할 수 있는 여지가 있다. 기후변화에는 명확하게 정체를 규정할 뚜렷한 특징이 존재하지 않는다. 기한도 없고 지리적 위치도 없으며 단일한 원인이나 해결책, 혹은 적이 존재하지도 않는다. 정보를 처리하고 분류하기 위해 필요한 단서를 끊임없이 살피는 우리 뇌는 아무것도 발견하지 못하고 뜬구름만 잡는다. 그러나 단서가 없이는 기후변화에 대처할 수 없으므로 우리는 여전히 단서를 필요로 하며, 결국 나름의 단서를 만들고 내세운다. 이렇게 되면 기후변화의 특징을 잘못 기술하거나 확증 편향을 일으키고 '우리가 믿고 싶은 대로 믿을' 여지를 주는 위험한 상황에 처한다.

왜 기후변화에 대처하기 위한 행동에 나서지 않느냐고 물었을 때, 다들 각자 자신만의 이미지에 따라 기후변화 문제를 규정하는 것처럼 보이는 이유가 바로 이 때문이다. 기후 과학자는 사람들이 과학을 이해하지 못한다고 말한다. 환경운동가는 정유 회사들 때문에 정치가 타락했다고 말한다. 정유 회사는 환경운동가들 때문에 정치가 타락했다고 말한다. 오하이오 주립대학교의 통계학과 교수 마크 벌리너(Mark Berliner)는 우리가 "통계적 사고를 싫어하기" 때문에 실패한다고 말한다. 또한 나 같은 의사소통 전문가는 사람들이 이런 위협에 반응하지 않는 이유는 의사소통의 실패 때문이라고 말한다. 만약 기후변화가 정말로 '방 안의 코끼리'라면, 코끼리가 있는 방은 칠흑같이 어두울 것이고 우리는 옛 우화에 나오는 장님처럼 저마다 코끼리의 다른 부위를 만지며 그것이 무엇인지 자신만의 문화적 편견에 따라 결론을 내릴 것이다.

그러나 기후변화의 애매모호함은 한층 더 넓게 확장되어 가장 안전하고 확실하고 친근해 보이던 대상에도 영향을 미치려고 한다. 안락함을 느끼고 가족을 보호해 주던 우리의 생활양식이 이제는 위협적인 존재라고 말한다. 우리가 선의로 한 행동이 사랑하는 사람을 해칠 수 있고, 무해하다고 믿었던 기체가 알고 보니 유독하며, 익숙한 환경이 위험하며 불확실해지고 있다고 말한다.

정신분석학의 아버지 지그문트 프로이트(Sigmund Freud)는 민간설화와 괴담을 분석하여 익숙한 듯하면서도 사실은 익숙하지 않은 어떤 대상이 심리를 불안하게 만든다는 사실을 알아냈다. 프로이트는 이를 '다스 운하임리헤(das Unheimliche)'라고 불렀고, 그것은 대개 '섬뜩함(uncanny condition)'으로 번역된다. 기후변화는 본질적으로 섬뜩하다. 기상 상태, 그리고 기상 상태를 변화시키는 다량의 이산화탄소를 배출하는 생활양식은 지극히 친숙하지만, 이제는 새로운 위협과 불확실성을 주고 있다.

즉 기후변화는 위험한 조합이다. 기후변화는 매우 다면적인 가치를 지니기 때문에 얼마든지 자신에게 유리하게 해석할 수 있다. 또한 기후변화는 섬뜩해서 불안과 불편을 유발하기 때문에 우리는 기후변화에 친숙한 형태와 유형을 부여하는 방식으로 이 문제를 해결하고자 한다. 이 두 가지 요소가 결합하고 거기에 제3의 용어가 더해져 기후변화는 유난히 '사악한 문제(wicked problem)'가 되어 버렸다.

'사악한 문제'라는 개념은 1973년 캘리포니아 대학교 버클리 캠퍼스의 도시설계학과 교수 호르스트 리텔(Horst Rittel)과 멜빈 웨버(Melvin Webber)가 처음으로 만들어 냈다. 처음에 두 사람은 정책 수립에 이 개념을 적용했지만, 최근 들어 훨씬 더 넓은 분야에서 사용되기 시작했다. 테러리즘, 금융 위기를 비롯하여 '최고'의 사악한 문제로 불리곤 하는 기후변화처럼 다루기 힘든 세계적 사안에 대단히 잘 들어맞기 때문이다.

리텔과 웨버가 '유순한 문제(tame problem)'라고 부르는 단순한 문제에는 명확한 원인과 목적, 결과가 존재한다. 반면에 사악한 문제는 모든 점에서 다면적이다. 사악한 문제는 불완전하고 모순되며 지속적으로 변화한다. 유순한 문제도 꽤 복잡할 수는 있지만, 사악한 문제는 '복합'적이다. 따라서 결정을 내릴 만큼 충분한 정보를 갖춘 시점이 존재하지 않는다. 사악한 문제는 지속적으로 평가하고 재정의하는 과정을 필요로 한다.

그렇기는 하지만 사악한 문제는 (여기에서 크게 심호흡하라.) 사악한 문제라고 말하는 것 외에 달리 명확하게 정의 내릴 수가 없다. 사악한 문제는 우리가 그 문제를 해결하기 위해 발전시키는 해결책에 따라 계속해서 진화하기 때문에 그 자체로 명확하게 정의 내리기가 불가능하다. 해결책을 시도해 보지 않고서는 사악한 문제에 대해 배울 수 없지만, 시도하는 모든 해결책이 새로운 결과와 새로운 사악한 문제를 만들어 낸다.

인접한 여러 쟁점이 얽혀 증상이 나타나고, 다수의 행위자가 관련되어 있으며, 각자 자기 나름대로의 해결방식에 따라 문제를 이해할 때, 그것은 사악한 문제가 되어 버린다. 따라서 문제를 어떻게 정의하느냐에 따라 서로 다른 해결책이 나온다. 또한 해결책에 따라 문제가 다르게 정의된다.

기후변화는 경제 문제나 기술 문제, 도덕 문제, 인권 문제, 에너지 문제, 사회정의 문제, 토지 이용 문제, 통치 문제, 좌파와 우파 세계관 사이의 이념 투쟁 문제, 신의 창조물에 대한 존중 결여의 문제 등으로 정의할 수 있다. 각각의 접근법에 따라 반응과 비용 부담 방식이 달라지며, 나아가 어떤 말로 행동을 정당화할지도 달라진다. 기후변화가 문제라는 사실 자체를 인정하지 않으려는 사람들이 무대책을 정당화하는 말도 각자 서로 다를 것이다. 이는 다른 사악한 문제에도 발생하는 공통적인 특징이다.

리텔과 웨버는 사악한 문제를 다루는 기본적인 규칙은 그것을 유순한 문제처럼 취급해서는 안 된다는 것이라고 말한다. 유순한 문제는 일련의 분명한 단계를 밟아 해결할 수 있다. 먼저 문제를 이해한 다음, 정보를 수집하며, 그러고 나서 정보를 종합하여 해결책을 알아내고 이를 적용한다. 그러나 사악한 문제의 경우 이런 방식이 통하지 않는다. 리텔과 웨버에 따르면, 맥락을 모르는 상태에서 사악한 문제를 이해할 수 없으며, 해결책을 찾을 수도 없다.

기후변화는 그 어떤 인과 구조에도 들어맞지 않는다. 우리가 실제 원인을 검토하고 있는지, 아니면 문제를 규정하려고 선택한 방식에 따라 생겨난 원인을 검토하고 있는지 결코 명확하지 않기 때문이다. 기후변화를 받아들이기 어려워하는 이유는 기후변화가 미래의 일이기 때문일까, 아니면 기후변화를 받아들이기 어렵게 하려고 미래의 일로 미루기로 했기 때문일까? 기후변화는 정말로 불확실할까, 아니면 그냥 그런 식으로 말하고 있을 뿐일까? 기후변화를 타개할 해결책은 정말로 쉽지 않은가, 아니면 그저 그렇게 말하고 있을 뿐일까?

이런 점에서 기후변화를 완벽한 문제라고 부르는 것은 그것을 규정하고 길들이려는 시도에 지나지 않는다. 기후변화는 완벽한 문제일까, 완벽하지 않은 문제일까, 혹은 아예 문제가 아닐까? 아니면 이도 저도 아니고, 단지 극단적이고 돌이킬 수 없고 특이하고 지독한 (자기 자신의 편향된 해석을 가장 잘 표현하는 단어를 골라 보라.) __________일까? - 조지 마셜, 이은경 옮김, 『기후변화의 심리학』, 갈마바람, 2018, 134~142쪽.

글쓰기 연습

- 윗글을 정독한 뒤 각 단락의 핵심문장(소주제문장)을 찾아보자.
- 핵심문장을 중심으로 단락별 소제목을 작성해 보자.
- 핵심문장을 중심으로 전체 내용을 한 단락으로 요약해 보자.
- 윗글에서 저자가 참조한 참고문헌을 찾아 각주를 다는 연습을 해 보자.

생각하고 토론하기

- 나는 언제, 왜 기후 문제를 심각하게 인식하는지 개인의 일상생활 차원에서 경험과 생각을 나눠 보자.
- 기후 문제에 접근할 때 어떤 학문 분야에 우선순위를 둬야 하는지 토론해 보자.
- 기후 문제에 대한 대중의 인식은 과학적 근거보다는 문화적 담론의 영향을 크게 받는다고 한다. 『기후변화의 심리학』에서 그 이유와 대안을 찾아보자.
- 기후 우울증이 확산되고 있다. 기후 우울증을 극복할 방안은 무엇인지 토론해 보자.
- 위 예문의 마지막 대목이다. "기후변화는 완벽한 문제일까, 완벽하지 않은 문제일까, 혹은 아예 문제가 아닐까? 아니면 이도 저도 아니고, 단지 극단적이고 돌이킬 수 없고 특이하고 지독한 (자기 자신의 편향된 해석을 가장 잘 표현하는 단어를 골라 보라.) __________일까?" 빈칸을 채우고 그 이유에 대한 생각을 서로 나눠 보자.

예문 2

기후위기와 인권

기후위기가 인권에 끼치는 해악

나는 전통적인 인권관에서 상당히 벗어나 구조적이고 시스템적인 인권이론을 연구하는 학자로서 인권의 경계를 넓히는 작업을 하고 있다. 그리고 그런 이론의 유력한 근거로 기후위기를 든다. 하지만 인권을 이렇게 해석하는 목소리는 주류 인권 학계에서 극소수에 속한다.

그렇다면 기후위기와 같은 거시적 시스템 악화가 인권에 어떤 영향을 미치는가. 우선 생명권과 생존권을 빼앗는다. 생명권은 모든 인권의 출발점이다. 폭염은 열사병에 의한 직접 사망률을 높이고, 뇌졸중에 의한 간접 사망률도 높인다. 서울대 보건대학원의 홍윤철 교수는 폭염 사망자 수가 정부 집계보다 최대 20배 이상 높다고 하면서, 2006~2017년 사이 전국에서 폭염으로 사망한 사람을 1,440명으로 추산한다. 또한 기온 상승과 자살률 사이에도 상관관계가 있다.

해수면 상승으로 인해 직접적으로 생명·생존권을 침해당하고 있는 저지대 국가와 남태평양 섬나라 주민들은 '존엄한 이주'를 호소한다. 자기 땅에서 물에 빠져 죽지 않을 권리를 호소한다는 게 얼마나 처절한 일인가. 국제적십자사는 전 세계의 잠재적 기후난민을 한국의 인구와 맞먹는 5,000만 명으로 추산한다.

기후위기는 건강권을 침해한다. 폭염은 열사병과 일사병을 늘리고 신장병, 호흡기병, 전염병, 정신질환도 증가시킨다. 지카열, 말라리아, 이질, 신증후군, 출혈열, 뎅기열, 비브리오 폐혈증, 콜레라도 늘고 있다. 기후위기와 동전의 양면을 이루는 미세먼지에 의한 건강 문제는 우리가 익히 아는 바이다.

기후위기가 생계권에 미치는 악영향도 심각하다. 평균기온이 1도만 올라가도 추수가 10%나 감소한다. 최근 흉작과 기근으로 전 세계에서 8억 2,000만 명이 식량 부족 상태에 빠져 있다. 물도 부족해진다. 최근 세계자원연구소(WRI)가 150개국을 대상으로 조사한 결과를 보면 한국은 중상위 물 부족 국가인 53위에 랭크되어 있다. 농업 및 어업의 유형 변화도 농어민의 삶을 더욱 어렵게 만든다.

기후위기는 폭력과 갈등도 증가시킨다. 살인, 강간과 같은 개인 간 폭력도 늘고, 집단 간에도 내전, 전쟁, 정정(政情) 불안이 발생한다. 기후위기는 전쟁으로 인한 취약 상태에 대처하기 어렵게 만들고, 전쟁은 기후위기에 적응하기 어렵게 한다.

기후위기는 모든 사람에게 똑같이 닥치지만, 그 피해는 차별적으로 발생한다. 쪽방 거주민, 홀몸 노인, 환기 불량 주택 거주자, 저소득층, 빈곤층 여성, 개도국 여성과 아동, 에너지빈곤층, 야외 건설·산업 노동자, 비닐하우스 이주노동자, 노약자, 만성질환자, 심신 쇠약자, 정신질환자, 상습 침수 지역 및 녹지 협소 지역 주민, 재정자립도가 낮은 지역 주민들이 기후위기의 직격탄을 맞는다.

마지막으로, 극단적 위기 상황이 오면 생존본능에 의한 행동이 나타나기 쉽다. 사람들이 저마다 자기 목숨만 보존하려고 하면 통상적 사회질서 유지가 어려워진다. 그렇게 되면 법의 지배 원칙이 사문화될 가능성이 높다. '문명의 종말'이라는 표현에 주목해야 한다. 인류가 적어도 이번 세기 내에 물리적으로 종말을 맞지는 않을 것이다. 그러나 우리가 알고 있는 세상이 뒤집히는 상태, 통상적 사회질서가 무너지고 법치의 근본이 흔들리는 '기후 아노미'가 곧 문명의 붕괴 상태다. 현재 대학생이 쉰 살이 되기 전에 홉스가 말했던 아수라장 비슷한 세상이 올지도 모른다.

유엔의 '극빈과 인권' 특별보고관인 필립 올스턴에 따르면 기후 '아파르트헤이트' 상황에서 부자들은 돈으로 생존을 사고, 빈곤층의 인권은 사라질 것이라 한다. 한국에서 2018년 폭염으로 공식적으로만 48명이 사망했는데 대부분이 쪽방 거주자, 독거노인, 에너지빈곤층, 중풍 환자들이었다. 그런데 언론에서 이 사건을 다룬 비중은 그저 보통의 사건·사고 기사 이상이 되지 않았다.

마치 남아공 흑인들이 인종분리정책의 희생이 되었던 것처럼 이 땅에서도 이미 보이지 않게 '기후위기 인간차별'이 시작되었다고 봐야 한다. 하루 종일 냉방시설에서 냉방시설로 이어지는 동선을 따라 살 수 있는 혜택받은 극소수와, 다양하게 폭염에 노출될 수밖에 없는 나머지로 이루어진 새로운 기후계급이 탄생할 가능성이 높다. 기후위기를 경험하는 불평등의 정도를 따지는 '기후 지니계수' 같은 지표가 나올 날이 머지않았다.

중층적인 기후위기의 원인

다 아는 사실이지만 기후위기의 원인을 한번 더 짚어 보자. "온실가스가 늘면 지표면의 대기의 온도가 상승하여 기후위기가 온다."는 식의 '과학적' 설명은 그 자체로 틀린 말이 아니다. 하지만 그것은 마치 "밥을 못 먹으면 배가 고프다."식의 당연한 인과관계의 서술에 불과할 수 있다. 왜 밥을 못 먹게 되었는지, 그것이 누구 책임인지를 따져 봐야 한다.

기후위기의 책임은 여러 겹이 쌓여 있는 구조로 되어 있다. 첫째 겹은 현대적 삶의 양식이다. 자동차를 타고 에어컨을 돌리고 육식을 하는 모든 사람에게 책임이 조금씩 다 있다. 그러나 이런 점만 얘기하면 서로 다른 책임의 비중이 사라진다. 또한 개인에게 제한적인 선택지를 제시하는 구조 자체를 애당초 누가 만들었나 하는 점이 모호해진다.

둘째 겹은 산업혁명 및 그것에 부수된 식민지배, 그리고 그 후 계속된 자본주의형 개발 프로젝트의 역사적 책임이다. 서구 제국들은 천연자원과 면화와 설탕과 차와 고무를 위해 인도, 멕시코, 브라질, 앙골라, 모잠비크, 카나리아, 세인트베르데, 마데이라, 서인도, 가이아나, 말라야, 인도네시아 등지의 산림과 자연을 철저히 유린했다. 비서구권의 지속가능성을 싹쓸이하면서 서구로 부를 이전시켰다. 훗날 기후위기의 구조적 틀이 이때 이미 만들어졌다.

최근 들어 일제의 개발 덕분에 한반도가 혜택을 봤다는 식의 말이 나오고 있다. 이른바 '팩트(fact)'에 근거한 주장이라고 한다. 나무만 보고 숲을 보지 못하는 이런 식의 주장이 옳다면 아시아, 아프리카의 구식민지 국가들이 예전 백인 지배자들에게 지금도 감사를 표하고 있어야 할 것이다. 세계사적으로 보면 시대착오적인 궤변에 불과하다.

셋째 겹은 화석연료의 위험이 과학적으로 입증된 후에도 수십 년 동안 그 사실을 부인하고 왜곡하면서 수익에만 몰두해온 화석연료 기업들이다. 석탄산업, 발전사업도 여기에 해당한다. 최근 보도에 따르면 사우디 아람코, 셰브론, 가스프롬, 엑손모빌 등 20대 석유회사에서 지난 반세기 동안 전 세계 온실가스의 약 35%를 배출했다고 한다. 이런 기업들이 정치인과 과학자, 싱크탱크, 에너지 정책 결정자, 일부 엔지오, 광고업계, 마케팅 전문가, 교통운송업계, 도시계획가 등과 유착하여 우리가 화석연료 없이는 못 살도록, 그것도 아주 자연스럽게 그렇게 느끼도록, 판을 짠 것이다. 이런 구조 안에서 개인이 '자유롭게' 선택할 수 있는 여지는 극히 미미하다.

넷째 겹은 지정학적 갈등이다. 최근 발생한 브라질의 열대우림 화재가 전형적인 사례다. 미중 무역갈등으로 돼지고기 최대 생산국이자 소비국인 중국의 돈육 가격이 크게 올랐다. 그런데 중국은 돼지 사료용 대두를 주로 수입한다. 브라질은 미중 갈등을 틈타 대중국 대두 수출을 늘려 미국을 이미 추월하였다. 그 와중에 브라질의 우파 정부가 아마존 우림의 방화를 방치, 조장한 것이다. 국익 우선의 국가 경쟁으로 온실가스는 늘어만 간다.

국가의 무책임과 개인의 부인

이 네 겹으로 된 책임구조의 밑바탕에는 국가들의 의무 불이행과 개인 차원의 심리가 깔려 있다. 미국의 파리협약 탈퇴는 아주 극적인 사례이지만, 많은 나라들이 온실가스 감축에 '립서비스'만 하고 있는 실정이다. 한국은 이산화탄소 배출량으로 세계 6~7위권인 '기후 악당국가'의 불명예를 안고 있다. 그런데도 석탄화력발전에 대한 투자는 여전히 많고 폐쇄 계획은 더디다. 전 세계가 기후 비상사태를 선포하는 와중에도 우리 정부의 위기감은 별로 느껴지지 않는다.

개인 차원의 심리도 인식 전환을 가로막는 장애다. 아직도 기후나 환경 문제를 이상주의적 성향을 지닌 일부 녹색 '마니아'들의 전유물로 여기는 경향이 있다. 이러한 의식의 칸막이를 당장 허물어야 한다. 보통사람들은 기후위기에 대해 아무리 경고를 들어도 그 심각성을 잘 느끼지 못한다. 하루하루 살기에 바빠 그런 문제까지 신경 쓸 겨를이 없다. 그러나 상황이 너무 심각해져서 사람들이 큰일 났다고 느낄 정도가 되면 이미 때는 늦었다. 이런 상황을 '기든스의 역설'이라고 한다.

커뮤니케이션 전문가들은 기후위기가 큰 딜레마라고 지적한다. 기후위기의 실상을 곧이곧대로 전달하면 사람들은 포기하거나 체념하고, 동기화된 망각기제를 발동시켜 끔찍한 메시지를 의식에서 밀어낸다. 자기중심적 위험 인식도 문제다. "설마… 내가 사는 동안은 괜찮겠지" 하는 식의 현재 편향과, 미래에 대한 과도한 가치폄하도 나타난다.

인간의 인지능력은 장기적이고 구조적인 추세를 감지하기 어렵게 진화해왔다.

하루 이틀 날씨가 괜찮으면 "기후위기라 해도 별문제 없구나." 하고 걱정을 내려놓는다. 인류세를 논할 정도로 인간이 스스로 지질적 힘으로 등극했지만 지질적 차원의 시간대로 사고하지 못하는 한계가 인간 종 자체를 위협하고 있다. 인간의 이런 특성이 인권에도 결정적인 장애가 되었다. 눈앞의 직접적 차별에 대해서는 그렇게 감수성을 강조하면서도, 인류의 장기적 실존에 대한 감수성에는 별 관심이 없다.

새로운 정의의 문제

기후위기는 인권의 근본이 되는 전통적 '정의' 관념에 이론적 · 실천적으로 큰 도전을 제기한다. 우선 시스템 정의의 문제가 있다. 가해자와 피해자를 가리는 식의 형사사법적 정의관으로 다루지 못하는, 시스템 자체가 발생시키는 불의의 문제, 가해자와 피해자가 얽혀 있는 이른바 '설계된 비극'의 문제를 어떻게 다루면 좋을까.

공간적 정의의 문제도 있다. 전 세계 200개 이상 되는 나라들이 각각 국가 주권에 근거하여 법적 관할권을 행사하는 국제체제에서, 부자 나라에서 배출한 온실가스로 인해 가난한 나라가 피해를 입는다면 그 책임을 누구에게, 어떻게 물려야 할까. 인권운동의 노력으로 설립되었던 국제형사재판소 모델을 참고하여 국제환경재판소를 창설하자는 제안도 나와 있다.

세대 간 정의의 문제도 있다. 기성세대의 행동(온실가스 누적) 및 무행동(온실가스 통제의 방임) 때문에 젊은 세대와 미래세대가 입을 피해를 누가 책임질 것인가. 그레타 툰베리가 유엔 연설에서 "우리는 어른들을 절대 용서하지 않을 것"이라고 한 말을 듣고 밤잠을 설친 어른들이 과연 몇이나 될까. 기성세대가 세대 간 연대의 정신으로 책임 있게 행동에 나서고, 기후위기의 고통을 더 오래 겪을 젊은 세대들의 말을 경청해야 한다. 청소년들의 참정권 확대 요구를 생명권-생존권 차원의 문제로까지 넓혀 인정해야 한다. 자녀들의 대학입시에 부모들이 퍼붓는 관심과 정성의 1%만 기후위기에 쏟아도 지금보다 상황이 나아질 것이다.

마지막으로 생물종 간 정의의 문제가 있다. 인간 종이야 스스로 저지른 행위의 대가를 치른다고 하더라도, 동식물과 자연계가 무슨 죄가 있는가. 인간 사이의 불의와 정의에 대해서는 그렇게 민감한 사람들조차 인간과 인간 아닌 존재 사이의 '공평한 관계'에 대해서는 무관심한 경우가 적지 않다. 일부 국가들에서 대지의 권리를 법체계에 선언적으로 포함시킨 경우가 있긴 하지만 기존의 인권 패러다임에서는 비인간 생명체의 '권리'문제를 이론적으로 아직 해결하지 못한 상태다.

기존의 정치철학적 정의관을 벗어나 생각해보라. 생물종 간의 정의를 고려하지 않고 인간종이 생존할 수 있을 것인가. 생물다양성이 붕괴된 상태에서 인간의 생존권을 위해서라도, 다시 말해 개명된 자기 이익의 관점에서 보더라도, 인간과 자연이 전체 생태계 내에서 공존하는 패러다임을 받아들여야 하지 않을까.

결론을 대신한 불편한 질문들

몇 가지 물으면서 결론을 내자. 우선 전기 아끼기, 승용차 덜 타기 등 개인적 실천 메시지만 전파하면 되는가. 공동선과 윤리성을 지향하는 실천적 모멘텀을 더 큰 차원으로 승화시켜야 한다. 국가정책을 통해 거대 이익집단을 통제하고 산업상의 거시적 전환이 있어야 근본적으로 문제가 해결될 수 있기 때문이다. 민주시민의 생태의식과 윤리적 선택이 개인 양심에 머물지 않고 현실 정치적 움직임으로 확장될 수 있게 하는 어떤 강력한 동기부여가 필요하다. 인권운동이나 여성운동은 오랫동안 '권리조건-권리주장-권리효과'로 이어지는 권리의 법제화 사이클에 따라 운동을 해왔다. 기후위기 대응도 이런 전례를 참고하면 좋겠다.

기후위기 문제를 환경부, 환경운동가, 기후전문가에게만 맡겨두어도 되는가. 기후위기가 모든 분야를 아우르는 총체적 위기인 만큼 그 대응도 총체적, 전면적으로 이루어져야 한다. 지붕이 무너지는데 서까래에게만, 대들보에게만, 기둥에게만 해결하라고 할 순 없다. 그러기에는 상황이 너무 절박하다. 인권, 언론, 도시, 방재, 여성, 장애, 노동, 청소년, 보건, 종교, 교육 등 모든 분야가 팔을 걷어붙여야 한다.

사회학적 상상력을 동원하여 기후위기를 본다면 어떻게 될까. 흔히 지구 평균기온 상승이 섭씨 1.5도가 되면 어떻게 되고 2도가 되면 어떻게 된다는 설명을 한다. 이렇게 메시지를 전하면 사람들에게 시간상의 구획에 근거하여 목표를 선명하게 제시할 수 있는 장점이 있다. 그러나 마치 지구 평균기온이 1.5도가 넘어야 기후위기가 본격적으로 닥칠 거라는 오해를 부를 수도 있다. 기후위기가 우리 목전에 다가온 것이 아니라 우리가 이미 기후위기 속에 들어와 있음을 인정해야 한다. 숫자 중심으로 미래의 어떤 '시작점'을 상상하다 보면 서서히 끓는 물속의 개구리와 같은 상황을 맞을 가능성이 있다.

마지막 질문은 잔인한 정직성을 요구한다. 만일 오늘 전 세계의 탄소배출이 제로가 되면 내일 당장 기후위기가 해결될 수 있는가. 정직하게 말하면, '아니다'가 정답이다. 기후위기는 오랜 시간의 변화가 누적되어 나타나는 현상이다. 지금 당장 온실가스 배출을 중단해도 앞으로 수십 년간 기온이 계속 오르다가 어느 시점에서 더 이상의 상승이 그치는 효과가 나타날 것이다.

그렇다면 당장 이런 의문이 든다. 상황이 그렇게 안 좋으면 오늘 온실가스를 줄이기 위해 아등바등할 이유가 무엇인가. 첫째, 몇십 년 뒤에 상황이 더 나빠지는 것을 막고, 예상할 수 없는 사태 진전의 위험을 조금이라도 줄이기 위해서이다. 둘째, 인류가 허무주의에 빠져 자포자기하지 않도록, 그리하여 어떤 이성적 대응책을 질서 있게 실행해볼 수 있는 시간을 벌기 위해서이다.

우리는 지금 걱정할 여유조차 없는 상태에 있다. 탄소 배출을 제로로 만들기 위한 원인 처방, 그리고 기후위기의 영향을 감당하기 위한 대증 처방을 동시에, 필사적으로 감행해야 한다. 인류 문명의 양식 자체를 가장 넓게, 가장 깊게, 가장 빠르게 전환시켜야 할 절대시간이 바로 오늘인 것이다.

인간은 물질문명을 통해 먹고사는 문제를 해결했지만, 이제는 생태문명을 통해 자연과 함께 사는 문제를 해결해야 할 때를 맞았다. 따라서 세계인권선언의 28조는 다음과 같이 고쳐 읽어야 한다. "모든 사람은 이 선언에 나와 있는 권리들과 자유가 온전히 실현될 수 있도록, 기후위기 없는 질서에서 살아갈 권리가 있다". – 조효제, 〈기후위기와 인권〉, 《녹색평론》, 2019, 66~73쪽.

글쓰기 연습

- 윗글의 핵심문장을 찾아보자. 핵심문장으로 새로운 제목을 달아 보자.
- 각 단락의 핵심문장(소주제문장)을 찾아보자.
- 핵심문장을 중심으로 단락별 소제목을 작성해 보자.
- 핵심문장을 중심으로 전체 내용을 한 단락으로 요약해 보자.

생각하고 토론하기

- 기후위기가 인권에 미친 악영향의 사례를 찾아보고, 그중 차별로 발생한 피해 사례를 구분해 보자. 이를 바탕으로 '새로운 기후계급'이 등장한다면 어떤 형태일지 토론해 보자.
- 우리가 누리는 현대적 삶의 양식이 기후위기의 원인 중 하나라면 그것을 포기할 의향이 있는지, 만약 그렇다면 어느 정도까지인지 서로의 의견을 나눠 보자.
- 기후위기는 모든 분야를 아우르는 총체적 위기이다. 자신의 전공 분야에서 기후위기 문제에 대응할 방안은 무엇인지 생각해 보고, 다른 전공 분야와 어떻게 연결되는지 살펴보자.
- 기후위기 극복을 위한 현실 정치의 움직임을 어떻게 끌어낼 수 있을지 토론해 보자.

예문 3

기후변화 대응이 곧 국가 안보다

오늘날 국가 안보는 국경에서 가해지는 군사적 위협에만 한정되지 않는다. 안보의 핵심적 가치와 위협 영역이 다양한 분야로 확대되고 있다. 새로운 안보는 기후변화, 환경오염, 자원 부족, 인구 증가 등으로 인한 지구 위기를 위협 요인으로 추가한다. 이러한 위협 요인은 기존의 긴장 관계와 분쟁 상황을 더욱더 악화시키기 때문이다. 특히 식량과 물의 위기 상황에서 기후변화는 심각한 경쟁과 갈등을 일으킬 수 있다.

2018년 다보스 포럼에서 전문가 745명을 대상으로 한 설문조사를 실시했다. 여기서 지구적인 위험을 일으키는 요인으로 기후변화 대응 실패, 자연재해, 난민 위기, 대량살상 무기 등이 상위권으로 발표됐다. 이 가운데 인류가 직면할 가장 영향력이 큰 위험은 대량살상 무기 다음으로 극한(재해성) 날씨였다. 발생 가능성이 큰 위험은 극한 날씨가 가장 높고 대량살상 무기는 낮은 편이었다. 기후변화는 극한 기상 조건, 특히 폭염의 발생 가능성과 강도를 증가시키며 이는 가뭄이 발생하는 원인이 된다. 이와 연관된 물과 식량 위기, 난민 발생을 비롯한 여러 기후 위험이 상위 10위 안에 포함되었다.

미국 CIA 출신들이 중심이 된 국제전략연구소(CSIS)는 2007년에 「결과의 시대(The Age of Consequences)」라는 보고서에서, 앞으로 기후변화 때문에 이주와 이민이 대거 증가하면서 인종과 종교, 식량 갈등이 새롭게 조성될 것이라 예상했다. 그 예로 21세기 들어 최악의 인종 청소가 자행됐던 '다르푸르 사태'를 최초의 '기후 전쟁'으로 꼽았다.

지난 2003년 일어난 지구촌 최대 비극인 수단의 다르푸르 분쟁은 기후변화로 촉발되었다. 다르푸르 지역은 예전에는 살기 좋은 곳이었다. 비는 충분히 내리지 않았지만, 토양이 비옥해 곡식과 과일을 집약적으로 재배할 수 있었다. 그러나 지구온난화로 인도양의 수온이 상승하면서 계절풍에 영향을 미쳤다. 그 결과 지난 20년간 이 지역 강수량은 40퍼센트 이상 감소했다. 가축에게 풀을 먹이는 초지가 사라졌으며 농사를 지을 땅은 사막으로 변했다.

유목민인 아랍계가 소와 염소를 먹이기 위해 아프리카계인 농부들이 경작하는 농지를 침범했다. 피부색도 다르고 종교도 다른 두 집단은 이내 전쟁을 벌였다. 악명 높은 인종 청소가 일어난 이 분쟁은 피상적으로 보면 아랍계와 아프리카계 간의 종족 갈등이지만, 그 이면에는 기후변화로 인한 생존 갈등이 숨어 있다. 부족한 자연환경에서 거주가 불가능한 지역들을 떠날 수밖에 없는 사람과, 이들이 자신의 거주지를 침범하는 것을 막으려는 사람들 사이에서 일어난 갈등이었다.

2015년 5월 버락 오바마(Barack Obama) 대통령은 해안경비사관학교 졸업식 연설에서 기후변화는 국가 안보에 심각한 위협이므로 이에 대응할 것을 강조했다. 이때 기후변화가 일으킨 안보 위협의 사례로 지금도 진행 중인 시리아 내전을 언급했다. 이는 겉으로만 보면 이슬람국가IS의 종교적 광기처럼 보이지만, 사실 기후변화와 관련되어 있다. 시리아는 1950년대 400만 명 수준이던 인구가 현재 약 2,200만 명으로 증가된 상태에서 2007년부터 2010년까지 극심한 가뭄이 지속되었다. 살기 어렵게 된 농촌에서 수백만 명의 농민들이 도시로 밀려들어 사회적 긴장이 커졌다. 여기에 시리아 정부의 폭압과 '아랍의 봄' 시위 등 여러 정치적·사회적 요인이 결합해 2011년 봄, 대규모 반정부 봉기로 이어졌다.

아랍의 봄 도화선은 2010년 여름 러시아를 강타했던 가뭄이다. 러시아 정부는 밀 생산량이 줄어들 것을 예상하고 수출을 중단했다. 이에 따라 세계적으로 식량 가격이 폭등했다. 가난한 사람들은 대부분의 수입을 식품을 구입하는 데 쓰기 때문에 식품 가격이 조금만 올라도 생존에 위협을 받는다. 결국 민주적 체계가 불안정한 북아프리카와 중동 국가에서는 폭동과 시위에 의해 기존 정권이 흔들리고 무너지는 사태가 연속적으로 일어났다. 러시아 가뭄이 공간적으로 멀리 떨어진 아랍의 봄을 일으킨 방아쇠가 되었고, 이를 통해 시간적으로 멀리 떨어진 오늘날 시리아 내전과 수백만 명의 난민이 발생했다. 이후 기후변화가 기존 갈등 요인을 어떻게 증폭시키는지를 보여 주는 사례다.

유엔 식량농업기구(Food and Agriculture Organization, FAO)는 식량 안보란, 모든 사람이 활동적이고 건강한 생활을 위해 자신에게 필요한 영양분을 제공받고, 자신의 음식 취향에 맞는, 안전하고 영양가 있는 충분한 음식을 물리적·사회적·경제적으로 언제든지 구할 수 있는 상태라고 정의한다. 앞으로 기후변화로 인해 식량 안보 여건은 더욱 취약해질 것으로 예상된다.

「FAO 2050년 인류 생존」 보고서에 따르면 75억 명을 돌파한 세계 인구가 2050년이 되면 91억 명까지 늘어나 34퍼센트 증가하고, 1인당 소비량도 늘어나 이를 먹여 살리려면 식량 생산이 70퍼센트 이상 증가해야 할 것으로 전망했다. 지구가 뜨거워지고 천재지변이 심해지며 물 부족 현상이 확산되고 있는 시기에 곡물 수요가 급격히 증가하게 될 것이다.

기후변화는 그 자체로 분쟁을 일으키지는 않지만, 경제 상황을 약화시키고 폭력적인 갈등 위험을 증가시킨다. 식량 폭동과 대규모 환경 난민으로 인해 사회적 혼란이 계속될 경우 사람들은 사회 안정을 유지할 수 있는 강력한 공권력을 가진 권위적이며 전체주의적인 정부를 요청하게 될 가능성이 크다. 즉, 기후변화는 민주주의 체제 자체를 위협할 수도 있다.

한편 기후변화는 에너지 문제와 관련되어 있다. 석탄, 석유, 천연가스 등 3대 주요 에너지원은 모두 화석연료이며 대량으로 온실가스를 발생시킨다. 기후변화 대응을 위한 국제적인 온실가스 저감 압박하에서도 산업화와 도시화는 끊이지 않아 화석연료 에너지 사용량을 감소시키기는 어려움이 있다. 특히 우리나라가 그렇다.

세계자원연구소(World Resources Institute)에서 2005년에 「온실가스 자료와 국제 기후 정책」이라는 보고서를 발간했다. 여기서 1998년 금융 위기 당시 우리나라 이산화탄소 배출과 국민총생산(GDP)에 관해 특별히 다루었다. 이산화탄소 배출량은 GDP 변동에 크게 영향을 받는데, 이 상관관계가 우리나라에서 가장 뚜렷하게 드러났기 때문이다. GDP가 증가함에 따라 이산화탄소 배출량이 거의 같은 비율로 증가했지만, 1998년 GDP가 크게 줄어들 때는 이산화탄소 배출량도 크게 줄어들었다.

이산화탄소 배출량이 줄어들었다는 것은 산업이 위축되었음을 의미한다. IMF가 구제 금융을 제공하는 대신 극심한 구조 조정을 요구했기 때문이었다. 이로 인해 많은 사람이 엄청난 어려움에 처했다. 이들을 고통스럽게 한 것은 단지 경제적인 어려움만이 아니었다. 신자유주의가 외치는 무한 경쟁 사회에서 '옳으냐, 그르냐'가 아니라 '이익이 되느냐, 아니냐'를 따지는 가치관이 지배했다. 우리의 시대정신은 자유, 정의, 평등, 연대 등이 아니라 IMF 탈출, 생존, 소비, 성장 등이어야 했다. 우리의 가치도 무너진 것이다.

우리나라 산업은 여전히 에너지에 크게 의존하고 있다. 2015년 기준 세계 9위의 에너지 소비국이다. 하지만 세계에너지협의회(World Energy Council)가 2017년에 발표한 각국의 에너지 안보 순위에 따르면, 한국은 125개국 중 64위로 에너지 안보 상황이 취약하다. 지금 주요 국가들은 화석연료가 고갈됐을 때를 대비해 에너지원 확보 쟁탈전을 벌이고 있다. 영국 상원의원인 앤서니 기든스(Anthony Giddens)는 『기후변화의 정치학』에서 에너지자원을 둘러싼 국가 간 분쟁은 역사에서 이미 여러 번 확인할 수 있는데, 기후변화로 인한 식량 부족과 난민 발생으로 에너지 안보 전쟁이 증폭될 수 있다고 전망했다.

기후변화는 오랜 기간 명백하게 드러나지 않지만, 원인이 축적되어 임곗값을 넘으면 갑작스럽게 새로운 환경으로 진입한다. 급변하는 환경의 잠재적 위험을 대비하지 못하면, 사회적인 갈등이 더욱 증폭되고 결과적으로 국가 운명에까지 영향을 미칠 수 있다. 역사적으로 인류는 환경을 감당할 능력이 없을 때 싸움을 하며, 굶주림과 침략의 갈림길에 서 있을 때마다 침략을 선택해 왔다. 이를 피하고자 세계적인 기구들과 미국 정보기관을 비롯한 주요 선진국에서는 물, 식량, 에너지 수급의 차질이 국가 위기를 일으킬 수 있다는 점을 인지하고 이에 대한 대응책을 마련하고 있다.

미국은 안보적 관점에서 기후변화에 대응하기 위해 2009년 CIA 안에 기후변화센터를 설립해 사막화와 해수면 고도 상승, 기후 난민 발생 등의 영향을 분석하고 있다. 미국 국방성은 2003년 발간한 보고서 「돌발적인 기후변화가 미국 안보에 미치는 영향」에서 "유럽은 아프리카와 중동으로부터 밀려들어 오는 기후난민 때문에, 아시아는 심각한 식량과 물 부족 위기 때문에 내부적으로 큰 혼란에 빠져 곳곳에서 분열과 갈등이 만연할 것이다."고 분석했다. 기후재앙으로 식량난, 식수난, 에너지난 등이 겹친 혼란이 지구 곳곳에서 일어날 것으로 예측하고 이에 따른 강력한 '안보 태세'를 강조했다. 이 보고서의 예측은 현실로 점차 나타나고 있다.

기후변화로 발생하는 폭력과 분쟁은 지금 우리가 익숙하게 알고 있는 것과는 다른 형태로 국가 안보를 위협할 것이다. 과거에는 이념, 종교 또는 국가적 자존심을 둘러싼 충돌이 대부분이었지만, 앞으로는 에너지, 식량, 물과 같은 자연자원의 절실한 필요가 지역과 국제적 갈등을 유발할 것이다. 언제 어느 곳에서 어떻게 이런 사태가 일어날지 지금은 알 수 없지만, 한 가지 확실한 것은 있다. 앞으로 위기는 지구적이고, 복합적이고, 지금은 상상하기도 힘든 방식으로 닥쳐올 것이라는 점이다. 시리아 사태는 대혼란이 어떤 모습일지 중요한 실마리를 제공해 준다. 유럽의 정교한 인프라도 시리아 난민을 처리하는 데 절절매고 있지 않은가?

기후변화는 지금까지의 기후와 환경에 적합하도록 만들어진 대부분의 체계를 무의미하게 만들 것이다. 이처럼 기후 문제는 독립적인 쟁점이 아니다. 이것은 인류가 직면한 안보의 맥락에서도 인식되어야만 한다. 특히 우리나라는 자원과 식량이 부족하며, 과다 인구에 따르는 취약성을 가지고 있다. 사회적·경제적 안전을 위해, 식량·물과 에너지 안보를 위해, 그리고 우리가 생존하기 위해서도 기후변화에 미리 대응해야 한다. - 조천호, 『파란하늘 빨간지구』, 동아시아, 2019, 208~216쪽.

글쓰기 연습

- 윗글의 핵심문장을 찾아보자. 핵심문장으로 새로운 제목을 달아 보자.
- 각 단락의 핵심문장(소주제문장)을 찾아보자.
- 핵심문장을 중심으로 단락별 소제목을 작성해 보자.
- 핵심문장을 중심으로 전체 내용을 한 단락으로 요약해 보자.
- 윗글에서 저자가 참조한 참고문헌을 찾아 각주를 다는 연습을 해 보자.

생각하고 토론하기

- 기후변화를 야기하는 원인이 무엇인지를 다양한 관점에서 살펴보자.
- 기후위기가 가장 먼저 영향을 끼칠 분야는 어디일까. (교통, 농업, 제조업, 어업, 여행, 이주노동, 환경 등의 분야에서) 우선순위를 정해 보고 그 이유가 무엇인지 토론해 보자.
- 기후위기에 대처하기 위해 우리나라가 우선적으로 추진해야 할 국가 차원의 정책은 무엇인가?
- 기후 문제를 해결하기 위해 시민사회는 무엇을 해야 할지 이야기해 보자.

예문 4

싸워야 할 시간

세계가 직면한 기후위기의 실상을 공개적으로 밝히는 과학자들은 국가의 안전보장에 이의를 제기해 반응을 불러일으킨다. 그런데 영국 환경식품농무부의 수석 과학 고문인 이언 보이드(Ian Boyd)는 과학자들이 '정책의 옳고 그름에 대해 이야기하지' 말아야 한다고 말했다. 또한 '공론장에서는 (자신 같은) 고문들과 논의하고 반대보다는 이성에 귀 기울여' 견해를 표명해야 한다고 말했다. 보이드는 자신의 지혜가 그 누구보다 뛰어나며 자신은 항상 권력에 진실을 말한다고 확신할 것이다. 그렇지 않다면 이 믿기 어려울 정도로 오만한 말이 나올 수 없다. 영국 정부와 연구 계약을 체결한 과학자들은 지시를 통해 그러한 태도를 강요받고 있다. 캐나다와 오스트레일리아 정부는 최근의 정치적 변화가 일어나기 전까지 영국 정부보다 더 심하게 과학을 억압했다. 많은 환경 과학자들이 해고되는 바람에 기후로 인한 변화의 규모를 밝혀 내는 연구가 중단되고 말았다. 기후변화로부터 세계를 구하기 위한 핵심적 결정은 분명히 정부가 내려야 한다. 하지만 애석하게도 일부 정부는 그럴 의사가 없는 것으로 보인다. 오히려 상반된 결과를 보여 주는 과학 연구를 억압하는 데 관심이 있는 것 같다.

기후변화를 부정하는 사람들이 적응을 강조하는 것과 관련해 로버트 아벨레(Robert P. Abele) 교수는 다음과 같이 강력하게 주장한다.

> 우리는 지구에게 폭력을 가해 행성을 죽음으로 몰고 가고 있다. 이는 결국 우리 자신에게 폭력을 가해 스스로를 죽음으로 몰고 가는 것이다. 행성의 죽음은 인간의 죽음으로 귀결될 것이다. 이 폭력의 결과에 대해 심리적으로나 윤리적으로 둔감한 국민 혹은 지도자는 장기적으로 생존할 수 없다.

100여 년 전에 시애틀 추장(Chief Seattle)은 다음과 같이 감동적인 말을 남겼다.

모든 것은 연결되어 있다. 지구가 겪는 모든 시련은 지구의 자식들도 겪게 마련이다.

우리가 우리의 행성을 파괴한다면 우리 자신도 파괴될 것이다. 우리가 갈 수 있는 곳은 없다. 지구를 대신할 행성은 없다. 얼음뿐만 아니라 생명에게도 작별을 고하게 될 것이다.

이 책의 독자는 대부분 의식과 지성을 갖춘 시민일 것이다(물론 관심 있는 과학자도 이 책을 읽을 것이다). 우리는 세상을 구하기 위해 개별적으로나 집단적으로 무엇을 시도할 수 있을까? 물론 많은 일이 있겠지만 실질적으로 영향을 미칠 수 있는 몇 가지 행동을 골라 보았다.

첫째, 기후변화 부정론자들이 배출하는 거짓과 기만의 오물에 있는 힘껏 맞서자. 이들은 아무것도 하지 않기를 바라고 기후변화가 그저 사라지기를 기대한다. 기후변화는 사라지지 않을 것이다. 특히 정치인들의 교묘한 사실 왜곡과 언행의 불일치를 유심히 지켜보자. 정치인들은 탄소 배출을 근본적으로 억제하기 위해 파리 협정에 서명했다. 그런데도 그들은 태양에너지에 대한 발전차액지원제도를 폐지하고 재생에너지 연구와 개발을 지원하지 않으면서 수압 균열법으로 화석연료 사용을 확장하려고 할 수 있다. 만약 이러한 일이 발생할 경우 우리는 이 위선자들에게 제대로 일하지 않으면 표를 던지지 않겠다고 경고할 수 있다. 기후변화를 연구하는 과학자들은 가장 먼저 목소리를 높여야 한다. 자신의 경력이 훼손되고 명예가 실추되는 위험을 무릅써야 한다. 과학자들을 화형에 처하는 시대는 지나간 지 오래다. 기후변화의 악영향이 현실로 나타나기 시작하면 용감하게 발언해 온 과학자들은 학대나 위협이 아니라 존경을 받을 것이다.

둘째, 불필요한 에너지 사용, 특히 화석연료의 사용을 줄일 수 있는 모든 방법을 생활 속에서 실천하자. 왜 단열재를 쓰지 않는 집이 많을까? 집에서 할 수 있는 일 가운데 단열은 에너지를 가장 효율적으로 사용하는 방법이다. 정부는 마지못해 보조금을 지급하곤 한다. 저연비 차량이나 자전거를 타자. 소도시나 대도시에서는 전동 자전거를 이용한 통근과 이동이 가능하다. 보조금을 받지 못하더라도 태양 전지판을 지붕에 설치하자.

셋째, 정부가 발전(power generation)의 기반을 바꿔야 한다고 주장하자. 이는 국가적 차원의 문제다. 영국은 특히 이 변화와 관련해 태만하다. 2015년 영국에서는 에너지의 82%가 화석연료로부터 나왔다. 영국은 독창적인 파력과 해류 터빈의 개발을 선도하고 있다. 또한 거센 파도가 몰아치는 서해안, 오크니제도 부근의 빠른 해류, 세번 강에 밀려오는 높은 파도 등 그 새로운 아이디어를 활용할 수 있는 해양 환경도 가지고 있다. 그러나 내가 「언더워터 테크놀로지(Underwater Technology)」에서 언급한 것처럼, 이 새로운 에너지 체계의 개척자들은 정부로부터 보잘것없는 액수의 자금을 지원받는다. 최근에는 혁신적이고 우수한 파력발전 회사들이 지원 부족으로 문을 닫았다. 영국은 풍력 자원이 풍부하다. 하지만 풍력 터빈 제조를 시도하지 않고 덴마크에게 위탁했다. 태양광발전은 계속 저렴해지고 있으며 가정용뿐만 아니라 대규모 태양광 발전소에도 적합하다. 심지어 날씨가 흐린 영국에서도 유용한 시스템이 될 수 있다. (밤에는 햇빛이 없으므로) 에너지를 저장해야 하는 문제는 거의 해결됐다. 더 커다란 배터리나 흐름 변환 시스템을 사용하면 된다. 흐름 변환 시스템은 외부 탱크에 들어 있는 유동체에 에너지를 저장한다. 유동체는 마치 연료전지처럼 기능하며 대량의 에너지를 저장할 수 있다. 마이클 아지즈(Michael Aziz) 교수가 이끄는 하버드 대학의 연구소는 2014년 퀴논(유기화합물의 일종)을 유동체로 이용해 성공적인 흐름 변환 시스템을 개발했다. 이러한 계획을 실용화하기 위해서는 정부의 전폭적 지원이 필요하다. (영국에서처럼) 긴축으로 인해 돈이 없다는 주장은 거짓이다. 재생에너지가 미래의 에너지원이기 때문에 많은 돈을 들이지 않는 것이다. 우리는 재생에너지에 적응해야 하며 우리의 산업이 새로운 기술을 만들 수 있도록 변화를 이끌어야 한다.

국가적 차원의 문제가 하나 더 있다. 원자력을 두려워하지 말자. 원자력은 탄소 배출 없이 전등을 계속 켜 놓을 수 있는 강력한 에너지원이다. 시대에 뒤진 수랭식 원자로를 (중국 아니면) 프랑스에서 사들이려고 하는 영국의 어리석은 접근법을 경계하자. 이 원자로는 위험하며 건설하는 데 10년이 걸린다. 지난 40년 동안 3건의 끔찍한 원전 사고(스리마일 섬, 체르노빌, 후쿠시마)가 발생했다. 이들 사고는 모두 수감속 원자로의 복잡한 냉각 시스템에서 비롯됐다. 이보다 훨씬 나은 2가지 방법이 있다. 1960년대 독일의 컨소시엄이 페블베드 원자로를 발명했다. 이 원자로는 기본적으로 타워 형태다. 타워 상부에는 비활성 페블로 융합된 핵연료 요소가 놓여 있다. 타워 내부에서 핵반응이 일어나고 가스를 냉각재로 이용한다. 사용된 페블은 하부에서 수거된다. 이것은 매우 간단해 고장이 잘 나지 않는다. 이러한 종류의 원자로는 대형 발전소부터 소규모 지역 에너지 시스템까지 광범위하게 건설될 수 있다. 남아프리카공화국은 이 시스템을 더욱 발전시켰지만 지금은 개발을 중단했다. 그러나 중국은 연구를 계속 진행하고 있다. 또 다른 대안은 토륨 원자로다. 이 원자로는 토륨 232를 핵분열물질로 사용한다. 원자력발전의 초기에는 토륨이 우라늄의 강력한 경쟁자였다. 우라늄 원자로가 보편화된 것은 원래의 설계가 군용 잠수함 원자로에 기초했기 때문이다. 잠수함은 동력 설정에서 신속한 적응성을 얻기 위해 우라늄을 사용해야 한다. 토륨은 우라늄보다 저렴하다. 또한 핵분열생성물을 군사적으로 활용할 수 없다. 평화를 위협하는 국가들이 이 원자로를 이용해도 문제 될 것이 없다.

국제적 차원에서는, 지구 공학과 이산화탄소 제거에 관한 대규모 과학 및 기술 연구 프로그램을 실행하는 것이 매우 중요하다. 지구 공학은 온난화의 속도를 줄이는 데 필요하다. 우리가 탄소 배출을 빠르게 감축할 수 없기 때문이다. 하지만 안전하게 시행하기 위해서는 과학, 공학, 정책과 관련된 커다란 문제를 해결해야 한다. 물론 구름 명화 시스템이나 에어로졸 주입 네트워크를 만들어 시험적으로 가동해 볼 수도 있다. 예를 들어 스티븐 솔터는 수증기 주입 시스템이 실제로 영향을 미치는지 알아보기 위해 정밀한 테스트를 고안하기도 했다. 하지만 안전을 위해서는 대규모 적용을 시작하기 전에 지구 공학 기술의 영향을 모델링하는 연구 프로그램을 개발해야 한다.

무엇보다 중요한 것은 대기에서 이산화탄소를 제거하는 방법을 찾는 것이다. 이것이 세계를 구할 수 있는 유일한 길이다. 그 방법을 실행할 수 있는 기술적 능력과 문명이 아직 우리에게 있을 때 찾아야 한다. 나는 암석 분쇄, 바이오차, 조림, BECCS 등 다양한 간접적 CO_2 제거 기법의 모든 결점을 설명했다. 우리를 구할 수 있는 유일한 기술은 대기에서 CO_2를 직접적으로 제거하는 것이다. 이는 한쪽에서 공기를 빨아들여 CO_2를 제거한 후 다른 쪽으로 배출하는 장치를 통해 가능하다(물론 이에 필요한 비용은 적당한 수준이어야 한다). 이것은 화학, 물리학 그리고 기술력이 연관되는 거대한 문제다. 하지만 단일 원자들 사이에서 관찰된 핵반응으로 엄청난 폭탄을 만든 것보다 더 거대한 문제는 아니다. 이것은 세계가 직면하고 있는 가장 중요한 문제다. 이 문제를 해결한다면 인간의 문명은 유지될 수 있다. 또한 우리는 인구 과잉, 물과 식량의 부족, 질병, 전쟁 등 다른 무수한 도전에 노력을 기울일 수 있다. 만약 해결하지 못한다면 모든 것이 끝나 버린다. 얼음에게도 작별을 고하게 될 것이다. 하지만 우리가 대기와 기후를 안정시킨다면 얼음은 돌아올 것이다. 우리 후손들도 그 경이로운 얼음을 보고 즐거워할 것이다. – 피터 와담스, 이준호 옮김, 『빙하여 잘 있거라』, 경희대학교 출판문화원, 2018, 293~299쪽

글쓰기 연습

- 윗글의 핵심문장을 찾아보자. 핵심문장으로 새로운 제목을 달아 보자.
- 각 단락의 핵심문장(소주제문장)을 찾아보자.
- 핵심문장을 중심으로 단락별 소제목을 작성해 보자.
- 핵심문장을 중심으로 전체 내용을 한 단락으로 요약해 보자.
- 윗글에서 저자가 참조한 참고문헌을 찾아 각주를 다는 연습을 해 보자.

생각하고 토론하기

- 기후위기를 극복하기 위해 국제사회가 연대할 것이라고 보는가. 아니라면 그 이유는 무엇인가.
- 원자력발전에 대한 찬반 논란이 거세다. 기후 문제 해결과 관련해 원자력발전의 미래를 어떻게 보는가.
- 국내 신재생 에너지 개발 및 운영 현황을 살펴보고 문제점이 무엇인지 파악해 보자.
- 기후변화의 근본 원인 중 하나가 '멀리 내다보지 않는 현실 정치'이다. 대의 민주주의 또한 한계가 없지 않다. 기후위기를 극복하기 위해 정치제도는 어떻게 달라져야 하는지 대안을 모색해 보자.
- 문제는 '탄소가 아니라 자본주의'라는 나오미 클라인의 의견에 동의한다면, 자본주의는 어디로 가야 하는가.

경희대학교 후마니타스칼리지 필수 교과

주제 연구

초판 1쇄 발행 | 2020년 9월 10일
초판 5쇄 발행 | 2026년 1월 27일

지은이 | 고인환 김동건 김수이 김진해 오태호 이문재 이성천 진은진 최윤희
펴낸이 | 김진상
펴낸곳 | 경희대학교 출판문화원

주소 | 서울시 동대문구 경희대로26
전화 | 02-961-0106~8, 팩스 | 02-961-0291
설립 | 1960년 9월 16일 제5-8호
등록 | 1977년 11월 8일 제6-5호
홈페이지 | www.khupress.com
전자우편 | press@khu.ac.kr

ISBN 978-89-8222-667-0 (03800)

- p71_시계 〈5시〉, 5 O'clock Watch(1984) ⓒTibor Kalman | p139~140_전중환, 「왜 인권을 존중해야 할까」, 『본성이 답이다』(2016) ⓒ사이언스북스
- 이 책의 인용 자료는 정상적인 절차를 밟아 사용하였습니다. 미처 연락이 닿지 않거나 누락된 부분은 확인 과정을 거쳐 저작권 문제를 해결하도록 하겠습니다.